Les femmes,
les banques et l'argent

Historiques
Collection dirigée par Vincent Laniol
avec Bruno Péquignot et Denis Rolland

La collection « Historiques » a pour vocation de présenter les recherches les plus récentes en sciences historiques. La collection est ouverte à la diversité des thèmes d'étude et des périodes historiques.

Elle comprend trois séries : la première s'intitulant « travaux » est ouverte aux études respectant une démarche scientifique (l'accent est particulièrement mis sur la recherche universitaire) tandis que la deuxième intitulée « sources » a pour objectif d'éditer des témoignages de contemporains relatifs à des événements d'ampleur historique ou de publier tout texte dont la diffusion enrichira le corpus documentaire de l'historien ; enfin, la troisième, « essais », accueille des textes ayant une forte dimension historique sans pour autant relever d'une démarche académique.

Série Travaux
Dernières parutions

Déborah SAUTEL, *Les orphelins des résistants : du deuil à la transmission mémorielle*, 2024.

Déborah SAUTEL, *Les enfants des résistants : victimes collatérales de la répression*, 2024.

Hélène BIDAUT-PALMA, *Les vies de lady Hester Stanhope*, 2024.

Jean-Pierre MAISONNAS, *Mérindol et Cabrières. Une tragédie judiciaire, la mort dans la garrigue*, 2023.

Claude-Youenn ROUSSEL, *Les audacieux corsaires de l'île de Malte. Il Corso, 1450-1798*, 2023.

Lionel HODAPP, *Les Expositions Universelles en province. Dijon 1858 - Besançon 1860*, 2023.

Daniel FROVILLE, *La défense de Strasbourg. Au cœur de la campagne d'Alsace. Décembre 1944 - janvier 1945*, 2023.

Olivier DELESALLE, *Les bagnards indochinois de la Guyane. Du milieu de la décennie 1860 à 1963*, 2023.

Bernard MACCARIO, *Antibes et le sport militaire. De Joinville au Fort Carré (1852-1967)*, 2023.

Didier LEFEBVRE, *La tentation du chaos. Les intellectuels allemands face à la Russie soviétique 1918-1933*, 2023.

Pierre LHOTE et Marie-Chantal LHOTE, *Les femmes et la déportation en moselle annexée. (1940-1945)*, 2023.

Sylvie Gautier

Les femmes, les banques et l'argent

(1960-2000)

© L'Harmattan, 2024
5-7, rue de l'Ecole-Polytechnique, 75005 Paris

http://www.editions-harmattan.fr

ISBN : 978-2-336-44699-8
EAN : 9782336446998

Introduction

Le XXᵉ siècle a la particularité d'être marqué par une succession de lois qui définissent les droits des femmes et accélèrent leur mouvement d'émancipation économique et financière. Des mutations majeures dans tous les domaines de la vie bouleversent les rapports entre les sexes[1]. La salarisation constitue le grand changement jouant en faveur de l'emploi des femmes, de leur autonomie professionnelle et familiale[2]. Le secteur bancaire n'échappe pas à ces phénomènes économiques et sociaux. Après une féminisation progressive du recrutement qui s'amplifie durant la Première Guerre mondiale[3], l'explosion des activités bancaires implique des embauches massives, dont des femmes en proportion croissante. Avec la bancarisation et le passage à la « banque de masse »[4], les établissements incitent les femmes à ouvrir un compte bancaire et à signer leur premier chèque, favorisant ainsi leur intégration à ce mouvement. Cibler ce segment pourrait refléter les ambitions d'un secteur d'activité guidé par l'idée de progrès tout autant que par l'espoir de conquérir de nouveaux déposants. Cependant, si le fait de gagner son propre argent et d'en disposer apparaît comme une des clés de l'indépendance, cette avancée peut aussi dissimuler une situation de dépendance, notamment quant à l'emploi. En effet, les travailleuses du tertiaire sont cantonnées à des métiers peu qualifiés et mal rémunérés, phénomène engendrant une forte spécialisation sexuée des tâches[5] et des disparités professionnelles qui reproduisent pendant longtemps des normes sociales de genre[6].

Ce livre envisage la banque et les pratiques bancaires comme un observatoire des mutations du travail tertiaire des femmes et de leur rôle dans la décision financière des ménages. L'acteur au centre de l'étude est l'entreprise bancaire qui emploie de très nombreuses femmes dans les années 1970, mais aussi le prescripteur de normes genrées avec des stratégies marketing qui ciblent de plus en plus les femmes dès les années 1960. Produit phare des publicités bancaires, le carnet de chèques, délivré

---

[1] Christine Bard, *Les femmes dans la société française au XXᵉ siècle*, Paris, Armand Colin, 2001, p. 9-10.
[2] Bibia Pavard, Florence Rochefort, Michelle Zancarini-Fournel, *Ne nous libérez pas, on s'en charge. Une histoire des féminismes de 1789 à nos jours*, Paris, La Découverte, 2020, p. 146. Margaret Maruani et Monique Méron, *Un siècle de travail des femmes en France 1901-2011*, Paris, La Découverte, 2001, p. 53.
[3] Catherine Omnès, « Le salariat bancaire : représentations et identités du XIXᵉ siècle à 1974 », p. 5-28, *in* Patrice Baubeau, Chantal Cossalter, Catherine Omnès (dir.), *Le salariat bancaire : enjeux sociaux et pratiques de gestion*, Presses universitaires de Paris Ouest, 2009.
[4] Hubert Bonin, *Le monde des banquiers français au XXᵉ siècle*, Paris, Éditions Complexe, 2000, p. 209.
[5] Catherine Omnès, « Le salariat bancaire… », *op. cit.*
[6] Archives Crédit Agricole SA, rapport rédigé par Jacqueline Laufer, « L'égalité des chances dans le secteur bancaire dans les pays de la CEE », décembre 1982.

gratuitement, est présenté comme l'accessoire indispensable à la modernité. Des supports pédagogiques adaptés sont également lancés pour familiariser les clientes aux nouveaux outils bancaires et renouveler leur éducation financière. Comment les femmes répondent-elles à ces sollicitations ? Pourquoi, quand et comment s'effectue leur entrée dans la bancarisation ? Leur comportement financier et le rapport à l'argent connaissent-ils des évolutions et pour quels effets au sein du couple ? Les établissements bancaires ont probablement joué un rôle dans le processus de « libération » des femmes d'un point de vue économique et financier, tout en tenant certainement compte de leur clientèle principalement masculine.

Les années 1960 constituent le point de départ de cette réflexion, car elles correspondent à la massification du salariat et à la bancarisation de la société française. Cette période marque également un changement important de la condition juridique des femmes mariées, avec la loi du 13 juillet 1965 qui lève les interdictions pesant sur les épouses, comme ouvrir un compte en banque et exercer une profession librement[7].

Le début des années 2000 a été retenu comme terminus *ad quem* pour apprécier les évolutions de ce XXe siècle qui voit l'achèvement du processus de bancarisation des Françaises et des Français[8].

Pour explorer ces thèmes, la Caisse régionale du Crédit Agricole (CRCA) de Franche-Comté a été sollicitée. Elle constitue un terrain fructueux par son implantation historique sur le territoire. En effet, symbole du modèle mutualiste destiné aux agriculteurs, le premier Crédit Agricole du pays est fondé à Salins-les-Bains dans le Jura, en 1885. C'est le début d'un maillage territorial dense partant du monde rural et s'étendant peu à peu vers le monde urbain. Dans le mouvement général de féminisation progressive de la profession bancaire, ces travaux souhaitent montrer les spécificités des caisses régionales du Crédit Agricole, surtout en Franche-Comté, en s'attachant au rôle et à la place des femmes, salariées et clientes, durant cette période.

Historiographie

Cette recherche croise trois historiographies : l'histoire de la banque et de la bancarisation, l'histoire des femmes et du genre, et l'histoire de la consommation de manière plus cursive.

Pour l'historiographie de la banque et de la bancarisation, l'histoire du Crédit Agricole et de ses caisses régionales a été privilégiée, complétée par celle du Crédit Lyonnais pour éclairer les mutations de cet établissement

---

[7] Sylvie Schweitzer, *Les femmes ont toujours travaillé. Une histoire du travail des femmes au XIXe et XXe siècle*, Paris, Odile Jacob, p. 17-43.
[8] Jeanne Lazarus, *L'épreuve de l'argent. Banques, banquiers, clients*, Paris, Calmann-Lévy, 2012, p. 50.

dans les années 1970. Cependant, cette historiographie prend peu en compte les femmes et le genre, tant dans la sphère du travail que concernant la bancarisation de la société. De manière générale, la situation du personnel féminin n'est pas traitée et l'outil du genre est peu utilisé. Une large place est faite à l'histoire de l'institution et aux hommes, amplement concernés par l'ascenseur social.

Des travaux plus récents se sont intéressés aux femmes dans les métiers de la banque. En effet, la contribution de Chantal Cossalter dans l'ouvrage *Le salariat bancaire : enjeux sociaux et pratiques de gestion* (dirigé par Patrice Baubeau, Chantal Cossalter et Catherine Omnès) apporte des éclairages sur la féminisation de l'emploi bancaire en démontrant comment le statut de l'employé de banque s'est dégradé entre le XIXe siècle et 1974. Cette profession, d'abord valorisante et masculine, désigne peu à peu une catégorie « bureautisée » qui rassemble les portions « les plus basses et les plus féminisées du salariat bancaire ». Cette évolution s'est construite sur la féminisation et une réorganisation du travail basée sur la mécanisation, la rationalisation et la spécialisation des tâches, qui favorisent la création d'espaces de travail sexués. D'autres ouvrages, plus spécialistes, analysent de l'intérieur la situation des femmes au sein d'un établissement bancaire, tel celui de Cécile Omnès pour le Crédit Lyonnais[9]. Parallèlement à la féminisation progressive de l'emploi bancaire, l'historienne démontre la place dans laquelle cette main-d'œuvre est canalisée et son rôle d'exécutante subalterne dans la « machine bancaire ». De même, la thèse de Nicole Ichou-Coussement, qui porte sur les employés de banque du Comptoir national d'escompte et de la Banque nationale pour le commerce et l'industrie (ancêtres de BNP Paribas), et le mémoire de master 2 d'Élodie Pégot, consacré aux employées de la Société Générale, rendent possible une comparaison du mouvement de féminisation entre ces trois établissements jusqu'au début de la Seconde Guerre mondiale. Seule la thèse de Nicole Ichou-Coussement se poursuit jusqu'aux années 1970, mais le sujet est peu développé pour la décennie 1960-1970, car l'année 1966 marque la fusion du CNEP et de la BNCI pour former la Banque nationale de Paris (BNP).

Les bornes chronologiques de ces recherches sont centrées sur la première moitié du XXe siècle. Leurs constats m'ont incitée à poursuivre ces travaux sur une période plus récente et à explorer la place du personnel féminin dans les caisses régionales du Crédit Agricole en Franche-Comté.

Sur la bancarisation de la société française, aucun ouvrage ne prend en compte les femmes et le genre. Ce travail souhaite apporter une contribution sur la bancarisation des femmes.

---

[9] Cécile Omnès, *La gestion du personnel au Crédit Lyonnais de 1863 à 1939, Une fonction en devenir (genèse, maturation, rationalisation)*, Bruxelles, PIE Peter Lang, 2007.

Quant au rapport des femmes à l'argent, ce terrain a été peu exploré dans l'historiographie de la banque. Quelques études pionnières ont montré la présence des femmes et leur rôle actif dans le monde des affaires et sur le marché boursier et financier. L'une d'entre elles, menée par Béatrice Craig[10], porte sur l'entrepreneuriat féminin dans les sociétés européennes et nord-américaines depuis le XVIe siècle, ce qui est assez éloigné du thème traité dans ce livre. L'ouvrage collectif dirigé par David Green, Alastair Owens, Joséphine Maltby et Janette Rutterford[11] explore l'importance croissante des femmes investisseuses à une période d'expansion des marchés financiers en Grande-Bretagne, concernant tant la maîtrise des connaissances que leurs comportements. Puis, une troisième étude[12] collective, menée par Anne Laurence, Joséphine Maltby et Janette Rutterford, examine l'activité financière grandissante des femmes depuis les débuts du marché boursier en Angleterre de 1700 à 1950. Les articles sont concentrés sur la Grande-Bretagne et, de manière comparative, sur les États-Unis. Le XXe siècle est la période la moins explorée et s'applique surtout à la société américaine. L'ensemble de ces études aborde très peu la société française. Elles mettent en avant les capacités de gestionnaires et d'investisseuses efficaces des femmes, malgré des restrictions légales et sociales.

Plus récemment, une œuvre collective parue dans la revue *Quadernici Storici* propose une analyse de l'aspect économique de l'émancipation bancaire des femmes durant le XXe siècle pour l'Angleterre, le pays de Galles, l'Espagne, la France, l'Italie et les États-Unis. Ces articles reconnaissent l'argent des femmes et leur rôle actif dans la gestion de leurs finances personnelles, de même que leurs aptitudes à faire fructifier leurs biens, en dépit des limites juridiques et des obstacles culturels qui imposent aux épouses un espace économique restreint. Dès lors, leur marge de manœuvre est plus réduite que celle des veuves et des célibataires, avant d'élargir leurs actions lorsque l'étau juridique se desserre. Ainsi, l'article de Janette Rutterford montre qu'en Angleterre et au pays de Galles, entre 1870 et 1930, le nombre d'investisseuses s'accroît parce que les femmes sont réceptives aux opportunités du marché boursier. Les célibataires de toutes catégories sociales, qui ont les mêmes droits que les hommes, peuvent acheter et vendre des titres librement, contrairement aux femmes mariées dont les biens sont contrôlés par leur mari. Aussi, elles accèdent au marché boursier (en tant que bénéficiaires et non comme détentrices directes) par l'intermédiaire d'un trust et investissent dans des titres à faible risque. Après

---

[10] Béatrice Graig, *Les femmes et le monde des affaires depuis 1500*, Québec, Presses de l'Université Laval, 2019.

[11] David Green, Alastair Owens, Joséphine Maltby et Janette Rutterford, *Men, women and money : perspectives on gender, wealth and investment 1850-1930*, Oxford University Press, 2011.

[12] Anne Laurence, Joséphine Maltby, Janette Rutterford, *Women and their money, 1700-1950*, Routledge, 2009.

avoir obtenu les mêmes droits que les célibataires à partir de 1882, elles préfèrent investir directement leur argent sans passer par un trust (abus du mari) et choisissent des investissements à faible risque afin de garantir leur quotidien. Quant à Maria Rosaria De Rosa, elle fait valoir que l'argent des femmes, comme la dot en Italie, constitue une garantie pour la banque et représente un apport pour financer une activité commerciale ou obtenir des prêts bancaires.

Ces investigations soutiennent l'hypothèse selon laquelle les femmes s'investissent dans les affaires bancaires et financières durant la période du XXe siècle. La recherche menée ici s'intéresse surtout à l'argent quotidien de la famille et s'inscrit donc dans un terrain historique encore en friche.

L'historiographie des femmes et du genre a également été utilisée. En effet, elle a permis d'aborder la question de l'émancipation économique des femmes sous l'angle de leur accès au marché du travail et de leurs métiers. La réflexion sur les enjeux du travail tertiaire des femmes en a aussi été enrichie. Les travaux de Sylvie Schweitzer[13] aident à comprendre le poids incontestable de l'activité féminine sur le marché du travail en France. Quant à ceux de Margaret Maruani[14], ils « comptent » cette activité au cours du XXe siècle. Ils éclairent aussi la façon dont se construisent les « idéologies » sur la place des femmes dans la famille et plus largement dans la société[16]. De même, l'ouvrage synthétique de Christine Bard[17] rappelle commodément les grands combats vers l'égalité des sexes menés au XXe siècle. Il montre en particulier comment les femmes, en proie aux discours traditionnels sur le modèle de la femme au foyer, mère et épouse, sont tenues pendant longtemps à l'écart du monde du travail. Sur les domaines plus spécifiques de l'emploi féminin, l'ouvrage de Delphine Gardey[18] apporte un regard sur l'histoire sociale du monde des employés de bureau et ses profondes mutations jusqu'aux années 1930. La féminisation de ce secteur est abordée à partir de l'illustration emblématique de la sténodactylographe, phénomène qui touche aussi les banques.

L'étude sur la conquête par les femmes de nouveaux territoires professionnels et leur ascension dans la hiérarchie s'appuie prioritairement

---

[13] Sylvie Schweitzer, *Les femmes ont toujours travaillé. Une histoire de leurs métiers, XIXe et XXe siècle*, Paris, Odile Jacob, 2002.
[14] Margaret Maruani et Monique Méron, *Un siècle de travail des femmes en France 1901-2011*, Paris, La Découverte, 2001.
[16] Margaret Maruani, *Mais qui a peur du travail des femmes ?*, Paris, Syros, 1985, p. 97-121.
[17] Bard, *Les femmes dans la société française...*, op. cit., p. 35-81, p. 129-154, p. 222-238.
[18] Delphine Gardey, *La dactylographe et l'expéditionnaire. Histoire des employés de bureau 1890-1930*, Paris, Belin, 2001. *Écrire, calculer, classer. Comment une révolution de papier a transformé les sociétés contemporaines (1800-1940)*, Paris, La Découverte, 2008 (en particulier les chap. 6 « Tenir les comptes : de l'enregistrement à la gestion » et 7 « Traiter l'information : de l'économie au gouvernement »).

sur le modèle de progression des pionnières proposé par Sylvie Schweitzer[19] selon trois « cercles concentriques ». Chaque cercle successif correspond à une avancée très progressive de leur part vers la mixité, pour arriver à la génération du troisième cercle, qui, plus nombreuse, souhaite l'égalité. Les études de Jacqueline Laufer[20] sur les femmes cadres et la résistance du « plafond de verre » dans l'entreprise ont aidé à identifier et à clarifier les phénomènes repérés dans les entretiens menés avec les salariées de la Caisse régionale du Crédit Agricole de Franche-Comté. Elles montrent comment les relations professionnelles historiques entre les hommes et les femmes placent les cadres féminins dans une position subordonnée, mais aussi la manière dont se construit le phénomène de « la rareté », ainsi qualifié par la sociologue, de ces agents.

Afin de saisir les relations entre femmes et argent, certains ouvrages portant sur le rôle des femmes dans la gouvernance et l'administration du ménage ont été particulièrement éclairants. Ainsi, Michelle Perrot[21], qui s'est intéressée aux pratiques des femmes d'ouvriers et des maîtresses de maison bourgeoises, fait apparaître une divergence dans la gestion de l'argent du couple selon la classe sociale. Examinant la place des femmes spécialement en milieu rural, Susan Carol Rogers[21] et Martine Segalen[22] ont établi le pouvoir de décision des femmes qui contrôlent l'argent du ménage. Pour Anne Guillou[23], les femmes s'occupent surtout des « opérations de routine » avec la banque et tiennent la comptabilité du quotidien. Ces observations soulèvent des interrogations sur les évolutions de la fonction comptable des femmes au sein de la famille : de la gestionnaire de la dépense quotidienne jusqu'aux crédits et aux placements, en passant par l'épargne.

Pour la période du XXe siècle, c'est surtout du côté de la sociologie que la bibliographie contemporaine sur la circulation de l'argent dans la sphère

---

[19] Sylvie Schweitzer, *Femmes de pouvoir : une histoire de l'égalité professionnelle en Europe (XIXe-XXIe siècle)*, Paris, Payot, 2010.
[20] Jacqueline Laufer, *La féminité neutralisée. Les femmes cadres dans l'entreprise*, Paris, Flammarion, 1982. *L'accès des femmes à la sphère de direction des entreprises : la construction du plafond de verre*, rapport de recherche commandé et financé par la DARES, octobre 2003. Jacqueline Laufer, « La construction du plafond de verre : le cas des femmes cadres à potentiel », 1er janvier 2005, n°102. Jacqueline Laufer, Constance Perrin-Joly, Elena Mascova, Brigitte Dormion (dir.), *Femmes dirigeantes en entreprise : des parcours aux leviers d'action*, Paris, Association française des managers de la diversité, 2014.
[21] Ariès Philippe, Duby Georges (dir.), *Histoire de la vie privée*, tome 4, *De la Révolution à la Grande Guerre*, volume dirigé par Michelle Perrot, Paris, Seuil, 1999, p. 127-250.
[21] Susan Carol Rogers, *Les femmes et le pouvoir* ; Hugues Lamarche, Susan Carol Rogers et Claude Karnoouh (dir.), *Paysans, femmes et citoyens, luttes pour le pouvoir dans un village lorrain*, Actes Sud, Paris, 1980, p. 61-137.
[22] Martine Segalen, *Mari et femme dans la société paysanne*, Paris, Flammarion, 2002, p. 130-131.
[23] Anne Guillou, *Les femmes, la terre, l'argent. Guiclan en Léon*, Brasparts, Éditions Beltant, Les bibliothèques de Bretagne, 1990, p. 108-115.

privée est la plus abondante. La thèse de Caroline Henchoz[24] a été une référence très importante pour comprendre ce point fondamental de la recherche et avoir une connaissance précise de l'état de l'art. Les sources utilisées examinent l'organisation financière des ménages dans une perspective de genre et analysent les pratiques et les usages de l'argent dans la sphère conjugale, en considérant la gestion financière courante (dépenses, épargne, investissements, emprunts). Cela n'a pas empêché un enrichissement de la réflexion au-delà de la gestion des revenus, grâce aux analyses des sociologues Céline Bessière et Sibylle Gollac[25] sur le « capital économique » des familles. Lors d'une séparation conjugale ou d'un héritage, les transmissions s'effectuent toujours au détriment des femmes, et cela, avec l'adhésion des professionnels du droit (avocats et notaires, notamment).

La démarche de Viviana Zelizer[26], qui s'inscrit dans une perspective historique, rompt avec la vision traditionnelle de l'économie qui envisag la circulation de l'argent comme un phénomène de marché purement rationnel[27]. S'intéressant aux pratiques et aux usages de l'argent dans la sphère conjugale au sein des ménages américains entre 1870 et 1930, l'autrice décrit un « marquage » de l'argent domestique selon, notamment, le critère du genre. Caroline Henchoz s'est aussi penchée sur les contributions financières et économiques des femmes dans les ressources des ménages au sein de trois générations de familles de Suisse romande[28]. Bien que méconnu, leur rôle est considérable dans ces domaines, surtout de l'entre-deux-guerres aux années 1950, période marquée par des crises économiques. Les travaux d'Olivier Schwartz[29] ont également été précieux, soulignant la pérennité du modèle du « matriarcat budgétaire » jusque dans les années 1970 dans les familles d'ouvriers. Si l'approche de François de Singly[30], plus égalitaire, apporte un angle intéressant, celle de Delphine Roy[31] met en

---

[24] Caroline Henchoz, *Le couple et l'argent : les significations et usages sociaux de l'argent comme révélateur sociologique du processus de construction conjugale*, thèse de doctorat de sociologie sous la direction du professeur Franz Schultheis, Université de Neuchâtel, 2007, p. 39-81.

[25] Céline Bessière et Sibylle Gollac, *Le genre du capital. Comment la famille reproduit les inégalités*, Paris, La Découverte, 2019.

[26] Viviana Zelizer, *La signification sociale de l'argent*, Paris, Seuil, Coll. « Liber », 2005, p. 84-117.

[27] Voir aussi la thèse de Caroline Henchoz, *op. cit.*, p. 18-24.

[28] Caroline Henchoz et Francesca Poglia Mileti, « Les larmes de ma mère. Comprendre le processus de démocratisation de l'économie familiale par les contributions des femmes et leur perception par les hommes », *Revue suisse de sociologie* ; 38 (3), 2012, p. 401-419.

[29] Olivier Schwartz, *Le monde privé des ouvriers. Hommes et femmes du Nord*, Paris, PUF, 1990.

[30] Michel Glaude et François de Singly, « L'organisation domestique : pouvoir et négociation », *Économie et statistique*, n°187, avril 1986, p. 3-30.

[31] Delphine Roy, « L'argent du "ménage", qui paie quoi ? », *Travail, genre et sociétés*, 2006/1, n°15, p. 101-119.

lumière la valeur de l'argent, marquée par le genre au sein même des ménages, tandis que la mise en commun des ressources se veut un modèle égalitaire.

Ainsi, l'approche sociologique permet de saisir la complexité de l'espace familial en considérant les arrangements financiers dans le couple. Ils ont nourri la réflexion sur la façon dont les femmes s'approprient les questions d'argent durant la seconde moitié du XXe siècle, le gèrent, l'utilisent, s'investissent et prennent part à la décision financière.

Bien que l'espace géographique de cette recherche concerne l'Hexagone, la bibliographie francophone a néanmoins été élargie à certaines références anglo-saxonnes qui ouvrent des perspectives nouvelles et éclairantes pour le sujet. Notamment, deux études récentes analysent les relations entre les femmes et les services financiers. La première est un rapport intitulé « Women in financial services », mené par le cabinet de conseil Oliver Wyman[32], et la seconde a été réalisée par Dawn Burton, chercheuse en sciences de gestion[33]. Les deux études révèlent le manque de prise en compte des besoins des femmes par les banques.

Sur l'historiographie du crédit et de la consommation, ont été privilégiés les ouvrages qui examinent la fonction consommatrice des femmes, agents de la modernisation par la consommation, et leur rôle dans la gestion du budget familial. L'historiographie sur l'enseignement ménager a été considérée sous l'aspect « argent et consommation », bien qu'il y ait aussi une lecture du genre. Elle présente une littérature abondante, mais l'éducation à l'argent est un thème peu traité. L'éducation domestique soutient la bonne tenue des comptes et l'apprentissage de l'épargne et soulève la responsabilité des femmes dans la gestion du budget familial. Incontournable, Joël Lebeaume[34] retrace l'organisation et le développement de « cette action éducative » en France, consacrée spécifiquement aux filles. Deux manuels de référence dans les écoles ménagères en Franche-Comté ont été étudiés. Celui de Louise Foulon-Lefranc[35], remis aux jeunes filles scolarisées à l'école Jeanne d'Arc à Champagnole dans le Jura, s'attache surtout à la maîtrise de la dépense. L'ouvrage de Fleury Marduel[36], directrice de l'enseignement ménager à l'Union des organisations agricoles du Sud-

---

[32] « Women in financial services 2020 », rapport publié par le cabinet Oliver Wyman, 3e édition. [En ligne].
[33] Dawun Burton, « Women and financial services: some directions for future research », *International Journal of Bank Marketing*, vol. 13, n°8, 1995, p. 21-28.
[34] Joël Lebeaume, *L'enseignement ménager en France. Sciences et techniques au féminin 1880-1980*, Rennes, Presses universitaires de Rennes, Coll. « Histoire », 2014, p. 25-52.
[35] Louise Foulon-Lefranc, *La femme au foyer : économie domestique, enseignement ménager et hygiène, puériculture*, Paris, Librairie l'École, 2e éd., 1948, p. 17-22.
[36] Fleury Marduel, *Éducation ménagère agricole*, Paris, Emmanuel Vitte, 5e éd. revue et mise à jour, 1950, p. 26-55.

Est, est un des « rares manuels de l'enseignement postscolaire agricole ménager »[37]. Il est présenté comme un modèle pour les femmes qui vivent à la campagne. L'éducation à l'argent dépasse le cadre du quotidien pour initier les femmes aux placements et au capital, et ainsi, à l'univers bancaire. Cette tentative pourrait être le pendant de l'action en milieu urbain de Paulette Bernège qui, par la taylorisation du travail ménager, vise à transformer la ménagère moderne de la classe moyenne en véritable « chef d'entreprise »[38].

Dans une perspective plus contemporaine, ont été observées des compagnies minières françaises qui tentent de contrôler la consommation des familles de mineurs en ouvrant leurs propres écoles ménagères, conscientes du rôle central des épouses dans la gestion du salaire familial. Jean-Claude Daumas[39] a souligné ce phénomène pour les compagnies minières d'Anzin et de Lens[40]. Alors que les mineurs usent de l'achat à crédit et font preuve d'insouciance, celles-ci créent, au tournant du XXe siècle, leurs écoles ménagères pour apprendre aux filles à faire bon usage du salaire de leur futur mari, dans un souci d'économie et de prévoyance. Pour comprendre le phénomène de la consommation de masse dans la France d'après-guerre, Rebecca J. Pulju[41] place les femmes au cœur de son analyse. Revisitant les discours officiels qui s'adressent avant tout aux consommatrices, elle éclaire leur rôle spécifique dans cette avancée progressive vers la modernisation, par la consommation domestique, au début de la IVe République.

L'étude de la stratégie commerciale et publicitaire de la banque souhaite apporter un éclairage transversal et complémentaire. Elle met en évidence que le développement de la consommation de masse conditionne le discours sur les nouveaux outils bancaires, en vue de l'acquisition des produits de consommation. En fonction de la clientèle visée, des qualités sont attribuées à ces outils, qui reposent sur des stéréotypes liés au genre : beauté, élégance, réussite sociale (épouse, mère de famille). Alors que la publicité bancaire s'empare de l'image de la dépensière, l'analyse replace les femmes dans leur rôle économique marchand et leurs responsabilités, en reliant la consommation du ménage à leur implication dans la décision financière.

---

[37] Lebeaume, *L'enseignement ménager en France... op. cit.*, p. 121.
[38] Jean-Claude Daumas, *La révolution matérielle. Une histoire de la consommation en France XIXe-XXIe siècle*, Paris, Flammarion, 2018, p. 247.
[39] *Ibid.*
[40] *Ibid.*, p. 211-212.
[41] Rebecca J. Pulju, *Women and Mass Consumer Society in Postwar France*, Cambridge, Cambridge University Press, 2011, 259 pages.

Structuration de la démarche

Le plan s'organise en trois parties. La première est consacrée à l'évolution de l'emploi féminin dans la banque. Elle montre comment se construit la division sexuée du travail et apporte des éclairages sur des points de blocage. En effet, les femmes sont canalisées dans les postes d'exécution, les tâches administratives et informatisées, souvent pénibles, et accèdent très progressivement à la catégorie des agents intermédiaires mais plus difficilement à celle des cadres. Seules quelques pionnières parviennent à s'imposer sur des terrains masculins, en mettant en place des stratégies et en mobilisant des ressources spécifiques. Grâce aux témoignages de ces pionnières, leurs parcours professionnels ont pu être reconstitués.

La deuxième partie démontre comment les femmes ont accès à la bancarisation à travers les stratégies marketing des banques. En effet, les publicités s'adressent aux ménagères jusqu'aux années 1970, avant de prendre en compte tardivement, dans les années 1980, les actives. Ainsi, l'étude du discours publicitaire révèle un décalage entre la réalité du rôle économique et financier des femmes et la perception des banques, parties prenantes des idées d'une époque.

À l'appui d'une enquête par questionnaire et d'entretiens auprès de clientes, la troisième partie éclaire l'évolution des comportements financiers des femmes et les arrangements quotidiens des couples, revisitant ainsi leur place dans la famille. Du quotidien comptable familial à une participation plus grande à la décision en matière de crédit, l'autonomisation financière des épouses progresse lentement, et leur implication dépend des outils que la banque met peu à peu à leur disposition.

Sources et méthodes

Des archives privées des banques et des archives publiques ont été consultées. La richesse des sources autorise des dépouillements au niveau national et régional (Franche-Comté) des archives des établissements bancaires.

Ont été retenues en priorité les archives historiques nationales du groupe Crédit Agricole SA. Ce fonds a permis de documenter la recherche pour le Crédit Agricole et pour le Crédit Lyonnais, établissement choisi pour mener une analyse comparative. Compte tenu de la conjoncture durant la période de recherche, les fonds d'autres établissements bancaires n'ont pas pu être consultés de la même manière. Des documents iconographiques issus de ces fonds ont rendu possible la construction d'un corpus publicitaire pour comprendre comment les banques avancent sur la question de l'autonomisation économique et financière des femmes.

Les investigations sur l'équipement bancaire des femmes ont été élargies auprès des archives d'organismes financiers publics : le service des archives de la Banque de France et la Caisse des Dépôts. Aux archives publiques départementales du Doubs, du Jura et de la Haute-Saône, la recherche a surtout été documentée sur l'éducation des femmes en Franche-Comté, l'économie domestique et l'enseignement ménager.

Lorsque les archives orales existantes de témoins, rares, ont fait défaut, la constitution d'un corpus de sources orales a contribué à éclairer de l'intérieur la place des femmes dans le secteur bancaire, d'une part, et l'évolution de leur relation à l'argent, d'autre part, en amorçant une perspective originale. Une enquête quantitative par questionnaire a été également menée auprès de clientes ciblées de la CRCA de Franche-Comté pour explorer l'évolution des comportements financiers des femmes et leur influence dans le couple – et par extension la famille – de manière longitudinale. Par ailleurs, les investigations sur l'équipement bancaire des femmes ont été élargies aux archives d'organismes financiers publics (Banque de France et Caisse des dépôts). Ces choix méthodologiques sont expliqués plus loin en fonction des différents thèmes liés.

PARTIE I
L'EMPLOI FÉMININ DANS LA CRCA DE FRANCHE-COMTÉ : DES EXÉCUTANTES AUX CONQUÉRANTES (1970-2000)

Alors que le XIXe siècle a canalisé les femmes dans la sphère privée et les a tenues à l'écart de la vie publique, lieu du pouvoir politique, économique et social, elles ont toujours travaillé[1]. En 1901, 6,8 millions d'actives sont recensées. Dix ans plus tard, en 1911, ce nombre s'accroît de près d'un million pour atteindre 7,7 millions de femmes, pour un taux d'activité de 50 %[2]. En 1921, elles sont 8,6 millions, pour un taux d'activité de 52 %. Après quelques variations, elles sont toujours plus de 6 millions en 1962, un nombre qui ne cesse de progresser pour atteindre 9,6 millions d'actives en 1982. La période qui s'ensuit se caractérise par une forte croissance de l'activité féminine, avec plus de 12 millions d'actives en 1999. Aussi, pour Sylvie Schweitzer, « [...] contrairement aux idées reçues, [...] le taux d'activité des femmes ne désarme jamais [...] »[3]. Historiquement présentes dans les secteurs de l'agriculture, du commerce et du service domestique, elles sont d'abord agricultrices, travailleuses à domicile, nourrices, mais ces professions ne leur procurent pas une indépendance financière leur assurant « des revenus familiaux », et leur labeur est souvent sous-évalué et non comptabilisé[4].

La Première Guerre mondiale met au grand jour l'importance économique, souvent antérieure, des femmes sur les différents marchés (travail, gestion...). Les hommes étant mobilisés sur le front, elles gèrent seules le quotidien ainsi que l'argent du ménage et doivent faire face à la cherté de la vie et à la pénurie[5]. Elles investissent des secteurs d'activités qui leur étaient interdits jusque-là et deviennent visibles dans le monde professionnel[6].

Durant la seconde moitié du XXe siècle, la « féminisation du salariat » est un phénomène majeur qui marque de façon durable l'emploi des femmes

---

[1] Sylvie Schweitzer, *Les femmes ont toujours travaillé. Une histoire du travail des femmes au XIXe et XXe siècle*, Paris, éditions Odile Jacob, 2002, p. 39.
[2] Maruani, Méron, *Un siècle de travail des femmes...*, *op. cit.*, p. 31. Margaret Maruani, *Mais qui a peur du travail des femmes?*, Paris, Syros, 1985, p. 16.
[3] Schweitzer, *op. cit.*, p. 62.
[4] *Ibid.*, p. 133. Sur les changements du travail des femmes, voir aussi l'article de Michelle Perrot, « Le syndicalisme français et les femmes : histoire d'un malentendu », *CFDT Aujourd'hui*, n°66, mars 1984, p. 44-45. Peu avant la Grande Guerre, les femmes représentent 39 % des effectifs dans le tertiaire : l'institutrice, l'infirmière, la secrétaire, la dactylo sont déjà les figures emblématiques des travailleuses.
[5] « 2. Ménagères de guerre », p. 295-309, *in* Françoise Thébaud, *Les femmes au temps de la guerre de 14*, Paris, Payot, 2013.
[6] « 6. Les remplaçantes », p. 205-234, *in* Françoise Thébaud, *Les femmes au temps de la guerre de 14*, *ibid.*

ainsi que la « tertiarisation » du travail[7]. Ces deux mouvements simultanés, qui ne cessent de progresser durant les « Trente Glorieuses », s'accélèrent au début des années 1960 et concernent massivement les femmes. Le secteur tertiaire devient alors « une des terres d'accueil de l'emploi féminin »[8] : entre 1955 et 1996, la proportion des emplois tertiaires passe de 40 à 70 %, tandis que la part des emplois féminins tertiaires passe de 49 à 82 %[9]. Cependant, ces travailleuses sont canalisées dans des métiers spécifiques, dévalorisés, compatibles avec l'idée que l'on se fait du travail des femmes[10], contribuant à créer des espaces et des postes de travail sexués. Margaret Maruani a démontré comment une même activité est présentée comme étant qualifiée lorsqu'elle est exercée par des hommes et non qualifiée quand elle est pratiquée par des femmes[11]. La maîtrise de la technique dactylographique s'inscrit dans cette même idéologie, jugée déqualifiée à partir du critère du genre[12]. Malgré des avancées significatives dans le domaine de l'éducation, avec l'élévation du niveau d'instruction des femmes et une action législative effective qui précise leurs droits au travail, selon d'abord l'idée « d'autonomie » puis, plus tardivement, « d'égalité » entre les sexes[13], elles restent pendant longtemps cantonnées à des métiers d'exécution. Les quelques « gradées » ne parviennent pas à percer le « plafond de verre »[14]. Les établissements bancaires n'échappent pas à ces phénomènes économiques, sociaux et culturels.

À partir des années 1920 et jusque dans les années 1980, le monde bancaire se modernise et connaît des mutations importantes qui favorisent l'emploi des femmes[15]. Cependant, les postes proposés sont souvent subalternes, avec des tâches parcellisées et répétitives ; ils sont mal rémunérés et soumis de surcroît à la loi du rendement. Dans ce secteur également, le personnel féminin demeure sous surveillance[16] : contrôle des horaires, des tâches, des outils, de l'espace, du rendement…

---

[7] Maruani, Méron, *Un siècle de travail des femmes…*, op. cit., p. 50-53.
[8] *Ibid.*, p. 166.
[9] Maruani, *Travail et emploi des femmes*, Paris, La Découverte, 2011, p. 11.
[10] Schweitzer, *Les femmes ont toujours travaillé…*, op. cit., p. 210.
[11] Maruani, *Mais qui a peur du travail…?*, op. cit., p. 46.
[12] Delphine Gardey, *La dactylographe et l'expéditionnaire. Histoire des employés de bureau 1890-1930*, Paris, Berlin, 2001, p. 86-87.
[13] Maruani, Méron, op. cit., p. 57-58.
[14] Jacqueline Laufer et Annie Fouquet, « Les femmes dans l'entreprise : le plafond de verre est toujours là », *Revue française de gestion*, n°119, 1998.
[15] Catherine Omnès, « Le salariat bancaire : représentations et identités du XIXe siècle à 1974 », in Patrice Baubeau, Chantal Cossalter et Catherine Omnès (dir.), *Le salariat bancaire : enjeux sociaux et pratiques de gestion*, Presses universitaires de Paris Ouest, 2009, p. 71.
[16] Schweitzer, *Les femmes ont toujours travaillé…*, op. cit., p. 39. Maruani, Méron, *Un siècle de travail des femmes…*, op. cit., p. 31.

Tandis que dans les années 1970, la clientèle de la banque se développe massivement en ouvrant de plus en plus de comptes, les femmes sont à nouveau largement recrutées par ce secteur qui poursuit sa féminisation, avec une main-d'œuvre toujours canalisée dans des tâches très spécialisées et qui progresse difficilement dans les niveaux hiérarchiques. En effet, d'après une enquête[17] menée dans une grande banque nationale, les femmes représentent plus de la moitié du personnel, mais elles sont maintenues à des métiers historiquement « féminins », dans des services administratifs qui offrent moins de perspectives d'évolution que les métiers commerciaux. Dans cet établissement, 12 % seulement des salariées ont un statut de cadre en 1974, bien que cette proportion ait augmenté depuis 1968, où elle était de 6 %[18].

Observer les premiers temps de la féminisation de la profession bancaire permet de mieux comprendre comment cette nouvelle main-d'œuvre a été accueillie dans un milieu traditionnellement masculin. Avec la bancarisation et le passage à la « banque de masse »[19], la place qui est assignée aux femmes dans le secteur de l'argent et de la finance – celle conquise et celle à laquelle elles peuvent prétendre – sera analysée. Il sera alors question des emplois régis par la convention collective des banques.

Pour ce faire, ce travail s'est particulièrement intéressé à l'évolution de la situation du personnel féminin dans les caisses régionales du Crédit Agricole de Franche-Comté. Il a été renforcé et enrichi par des travaux menés dans d'autres caisses régionales, en privilégiant, lorsque les sources l'ont permis, la démarche comparative avec le Crédit Lyonnais. Afin d'appréhender la manière dont les femmes parviennent à s'imposer dans la banque et accéder à une compréhension plus fine de leur histoire et de leur présence émergente au sein des équipes de direction, un corpus de sources orales[20] a été constitué. Les entretiens ont été conduits auprès de femmes et d'hommes salariés des caisses régionales du Crédit Agricole de Franche-Comté, recrutés entre 1947 et 1996. La plupart sont retraités, mais certains témoins sont encore en poste. Toutefois, leur seul univers professionnel ne pourrait suffire à définir les pionnières. Au-delà du statut et de la catégorie sociale, qui sont-elles ? Quelles intentions animent ces pionnières qui ont marqué de façon irréversible l'histoire sociale et amélioré le destin de nombreuses autres femmes ?

---

[17] Monique Appert, « L'emploi féminin dans une grande banque », Direction régionale du travail et de la main-d'œuvre de la Région Île-de-France, septembre 1977, p. 16.
[18] *Ibid.*, p. 13.
[19] Hubert Bonin, *Le monde des banquiers français au XXe siècle*, Paris, Éditions Complexe, 2000, p. 209.
[20] Florence Descamps, *L'historien, l'archiviste et le magnétophone. De la constitution de la source orale à son exploitation*, Paris, ministère de l'Économie, des Finances et de l'Industrie, Comité pour l'histoire économique et financière de la France, 2005.

Cette série d'entretiens bibliographiques a été complétée par d'autres, orientés vers une période précise de la carrière d'anciens directeurs d'agence ayant réalisé leur parcours professionnel dans la banque et de démarcheurs. Ils représentent un matériau intéressant et complémentaire en ouvrant plus largement le champ de l'analyse. Ce personnel a exercé à la Caisse régionale du Doubs et à la Caisse régionale de la Haute-Saône et du Territoire de Belfort.

Alors qu'à la fin des années 1940, ces caisses sont encore de petites structures familiales fragmentées par départements (Doubs, Jura, Haute-Saône et Territoire de Belfort), elles connaissent une croissance continue de l'effectif et de l'activité. Elles vont ainsi fusionner en 1992 et former la grande Caisse régionale du Crédit Agricole (CRCA) de Franche-Comté. Les années 1990 marquent un tournant important pour le travail salarié, avec l'action volontariste de féminisation du réseau commercial au sein de cette entreprise.

La période postérieure à la fin des années 1990 a été difficilement exploitable pour plusieurs raisons. D'une part, l'accès aux sources est restreint car soumis aux délais de communicabilité. D'autre part, certains agents sont toujours en place dans la banque, où les pratiques reposent sur la confiance entre client et professionnel, mais aussi sur une tradition qui privilégie la confidentialité et entretient souvent une culture du secret.

CHAPITRE I
AU TEMPS DES PIONNIÈRES : LA FÉMINISATION DE LA PROFESSION BANCAIRE

1. Des premières recrues précaires à une féminisation progressive et contrôlée

Jusqu'à la fin du XIXe siècle, l'employé de banque est généralement un homme[1]. Avec le développement des établissements bancaires, la création de nouveaux services administratifs favorise les premières embauches de femmes, la plupart comme auxiliaires et jamais au contact du client. Delphine Gardey a démontré que le recrutement féminin dans la banque s'inscrit dans un contexte plus global de féminisation des emplois de bureau, qui a d'abord touché les administrations publiques puis privées[2].

C'est d'abord la Banque de France qui emploie les premières femmes en 1852, avec la création des services des dépôts qui comptent quatre « ouvrières »[3] ; quatre autres travaillent à l'imprimerie et à la comptabilité des billets, où elles sont chargées de vérifier et d'annuler les billets défectueux[4]. Elles sont près de trois cents employées en 1898[5]. Les effectifs féminins connaissent une évolution irrégulière dans cet établissement à cause du licenciement des agents une fois leur tâche accomplie[6]. Considérés comme précaires, ces emplois ne doivent donc pas être pérennisés.

Dans les grandes banques commerciales, le personnel féminin apparaît plus tardivement. Au Crédit Lyonnais, les premières employées entrent en 1884 au siège central. Elles sont quarante-trois en 1885, réparties dans les services du téléphone, des titres, de la conservation des titres, des coupons (service le plus féminisé avec un effectif de trente-cinq femmes). L'ampleur de ce mouvement est visible dès la période 1894-1902 au siège social du Crédit Lyonnais à Lyon, où la part des femmes embauchées est de 5,5 % parmi l'ensemble des recrutés[7].

---

[1] Gardey, *op. cit.*, p. 35-37.
[2] Citée par Cécile Omnès, *op. cit.*, p. 72-78.
[3] Didier Bruneel, « Les femmes et la Banque de France », Paris, Banque de France Eurosystème, 2015, p. 55-85. Ces agents d'exécution étaient qualifiés d'ouvrières jusqu'en 1907. Lorsque les services des titres, du contentieux et de l'escompte ont commencé à être intégrés, le terme de « dames employées » a alors remplacé celui d'ouvrières pour marquer cette nouvelle étape.
[4] Clotilde Dissard, « Les femmes employées de banque », *La Fronde*, 21 juillet 1898.
[5] *Ibid.*
[6] *Ibid.*
[7] *Ibid.*, p. 71.

En 1906, 6,6 % de femmes travaillent dans l'univers de la banque, des assurances et des agences diverses, soit 5 460 femmes contre 82 449 hommes[8]. Si ce secteur reste très largement masculin, entre 1906 et 1921, son effectif féminin devient dix fois plus important[9]. En 1914, à la Société Générale, les femmes représentent 25 % environ de l'effectif total, et au Comptoir national, un peu plus de 23 % de l'effectif total parisien[10].

Au début du XXe siècle, la banque attire surtout les jeunes filles instruites, issues pour la plupart de la bourgeoisie[11]. Contraintes de travailler au vu du contexte politique et économique, elles recherchent avant tout une profession stable qui les distingue de la classe ouvrière dont les conditions de travail semblent plus pénibles et plus précaires. Recrutées en tant qu'auxiliaires pour exécuter de simples travaux d'écriture, de calcul, de comptabilité manuelle, le caractère laborieux et anesthésiant de leurs tâches témoigne cependant de la place qu'on leur accorde dans le monde du travail bancaire, et cela, quel que soit leur niveau d'instruction. En effet, au Crédit Lyonnais, les recrutées sont titulaires d'un certificat de cours commerciaux ou, au minimum, d'un certificat d'études primaires.

Les conditions de travail s'avèrent difficiles. Les activités sont « répétitives et méticuleuses »[12]. Pour les meilleures, la titularisation est fonction de la disponibilité des postes. Les femmes sont moins bien rémunérées que les hommes et peuvent être remerciées à tout moment dès que l'on n'a plus besoin de leurs services[13].

À la comptabilité du Crédit Lyonnais, elles sont payées trois à quatre francs « par jour de travail effectif », alors qu'une même tâche réalisée par des hommes quelques années auparavant était rémunérée à hauteur de 150 à 200 francs[14]. À travail égal, un homme est donc rétribué cinquante fois plus qu'une femme. Les embauches d'agents féminins ont été motivées par la volonté de l'établissement, affecté par la crise bancaire de 1882, de réduire les frais de gestion du personnel[15]. En outre, entre 1890 et 1914, l'entreprise connaît une telle croissance que ses besoins en main-d'œuvre nécessitent des recrutements importants[16]. Elle recourt alors amplement à l'auxiliariat de longue durée pour réaliser des embauches régulières tout en limitant les prélèvements fiscaux. Ces emplois précaires et subalternes sont occupés,

---

[8] Gardey, *La dactylographe et l'expéditionnaire…, op. cit.,* p. 61.
[9] *Ibid.*
[10] Omnès, *La gestion du personnel au Crédit Lyonnais…, op. cit.,* p. 74.
[11] Viviane Zouary, « Les femmes dans les banques au tournant du siècle », *in* Cécile Dauphin et Pierrette Pézérat, « Femmes au bureau », *Pénélope*, n°10, 1984, p. 57-59.
[12] Hubert Bonin, *La banque et les banquiers en France du Moyen Âge à nos jours,* Paris, Larousse, 1992, p.171.
[13] Zouary, *op. cit.,* p. 59.
[14] *Ibid.*
[15] Omnès, *La gestion du personnel au Crédit Lyonnais…, op. cit.,* p. 77.
[16] *Ibid.*

dans un premier temps, surtout par des femmes, avant de toucher aussi les hommes. Mais, titularisés plus rapidement que leurs consœurs, ces derniers restent favorisés[17]. Comme pour les administrations publiques, la rémunération mensuelle ne concerne que les employés titulaires, souvent des hommes expérimentés, alors que les conditions de rémunération des femmes sont plus proches de celles de l'ouvrier[18]. Celles-ci seront d'ailleurs très impliquées dans l'action syndicale à partir du printemps 1917, avec des revendications contre l'insuffisance des salaires, la cherté de la vie et les horaires de travail (pour la semaine anglaise)[19]. En même temps, ces inégalités professionnelles, qui favorisent des économies sur la gestion du personnel, motivent le recrutement des femmes au Crédit Lyonnais[20].

Toutefois, certains supérieurs hiérarchiques se montrent globalement réfractaires au recrutement d'un personnel féminin, comme exprimé par ce directeur de l'agence de Strasbourg à son confrère de l'agence du Havre au sujet de la candidature d'une de ses employées pour raison de mariage[21] :

   « Je ne suis pas encore décidé à employer des femmes, et je m'en passerai aussi longtemps que je le pourrai. Tout ce que j'en ai entendu dire jusqu'à présent, parce qu'il y a l'expérience, ne m'engage nullement à essayer. Je ne dis pas que je ne serai pas obligé d'y venir, mais je tâcherai que ce soit le plus tard possible. »

2. Le rôle décisif de la Première Guerre mondiale

Si la Première Guerre mondiale joue un rôle mineur dans l'entrée des femmes dans la banque, cet évènement accélère un phénomène déjà engagé depuis la fin du XIXe siècle[22]. Dans le secteur des banques et des assurances à Paris, les femmes représentent un actif sur dix avant la Grande Guerre et constituent le tiers des actifs dès le début des années 1920[23]. Le développement de l'emploi féminin modifie « la structure du personnel

---

[17] *Ibid.*, p. 77-78.
[18] Gardey, *La dactylographe et l'expéditionnaire...*, *op. cit.*, p. 96-97.
[19] *Ibid.*, p. 116-117.
[20] *Ibid.*, p. 78.
[21] Arch. CASA, courrier de la direction générale au sujet de Marcelle Meyer, agence de Strasbourg, 1920.
[22] Omnès, *La gestion du personnel au Crédit Lyonnais...*, *op. cit.*, p. 166 ; Nicole Ichou-Coussement, *Les employés de banque du CNEP et de la BNCI : parcours de travail et temps de vie 1848/1970*, thèse de doctorat d'histoire sous la direction d'Alain Plessis, Paris X, 2001, p. 185.
[23] Catherine Omnès, « Le salariat bancaire : représentations et identités du XIXe siècle à 1974 », p. 5-28, *in* Patrice Baubeau, Chantal Cossalter, Catherine Omnès (dir.), *Le salariat bancaire : enjeux sociaux et pratiques de gestion*, Presses universitaires de Paris Ouest, 2009.

bancaire »[24] et apporte ce que Françoise Thébaud qualifie de « modification qualitative »[25].

La banque connaît une entrée massive des femmes à cause de la pénurie de main-d'œuvre masculine partie au front[26]. Cet évènement participe à une « expérience de liberté et de responsabilité » des femmes qui accèdent alors à de nombreuses professions sans restriction liée à leur nature féminine[27]. En tant que soutien de famille, elles doivent subvenir seules à leurs besoins et à ceux du ménage. Dans le monde du travail en général, et dans la banque en particulier, ces travailleuses investissent de nouveaux terrains jusqu'alors spécifiquement masculins. Au Crédit Lyonnais, leur domaine d'intervention s'élargit à de nouveaux services du siège central et du réseau, jusqu'alors réservés aux hommes, notamment ceux de la comptabilité, des contrôles et inspections, de la correspondance, du portefeuille, des risques, des monnaies, de la trésorerie, des études financières, des fonds publics, des comptes courants, de la bourse et de l'économat[28]. Pour autant, la nature de leurs travaux se limite à la filière administrative, considérée comme non productive, contrairement à la filière commerciale impliquant une relation directe avec la clientèle[29]. Ce même processus de diversification et de concentration de l'activité féminine se manifeste à la Société Générale qui connaît une première et plus forte vague de féminisation de son personnel durant la période 1914-1920[30]. Mais, contrairement au Crédit Lyonnais, au CNEP ou à la BNCI, ce mouvement s'affaiblit ensuite, tandis que les recrutements sur la période 1921-1927 concernent principalement les services, déjà investis par les femmes, du portefeuille et des coupons[31].

Ainsi, même pendant la guerre, « les services productifs demeurent la chasse gardée du personnel masculin »[32]. On peut supposer que le fait de les autoriser à accéder à ce secteur stratégique comporte à la fois un risque financier pour la banque et un risque social pour la famille. En effet, cela pourrait nuire à son modèle traditionnel qui place l'homme comme pourvoyeur des ressources financières du ménage et la femme comme épouse et mère au foyer.

---

[24] *Ibid.*, p. 74.
[25] Thébaud, *Les femmes au temps de la guerre...*, *op. cit.*, p. 291.
[26] Gardey, *La dactylographe et l'expéditionnaire...*, *op. cit.*, p. 63.
[27] Georges Duby et Michelle Perrot (dir.), *Histoire des femmes en Occident*, tome V, *Le XXe siècle*, sous la direction de Françoise Thébaud, Paris, Perrin, 1992, p. 105-106.
[28] Omnès, *La gestion du personnel au Crédit Lyonnais...*, *op. cit.*, p. 168.
[29] *Ibid.*, p. 169.
[30] Élodie Pégot, *Les femmes employées de banque à la Société Générale (1914-1939)*, mémoire de master 2 sous la direction de Catherine Omnès, Université de Versailles Saint-Quentin, 2008, p. 25 et p. 36.
[31] *Ibid.*, p. 55.
[32] Omnès, *op. cit.*, p. 169-172.

Néanmoins, contrairement à une industrie de guerre conjoncturelle, le secteur bancaire conserve ses employées après le conflit[33]. Alors que les femmes représentaient moins de 10 % du salariat bancaire avant 1914, elles en constituent plus d'un tiers dans les années 1920. Moins payées pour des tâches moins qualifiées, elles répondent aux contraintes économiques de la période[34], à tel point qu'au Crédit Lyonnais, bien implantées dans l'entreprise, elles parviennent à introduire l'organisation syndicale. De ce fait, lorsque les soldats sont de retour, les femmes conservent leur travail dans la banque tandis que d'autres sont recrutées[35]. Une brèche s'est ouverte. Toutefois, la situation au CNEP et à la BNCI vient nuancer cette tendance, car les travailleuses embauchées durant la Grande Guerre regagnent leur foyer au moment du retour des mobilisés[36]. C'est seulement après la Seconde Guerre mondiale qu'elles « résistent » et « s'installent » dans ces établissements[37].

Globalement, même si le mouvement de féminisation du personnel est limité, il est incontestable. Certes réparties dans les services administratifs où elles sont moins rémunérées que leurs confrères, les femmes ont néanmoins réussi à franchir un premier palier en accédant à des postes réservés aux hommes et à maintenir un effectif qui compte dans le milieu de la banque et augmente de manière durable.

Le premier conflit a fait perdre beaucoup d'argent aux banques, qui cherchent donc à augmenter les dépôts et, pour ce faire, à élargir leur clientèle pour continuer à investir[38]. Initialement composée de clients aisés et d'entreprises, cette dernière se diversifie, s'étendant à l'ensemble de la population française et bénéficiant d'offres adaptées[39]. En outre, la guerre elle-même entraîne des opérations bancaires massives comme le paiement des dommages et des pensions par chèques[40]. Cette expansion de l'activité bancaire et administrative implique des transformations techniques et fonctionnelles dans un contexte où le quotidien du travail repose sur des tâches manuelles, époque de la « banque en sabots »[41]. Face à ces défis, pour rester efficaces et productifs, dans les années 1920-1930, les établissements se lancent dans une restructuration en profondeur fondée sur la mécanisation

---

[33] Archives nationales, « Les banques dans la Grande Guerre. Archives inédites », catalogue d'exposition à l'occasion du centenaire de la Grande Guerre, 2015.
[34] *Ibid.* Un grand nombre d'emplois bancaires occupés spécifiquement par les femmes, comme l'entretien et la cantine, ne sont pas intégrés dans les conventions collectives.
[35] Omnès, *op. cit.*, p. 183.
[36] Ichou-Coussement, *Les employés de banque du CNEP et de la BNCI*, thèse précitée, p. 186-189.
[37] *Ibid.*, p. 186-187.
[38] Étienne Goetz, « Et la banque devint une industrie de masse », *Les Échos*, 19 août 2014.
[39] *Ibid.*
[40] Archives nationales, « Les banques dans la Grande Guerre. Archives inédites », exposition précitée, p. 37. La guerre de 1914 marque le début de la démocratisation bancaire en France.
[41] Bonin, *Le monde des banquiers français...*, *op. cit.*, p. 210.

qui engendre une organisation du travail rationalisée, spécialisée et ordonnée[42], au sein de laquelle les femmes tiennent une place centrale. Le taylorisme sort du cadre de l'usine.

Outre la méthode, ils s'équipent de machines innovantes importées des États-Unis et mettent en œuvre une organisation scientifique du travail[43]. Entre la fin du XIXe siècle et les années 1930, la mécanisation transforme les bureaux des banques et modernise l'environnement et la nature du travail ainsi que la production administrative[44]. Après l'utilisation sporadique de quelques outils, le machinisme se généralise et de nouvelles technologies, dont la technologie comptable, transforment les services administratifs[45]. L'introduction de la machine à dupliquer, à détacher, à griffer, à compter les coupons ainsi que la monnaie et à timbrer les chèques, et de la machine comptable à cartes perforées[46], permet de faire face à l'accroissement de l'activité dû à une clientèle toujours plus importante[47]. Un service de mécanographie est créé au siège central du Crédit Lyonnais en 1926[48], et à la Société Générale en 1930[49].

Les femmes sont aussitôt associées à cette main-d'œuvre mécanisée et peu coûteuse, et leur fonction évolue vers des postes de « machinistes » qui ne nécessitent pas de connaissance des opérations bancaires mais une compétence purement technique, surtout en dactylographie[50]. Les outils organisent le travail administratif et nécessitent la rationalisation et la spécialisation des tâches[51]. Le travail est fractionné et, dans un souci de rentabilité, les employées sont chronométrées pour améliorer leur rendement. Ainsi, en dactylographie, des compteurs de frappe sont installés sur les machines et comptabilisent « une unité toutes les cent frappes ». Un système de rémunération adapté voit le jour, basé sur des primes de rendement pour les « mécanographes et sténographes qualifiées »[52], remplacé par des « indemnités proportionnelles à la durée du travail

---

[42] *Ibid.*, p. 210-211.
[43] *Ibid.*
[44] Gardey, *La dactylographe et l'expéditionnaire…, op. cit.*, p. 130-131.
[45] *Ibid.*, p. 131.
[46] Le principe de la carte perforée est décrit de façon précise dans la thèse d'Agnès Martin, *Stratégies et structures du Crédit Lyonnais de la fin des années 60 au milieu des années 70*, thèse de doctorat d'histoire dirigée par Michel Lescure, Université Paris X-Nanterre, 2008, p. 39.
[47] Catherine Omnès, « Le salariat bancaire : présentations et identités du XIXe siècle à 1975 », p. 19-28, *in* Baubeau Patrick, Cossalter Chantal et Omnès Chantal (dir.), *Le salariat bancaire : enjeux sociaux et pratiques de gestion*, Nanterre, Presses universitaires de Paris Ouest, 2009, p. 19.
[48] Omnès, *La gestion du personnel…, op. cit.*, p. 297.
[49] Pégot, *Les femmes employées de banque à la Société Générale (1914-1939)*, mémoire précité, p. 121.
[50] Omnès, *op. cit.*, p. 327.
[51] Baubeau, Cossalter, Omnès (dir.), *op. cit.*, p. 19.
[52] Omnès, *op. cit.*, p. 323.

effectif » par la convention collective des banques du 3 juillet 1936[53]. Cette évolution accentue une segmentation du personnel selon le sexe. Alors que les métiers masculins sont toujours plus variés et reliés aux fonctions commerciales du *front office*, qui offrent des perspectives d'évolution, ceux des femmes, qui se multiplient, restent limités aux tâches répétitives et parcellisées, sans valeur ajoutée, en les maintenant aux fonctions administratives et subalternes en *back-office*[54].

Pendant la guerre, le recrutement s'élargit à une classe sociale féminine plus modeste[55]. Au Crédit Lyonnais, ce phénomène contribue à la démocratisation des emplois de bureau. Plus largement, les besoins importants en personnel durant cette période se traduisent par des embauches massives intégrant des individus issus de classes modestes qui viennent progressivement remplacer la bourgeoisie traditionnelle[56]. De plus, l'élévation générale du niveau d'instruction favorise une « prolétarisation des origines sociales » des nouveaux agents[57]. Cependant, si les critères de recrutement aux métiers de banque restent identiques, le profil des candidates aux métiers de bureau évolue vers des critères distinctifs marqueurs du genre[58]. En effet, l'accent est mis par l'employeur sur les qualités « naturelles » féminines, à savoir, « leur docilité », « leur conscience », « le goût du détail », « leur méticulosité », « leur esprit malléable »[59]. Soulignons qu'une telle catégorisation, intériorisée par le personnel de l'entreprise, non seulement limite le champ professionnel des femmes, mais peut nuire à leur possible évolution. Étant efficaces à cette place, les faire évoluer n'est pas souhaitable. Par ailleurs, dès 1915, l'embauche commence à s'effectuer sur un seuil de qualification supérieur car des candidates détiennent, en sus de leur diplôme d'instruction générale, des compétences en dactylographie, sténodactylographie et comptabilité[60] qu'elles ont acquises dans le monde professionnel et/ou dans un établissement spécialisé, voire une école professionnelle privée à vocation commerciale, dont les cours Pigier qui proposent aux jeunes filles des formations techniques et professionnelles payantes, coûteuses, dans ces filières[61]. Au CNEP et à la BNCI, le même phénomène est constaté à partir

---

[53] *Ibid.*
[54] Baubeau, Cossalter, Omnès (dir.), *op. cit.*, p. 19.
[55] Gardey, *op. cit.*, p. 166-201..
[56] Omnès, *La gestion du personnel au Crédit Lyonnais...*, *op. cit.*, p. 201.
[57] *Ibid.*
[58] *Ibid.*, p. 253.
[59] Thébaud, *Les femmes au temps de la guerre...*, *op. cit.*, p. 229.
[60] Omnès, *op. cit.*, p. 253-254.
[61] Marianne Thivend, « Les formations techniques et professionnelles de filles. Le cas lyonnais aux XIXe et XXe siècles », *Cahiers Pierre Léon*, n°6, Université Lumière - Lyon 2, LARHRA, 2005, p. 25-42. En 1934, les cours de sténographie coûtent 475 francs annuels, les cours de sténodactylographie 750 francs et ceux de sténo-comptabilité 1 475 francs, ce qui représente des sommes onéreuses.

des années 1950, les candidates ayant reçu une formation technique de dactylographe, sténodactylographe ou secrétaire[62]. Si, à la Société Générale, le certificat d'études suffit pendant un certain temps[63], l'entreprise crée, dans les années 1930, une école de mécanographie pour former son personnel mécanographe, très majoritairement féminin[64].

Dans les établissements de taille importante, les employées, assignées à leur tâche, sont regroupées dans des *pools* pour répondre à un objectif d'efficacité et de performance et favoriser la surveillance de leur travail par un chef de service[65], surtout pour les « tapeuses »[66]. C'est ainsi que les espaces sont aménagés autour des machines afin de limiter les gestes inutiles et les pertes de temps, et les activités administratives sont organisées dans une logique purement productiviste[67]. Le mobilier est adapté à cette nouvelle méthode et participe à sa finalité[68].

Cette organisation du travail différenciée n'exclut pas la progression des femmes à des postes de gradées, mais elle est fort restreinte et à responsabilité limitée. Les quelques cheffes de service ou de bureau sont toujours placées sous la responsabilité hiérarchique d'un homme[69].

En résumé, l'accès au travail des femmes dans la banque connaît des améliorations, mais l'employée du XXe siècle est assignée à un travail répétitif, parcellisé, et à un avenir moins florissant que l'employé du XIXe siècle incarné par un homme[70]. Cette figure féminine présente des caractéristiques conformes à une amélioration du rendement, telles qu'imaginées dans ce monde moderne. Comme une machine, elle est capable d'exécuter des tâches simples, régulières, soutenues. Elle est docile et fiable. C'est ainsi que, trouvant leur place, ces femmes ont constitué cette classe « prolétarisée » qui cependant, à la différence des ouvrières, leur permet de bénéficier d'un traitement mensuel avec une régularité et une sécurité des revenus[71], à l'exception des auxiliaires souvent payées à la journée ou à l'heure. Toutefois, cette différence et cet avantage vont peu à peu s'estomper « (…) avec les avancées de l'État-providence et avec la stagnation des salaires des employés après la Première Guerre »[72].

---

[62] Ichou-Coussement, *Les employés de banque du CNEP et de la BNCI…*, thèse précitée, p. 197.
[63] Pégot, *Les femmes employées de banque à la Société Générale…*, mémoire précité, p. 33 et p. 49.
[64] *Ibid.*, p. 126.
[65] *Ibid.*, p. 132-133.
[66] Nommées ainsi par Delphine Gardey, p. 86.
[67] *Ibid.*, p. 132-133.
[68] Omnès, *La gestion du personnel au Crédit Lyonnais…, op. cit.*, p. 327.
[69] Teutsh, « Les emplois féminins dans les banques », *La Française*, 1937.
[70] Catherine Omnès, « Les trois temps de l'emploi féminin : réalités et représentations », *L'Année sociologique*, vol. 53, n°2, 2003, p. 373-398.
[71] *Ibid.*
[72] *Ibid.*

Néanmoins, quelques femmes parviennent à s'élever dans la hiérarchie, mais leur ascension est plus longue et difficile en comparaison avec leurs collègues masculins.

3. Crédit Agricole : des initiatives locales où émergent quelques pionnières, une originalité vite atténuée

Une intégration contrastée des premières femmes selon les caisses régionales

Le Crédit Agricole a une histoire particulière liée à ses valeurs propres et à son organisation.

En 1913, c'est une jeune institution de taille plus modeste que les autres grandes banques ; ses emplois atteignent tout juste 3 % de ceux du Crédit Lyonnais[73]. Elle s'est construite progressivement en trois étapes, de la base au sommet, avec les caisses locales (1894), les caisses régionales (1899) et la Caisse nationale (1920)[74]. La caisse locale prête aux agriculteurs et la caisse régionale fournit aux caisses locales les capitaux nécessaires. Alors que l'histoire des grands établissements bancaires commence à Paris, et à Lyon pour le Crédit Lyonnais, et s'étend ensuite à l'échelle régionale avec un réseau de bureaux (agences), le Crédit Agricole est né d'une initiative locale avant de s'implanter dans la capitale avec l'Office national du Crédit Agricole (1920), établissement public qui devient la Caisse nationale de Crédit Agricole (CNCA) en 1926[75].

La Caisse régionale de l'Est, à Nancy, est la première de France, fondée le 22 avril 1899[76]. La création des caisses régionales est rapide, et la quasi-totalité est implantée sur le territoire avant 1908. Pour éviter que les unes n'empiètent sur le secteur des autres, des regroupements sont envisagés pour favoriser un rayonnement départemental. Ce mouvement, qui avait déjà commencé dans l'entre-deux-guerres, se poursuit après la Seconde Guerre mondiale. Ainsi, la Caisse régionale de Bourgogne et de Franche-Comté, créée à Besançon en 1900, fusionne en 1949 avec celle du Doubs[77]. Cette phase se poursuit dans les années 1960 avec notamment la Caisse du Territoire de Belfort qui est absorbée par celle de Haute-Saône[78].

---

[73] Archives Crédit Agricole de Franche-Comté (Arch. CAFC), Guide de l'administrateur, « L'histoire du Crédit Agricole », volume 3, p. 11.
[74] Hubert Bonin, « Une banque attachée aux territoires », p. 35-42, *in La Banque verte s'affiche au conservatoire de l'agriculture à Chartres. Un siècle de publicité*, Chartres, Compa et Crédit Agricole, catalogue d'exposition, 2007.
[75] *Ibid.*
[76] CNCA, Mission Archives-Histoire, *Crédit Agricole, un siècle au présent...*, op. cit., p. 64.
[77] *Ibid.*, p. 65.
[78] *Ibid.*, p. 155.

Dans cette dynamique historique et par des réalités de terrain locales, au Crédit Agricole, des femmes ont pu très tôt saisir une place originale et importante. Ce sont des pionnières. Pendant la Grande Guerre, quelques épouses de présidents et d'élus du Crédit Agricole remplacent leurs maris mobilisés à des postes à responsabilité, défendant les intérêts de la caisse, et par là même, leurs intérêts familiaux, comme à la Caisse locale de Montfort, dans le Var, ou encore à la Caisse régionale de Seine-et-Oise[79].

Cette première expérience a permis à des femmes d'intégrer le milieu masculin des caisses régionales de manière plus formelle durant la période de l'entre-deux-guerres. Ainsi, dès 1927, la Caisse régionale des Ardennes est dirigée par Louise Tallerie, veuve de guerre, jusqu'en 1955. Alors secrétaire trésorière, c'est la première femme dans l'histoire du Crédit Agricole à occuper une fonction de direction. Elle mène une politique de gestion du personnel également particulière, en privilégiant le recrutement de femmes[80]. Le service comptabilité de cette caisse est d'ailleurs constitué d'une équipe exclusivement féminine[81]. En 1942, elle nomme la veuve du secrétaire de la Caisse locale de Rethel à la direction du premier bureau auxiliaire de la Caisse régionale des Ardennes. Très attachée à redresser l'agriculture du département et à étendre la coopérative agricole, elle se distingue aussi par sa grande autorité sur son personnel et sur les administrateurs[82]. À la Caisse régionale du Cher, en 1930, la première femme embauchée à la fonction de comptable est une bachelière, suivie en 1932 d'une expéditionnaire qui devient la première cheffe de service en 1950[83].

Au-delà de ces exemples locaux, des résistances apparaissent quant à la nomination de femmes à des postes élevés. Quelques années plus tard, en 1933, la Caisse régionale du Crédit Agricole du Puy-de-Dôme propose la nomination de sa secrétaire comptable pour remplacer temporairement son directeur décédé. Cependant, le conseil d'administration de la CNCA estime que la présence d'un homme, par ses relations professionnelles avec « les services publics, les emprunteurs et les notaires », est préférable à celle d'une femme, « quelles que soient ses aptitudes et ses qualités personnelles »[84]. Il semble que si le tissu local peut laisser la place à des

---

[79] René Frinault, *Histoire de la Caisse régionale de Crédit Agricole Mutuel de Seine-et-Oise (1904-1967)*, 1972.

[80] CNCA, Mission Archives-Histoire, *Crédit Agricole, un siècle au présent...*, op. cit., p. 179.

[81] Arch. CASA, dossiers constitutifs de la Caisse régionale de Crédit Agricole Mutuel des Ardennes, assemblée générale du 21 janvier 1928, p. 13-14, et assemblée générale du 11 février 1929, p. 12.

[82] Yves-Marie Lucot, *Le Crédit Agricole du Nord-Est a cent ans*, Chassigny, Castor et Pollux, 2001, p. 174.

[83] Jean-Yves Ribault et Robert Bosvin, *Cent ans de bons sens. La saga du Crédit Agricole Mutuel dans le Cher*, Bourges, Crédit Agricole du Cher, 1999, p. 80.

[84] Arch. CASA, CNCA, conseil d'administration du 31 mai 1933, 1re partie, p. 86.

personnalités féminines bien implantées, au niveau national, la culture de la profession prend le dessus sur ces initiatives.

Pendant le premier conflit, la situation est assez figée en termes de recrutement et d'activité dans les caisses régionales. Elle commence à bouger après la guerre, mais c'est surtout à partir des années 1950 que l'activité se développe amplement et passe à une échelle plus industrielle favorisant l'embauche des femmes. En effet, l'effectif total des caisses régionales avant la guerre est estimé à 1 000 agents. Ce chiffre a peu évolué en 1943, car sur 95 caisses régionales, 1 265 agents sont recensés, dont 710 hommes et 555 femmes. Le nombre d'agents est très variable selon les caisses, qui peuvent employer moins de dix agents et, plus rarement, un peu plus de cinquante[85].

Quelle est la situation du personnel féminin dans les caisses régionales de Franche-Comté ? L'intégration des femmes présente-t-elle une spécificité ?

À la Caisse régionale du Doubs, l'effectif est d'abord entièrement masculin. Une femme a été recrutée pendant la mobilisation comme aide-comptable pour remplacer le secrétaire comptable[86], mais son travail est alors jugé insatisfaisant. Aussi, les membres du conseil d'administration décident de son remplacement immédiat. Le profil du candidat recherché est celui d'un homme ayant de l'expérience pour assurer le fonctionnement du service. Il est recruté en décembre 1916 à la fonction de secrétaire comptable et entre au conseil d'administration de la caisse régionale en tant que secrétaire[87]. L'équipe s'agrandit avec le recrutement d'un jeune mutilé de guerre, en janvier 1917, pour tenir la comptabilité de la caisse locale[88]. Trois employées se succèdent à la comptabilité de la caisse régionale entre juin 1921 et juin 1928[89]. D'autres arrivent au service du portefeuille et des comptes courants en 1931[90]. Entre 1947 et 1956, six femmes sont recrutées comme dactylographes, aides-comptables et secrétaires[91]. Deux employées sont titularisées en octobre 1948 ; le personnel se compose alors de six agents. Elles font une longue carrière, entre trente et quarante ans, dans la même branche de la comptabilité. Les autres employées ont travaillé sur des périodes plus courtes, entre un et neuf ans. Une autre femme, qui a rejoint

---

[85] *Ibid.*, p. 147.
[86] Arch. FDMS, procès-verbaux des conseils d'administration de la CRCA du Doubs de janvier 1904 à décembre 1924, séance du 24 octobre 1916.
[87] Arch. FDMS, *ibid.*, séance du 11 décembre 1916.
[88] *Ibid.*
[89] *Ibid.*, séance du 2 juin 1921. Arch. FDMS, procès-verbaux des conseils d'administration de la CRCA du Doubs de janvier 1925 à décembre 1931, séance du 25 novembre 1926. Arch. FDMS, procès-verbaux des conseils d'administration de la CRCA du Doubs de janvier 1925 à novembre 1931, séance du 7 juillet 1930.
[90] Arch. FDMS, *ibid.*, séance du 14 mars 1931 et procès-verbaux des conseils d'administration de la CRCA du Doubs de novembre 1931 à janvier 1947, séance du 5 mars 1932.
[91] *Ibid.*, séance du 20 mars 1948 et séance du 2 mai 1950.

l'effectif en 1940, apparaît en 1950 à la fonction de cheffe de service[92] où elle assiste le directeur. En 1953, elle est secrétaire générale et seconde le nouveau directeur avec une cheffe comptable[93]. En 1957-1958, le personnel d'encadrement du siège compte une femme, cheffe du service des prêts, contre trois hommes, un chef de service extérieur, un chef de section à la mécanographie et un autre à la comptabilité[94].

À la Caisse régionale de Haute-Saône, l'engagement de la première femme remonte à l'année 1930, en tant qu'expéditionnaire[95]. Elle cesse son activité en 1941. Cette année-là, deux employées de bureau sont enregistrées, dont une dactylographe[96]. Toutes deux quittent leur fonction la même année, en avril 1944, l'une « pour se consacrer aux soins de son ménage », remplacée alors par une jeune auxiliaire aux écritures de dix-sept ans, et l'autre pour raison de santé. Une sténodactylographe auxiliaire de dix-huit ans[97] lui succède. Son départ de la caisse se situe vers la fin de l'année 1945, tandis qu'une autre jeune dactylographe voit son recrutement ratifié en novembre, après une période d'essai satisfaisante d'un mois[98]. Celle-ci interrompt son travail en février 1947 pour raison de santé, mais elle est réintégrée dans l'effectif comme employée aux écritures six mois plus tard[99]. C'est seulement en 1944 que cette caisse commence à se réorganiser et à s'étendre, mais elle obtient chaque année un résultat déficitaire en dépit de sa gestion rigoureuse et économe[100]. Parmi cette série de jeunes recrues, la dernière dactylographe rejoint la caisse en décembre 1947 : c'est la première femme à y faire une longue carrière, presque 40 ans[101]. À son arrivée, le personnel est constitué de deux femmes et de six hommes dont le directeur et un comptable, recrutés en 1942, un gérant de bureau auxiliaire, en poste depuis 1945, un teneur de livre et un teneur de dossier, un caissier et un guichetier. Les agents féminins sont donc en minorité car le directeur

---

[92] Arch. FMDS, CNCA, rapport d'inspection de la CRCA du Doubs, 14 décembre 1948, p. 6. Rapport d'inspection de la CRCA du Doubs, 31 janvier 1957, p. 3-11.
[93] Arch. FMDS, CNCA, rapport d'inspection de la CRCA du Doubs, 30 novembre 1952, p. 9, et rapport d'inspection du 31 mars 1954, p. 6.
[94] Arch. FMDS, CNCA, rapport d'inspection de la CRCA du Doubs, 31 janvier 1957, p. 9. Rapport d'inspection novembre-décembre 1959, p. 3. Rapport d'inspection de la CNCA sur la situation et le fonctionnement de la CRCA du Doubs, mai-juin 1958.
[95] Arch. FMDS, procès-verbaux des conseils d'administration de la CRCA de Haute-Saône, n°6, de 1929 à 1930, séance du 1er mai 1930.
[96] Procès-verbaux des conseils d'administration de la CRCA de Haute-Saône, n°11, de 1941 à 1944, séance du 27 mars 1941, séance du 26 mars 1942, séance du 25 mars 1943. Les procès-verbaux des années suivantes ne permettent pas de suivre l'évolution du recrutement du personnel.
[97] Registre des délibérations du conseil d'administration de la CRCA de Haute-Saône, n°1, de 1944 à 1948, séance du 30 mars 1944.
[98] *Ibid.*, séance du 19 juin 1945.
[99] *Ibid.*, séance du 1er mars 1947 et séance du 2 août 1947.
[100] *Ibid.*, séance du 2 août 1947.

est réfractaire à l'embauche des femmes à cause des congés de maternité[102]. Seul le besoin impérieux de compétences dactylographiques le fait plier : « Il m'a prise car, vu mon handicap, il a pensé que je ne me marierais jamais, comme le pensait papa ! »[103]

À la Caisse régionale du Jura, le personnel est exclusivement masculin jusqu'en 1948, où deux dactylographes apparaissent dans les effectifs cette année-là. Les hommes occupent les fonctions de directeur, sous-directeur, chef de service, chef de section et employés qualifiés[104]. Les bureaux sont également tenus par des hommes, chefs de bureau. En 1952, l'effectif féminin compte six femmes, dont la plupart sont entrées dans la caisse l'année d'avant, contre sept hommes. Cependant, elles font partie du personnel d'exécution, sans exception, alors que les hommes constituent le personnel d'encadrement. Tous ces employés, femmes et hommes, sont titularisés entre juillet 1950 et février 1952[105]. En septembre 1952, une employée à la mécanographie quitte son poste pour raison de mariage. Elle est remplacée par une jeune fille âgée de seize ans et demi, titulaire d'un double CAP d'employé de bureau et d'aide-comptable obtenu brillamment[106], pour une durée de trois mois[107]. La caisse compte alors deux autres femmes : une employée au contrôle, nouvellement titularisée, et une caissière, employée contractuelle. Tous les nouveaux employés sont intégrés cette année-là à titre contractuel. Les plus méritants sont titularisés dès janvier 1953[108], dont la jeune mécanographe[109]. Afin d'obtenir une meilleure répartition des agents selon les niveaux hiérarchiques, une nouvelle classification des emplois est établie par le comité central de la Fédération nationale du Crédit Agricole (FNCA), qui prévoit la création de la catégorie des employés principaux. Elle regroupe les agents exerçant des fonctions intermédiaires, jusqu'alors considérés comme des employés d'exécution, les chefs de bureau qui figuraient parmi le personnel d'encadrement ainsi que les chefs de section. Avoir huit cadres sur un effectif total de vingt-quatre agents est perçu par la FNCA comme étant « exagéré »[110]. Alors que cette nouvelle classification permet une meilleure répartition des hommes dans les

---

[102] *Ibid.* Ce qui était aussi le cas à la Caisse régionale de Nevers, par exemple, d'après un ancien cadre dirigeant de la Caisse régionale de la Côte-d'Or, salarié entre 1940 et 1981 ; entretien oral effectué le 8 mai 2019.
[103] *Ibid.*
[104] *Ibid.*, séance du 2 février 1952.
[105] *Ibid.*, séance du 16 mars 1952.
[106] *Ibid.*, séance du 10 novembre 1952. Première élève du centre d'apprentissage professionnel, elle obtient un prix de l'Ordre des experts-comptables de Dijon.
[107] *Ibid.*, séance du 8 septembre 1952.
[108] *Ibid.*, séance du 12 janvier 1953.
[109] *Ibid.*, séance du 28 février 1953. Les procès-verbaux des années suivantes ne permettent pas de suivre l'évolution du recrutement du personnel.
[110] *Ibid.*, séance du 12 décembre 1953.

différentes catégories d'emplois, la situation des femmes reste inchangée ; elles demeurent en bas de l'échelle.

L'état lacunaire des données ne permet pas de comparer les conditions salariales entre les femmes et les hommes au sein d'une même caisse, voire entre les caisses régionales. Néanmoins, à la Caisse régionale de Haute-Saône, la jeune dactylographe de dix-huit ans, recrutée en 1947 et titulaire d'un CAP en sténodactylographie, touche quatre-vingt-dix francs nets mensuels d'appointement, ce qui est insuffisant pour payer sa pension[111]. Sa grand-mère lui donne les dix francs qui lui manquent chaque mois. Les heures supplémentaires ne sont pas payées. Brillant élément, elle a été placée par la directrice de son école, l'école Japy, un traitement privilégié réservé aux deux meilleures élèves. Elle est représentative de ce que doit être une bonne employée, à la bonne place.

Par conséquent, en Franche-Comté, la Caisse régionale du Doubs est celle qui recrute le plus de femmes au cours de son développement, durant cette première moitié du XXe siècle, en comparaison avec celle du Jura et de la Haute-Saône. Cependant, trois d'entre elles seulement mènent une activité professionnelle durable, et leur accès aux catégories supérieures s'effectue avec parcimonie : une femme occupe la fonction de cheffe de service et de secrétaire générale au début des années 1950. Dans l'ensemble, elles sont employées d'exécution, tandis que les hommes occupent les fonctions de « chef ». En ce sens, la situation du personnel féminin n'est pas différente de celle des consœurs engagées dans les autres grandes banques nationales analysées précédemment.

Essor de l'activité bancaire et montée de la féminisation

L'essor de l'activité et la recherche du profit menée par les grandes banques nationales durant l'entre-deux-guerres démarrent réellement dans les caisses régionales du Crédit Agricole à partir des années 1950, avec une première étape pendant l'immédiat après-guerre[112]. En effet, ces dernières doivent faire face à la forte demande de crédits pour moderniser l'agriculture et développer la collecte des dépôts à vue afin de compenser les ressources publiques manquantes. Elles encouragent les ouvertures de comptes et trouvent des circonstances favorables avec les « opérations d'échanges de billets de banque » en 1945 puis en 1948, qui permettent d'étendre leur notoriété dans le monde agricole et rural[113]. Au début des années 1950, les caisses régionales – comme les caisses locales – sont établies sur l'ensemble du territoire national, mais le personnel est encore numériquement faible[114].

---

[111] Entretien précité, Angèle.
[112] CNCA, Mission Archives-Histoire, *Crédit Agricole, un siècle au présent...*, *op. cit.*, p. 127.
[113] *Ibid.*, p. 142 et 144.
[114] Archives FNCA, *Bulletin d'information*, n°126, 18 septembre 1973.

En Franche-Comté, l'ambiance de travail est familiale[115]. Le directeur de la caisse fait alors figure de patriarche. Il représente l'autorité et incarne l'image de l'entreprise qui fonctionne selon un système patriarcal et paternaliste, ce qui lui vaut d'être surnommé par ses employés « le père (nom de famille) »[116]. Il fixe également les règles de fonctionnement et de gestion du personnel. Ainsi, à la Caisse régionale de Haute-Saône, certains mois, les employés reprennent du service de 20 heures à 23 heures pour arrêter les comptes de fin d'année[117]. Considérant que le treizième mois compense les heures supplémentaires, ce temps de travail n'est pas comptabilisé[118]. Au début des années 1960, les opérations de banque sont encore effectuées manuellement, comme la mise à jour des carnets de compte des clients au guichet ou encore le montage d'un dossier de prêt.

Si l'implantation de bureaux auxiliaires a déjà commencé avant-guerre, ce mouvement se poursuit après-guerre et se généralise[119]. Ils sont qualifiés ainsi pour se différencier des autres banques qui disposent d'un réseau d'agences[120]. Gérés par du personnel salarié de la caisse régionale, ils sont au cœur du financement de l'économie, tandis que les caisses locales se spécialisent dans l'étude des dossiers de prêts[121]. De 1955 à 1965, les bureaux passent de 1 000 à 7 000 ; avec la croissance de l'activité, l'effectif total des caisses est multiplié par quatre entre 1950 et 1960, pour atteindre 10 000 agents[122]. Entre 1968 et 1972, l'effectif moyen par caisse régionale a quasiment doublé, passant de 258 à 458 personnes[123].

Cette évolution s'accompagne d'une mécanisation de l'activité bancaire, notamment avec la généralisation des machines comptables puis des machines à cartes perforées. Des ateliers de mécanographie sont créés, avec des services administratifs qui trouvent leur application dans la tenue des comptes de dépôts, la comptabilité générale et les opérations sur titres[124]. Pour assurer leur fonctionnement et exécuter les tâches, un personnel essentiellement féminin est recruté. Cette situation est bien démontrée par le récit d'une ancienne mécanographe à la Caisse régionale du Doubs[125].

---

[115] Entretiens oraux de : Angèle, Martine, Laure, Samantha, Louise et Marion, anciennes salariées des caisses régionales du Crédit Agricole du Doubs et de Haute-Saône, effectués entre février et juin 2019.
[116] *Ibid.*
[117] Entretien précité, Angèle.
[118] *Ibid.*
[119] CNCA, Mission Archives-Histoire, *Crédit Agricole, un siècle au présent...*, *op. cit.*, p. 144.
[120] *Ibid.*
[121] *Ibid.*
[122] *Ibid.*
[123] *Bulletin d'information*, n°126, précité.
[124] CNCA, Mission Archives-Histoire, *op. cit.*, p. 147.
[125] Entretien oral de Marion, ancienne salariée de la Caisse régionale du Doubs, effectué le 6 février 2019.

En 1959, ce service est composé de dix-huit femmes qui travaillent sous la responsabilité d'un chef de service puis d'une cheffe de service en 1963, la plus ancienne de l'équipe. Les conditions de travail y sont particulières. Les mécanographes, qui ont porté pendant un certain temps des blouses roses, ont un sentiment d'isolement ; en marge de l'entreprise, elles croisent rarement d'autres agents compte tenu de leurs horaires particuliers. Les mécanographes travaillent de 7 heures à 13 heures, avec une pause de 30 minutes entre 10 heures et 10 heures 30, puis reprennent à 14 heures jusqu'à 16 heures. Elles exécutent des tâches uniformes et aliénantes ne nécessitant qu'une compétence technique[126]. Leur travail présente les mêmes caractéristiques que les « machinistes » décrites par Cécile Omnès pour le Crédit Lyonnais durant l'entre-deux-guerres. De plus, l'ambiance de travail est parfois pesante, sous l'autorité d'un chef au comportement agressif lorsqu'elles ne vont « pas assez vite » dans leur tâche. L'atelier est également bruyant, surtout avec les premières machines appelées des *Compu-Tronic*[127]. Avec l'introduction de nouvelles machines à cartes perforées, le bruit est certes moins ronflant, bien que lancinant. Mais le plus pénible est l'aspect abrutissant du travail, au point d'avoir le sentiment de perdre toutes ses facultés intellectuelles[128].

Dans les années 1950, de nombreux sièges des caisses régionales connaissent des agrandissements ou des aménagements dans des locaux plus spacieux[129] et recrutent les premiers démarcheurs pour mobiliser l'épargne des ménages dans les campagnes[130]. Officiellement, les femmes n'ont pas de relation commerciale avec les clients[131].

La situation originale des pionnières qui ont émergé rapidement dans l'écosystème local, contribuant ainsi à la spécificité du Crédit Agricole, disparaît en même temps que grandissent les caisses régionales. Ces premières expériences n'ont pas été consolidées. Avec l'extension et le développement de l'activité bancaire, les femmes rencontrent sur leur chemin professionnel des contraintes similaires, comme évoqué, dans les caisses régionales comme dans les autres banques nationales. Un des traits les plus révélateurs est qu'elles sont tenues à l'écart de la filière commerciale.

---

[126] Omnès, *La gestion du personnel au Crédit Lyonnais…*, op. cit., p. 327.
[127] Arch. FMDS, procès-verbaux des conseils d'administration de la CRCA du Doubs de juin 1961 à mars 1966.
[128] Neumann, *De la mécanographie à l'informatique…*, thèse précitée, p. 97.
[129] CNCA, Mission Archives-Histoire, *Crédit Agricole, un siècle au présent…*, op. cit., p. 145.
[130] *Ibid.*, p. 127.
[131] Cécile Omnès fait d'ailleurs une description similaire du Crédit Lyonnais durant la période de la Grande Guerre, pendant laquelle les femmes étaient écartées de la relation commerciale avec les clients.

Les employées privées du contact commercial avec les clients

Dans les entreprises bancaires, les femmes sont perçues comme étant moins aptes que les hommes « à s'imposer face au client et moins douées pour les affaires financières »[132] et le commerce de l'argent[133]. Ce préjugé a des conséquences sur le recrutement et l'attribution de postes, les privant ainsi des fonctions commerciales[134], un passage souvent nécessaire à la progression de carrière. Les perspectives d'évolution sont plus nombreuses dans cette filière que dans les services administratifs du siège.

Dans les caisses régionales du Crédit Agricole, l'embauche des hommes aux postes de démarcheurs est justifiée par le fait que les agriculteurs avaient l'habitude de traiter leurs affaires financières avec des interlocuteurs masculins et n'auraient pas accepté de négocier avec une femme[135]. De plus, ces derniers étaient sensibles à l'idée de nouer une relation suivie avec leur banquier, situation peu probable avec une jeune femme susceptible d'être absente pour des raisons de maternité ou de garde d'enfants. Notons que si l'absence d'une femme pour un congé de maternité de quatre mois pouvait susciter des grincements, il n'en allait pas de même pour l'absence d'un jeune employé pendant les douze mois de son service militaire. En effet, cette absence était anticipée et gérée par la caisse sous la forme d'un engagement contractuel permettant au soldat de percevoir le quart de son salaire, moyennant l'obligation de revenir travailler pendant deux ou trois ans dès son retour de l'armée[136].

L'existence de ce stéréotype de genre a également été confirmée à la Caisse régionale de Haute-Saône. Toutefois, sachant qu'une employée importante du Crédit Agricole habitait dans leur commune, les paysans se rendaient spontanément le soir chez elle pour demander un prêt[137]. C'est ainsi que vers le milieu des années 1960, elle s'est retrouvée à monter régulièrement des dossiers de prêts sur la table de sa cuisine, le soir après dîner. Son statut de cadre lui conférait une autorité auprès des locaux, par sa position vis-à-vis du personnel de la caisse et de ses dirigeants. D'après sa fille, témoin depuis sa petite enfance de ce travail à domicile effectué par sa mère, parmi les figures les plus illustres du village, il y avait, par ordre d'importance, le curé qui représentait Dieu, le maire qui représentait l'État et l'instituteur qui représentait l'éducation. Alors que le Crédit Agricole commençait à se développer et permettait aux paysans d'agrandir leur

---

[132] Yves Grafmeyer, *Les gens de la banque*, Paris, Presses universitaires de France, 1992, p. 201.
[133] Appert, « L'emploi féminin dans une grande banque », enquête précitée, p. 43.
[134] *Ibid.*
[135] Entretiens précités, Angèle, Marion, Louise, Laure, Entretien oral de Samantha, effectué le 20 mars 2019, de Paul, effectué le 16 mai 2019 et de Martine, effectué le 4 juin 2019.
[136] Entretien précité, Paul.
[137] Entretien précité, Angèle.

exploitation, sa mère avait pris la place de l'instituteur aux yeux des habitants.

Ce vécu montre bien qu'en milieu agricole, ces paysans ne manifestent aucune réticence à parler de leur argent avec une femme. Ils avaient la capacité de confier leurs affaires financières à une professionnelle de la banque. Encore fallait-il la présenter comme telle.

Le témoignage d'un ancien directeur d'agence en Haute-Saône, dans les années 1980, corrobore ce point. Si, idéologiquement, au Crédit Agricole, cette fonction est considérée alors comme un « métier d'homme », ce dernier a pourtant nommé pour la première fois une femme en remplacement d'un démarcheur dont le secteur géographique était très traditionnel, rural et « rétrograde »[138]. Dans ce milieu très fermé, les membres de la communauté se mariaient entre eux et portaient des sobriquets. Native du pays, elle connaissait la clientèle et faisait déjà un peu de vente au guichet où elle obtenait de bons résultats. Réservée et perfectionniste, elle vivait cette prise de poste comme une transition extrêmement angoissante, d'autant plus qu'elle n'avait pas de modèle féminin auquel s'identifier. Soucieux de sa réussite, son directeur l'a accompagnée et soutenue dans ce changement professionnel qui s'est avéré fructueux. Il a d'ailleurs nommé par la suite une autre femme comme démarcheuse dans son agence. Pourtant, comme la plupart de ses collègues, avant cette expérience, lui aussi pensait, *a priori*, qu'une femme n'avait pas le profil commercial attendu au Crédit Agricole. Il a donc reconnu ensuite son erreur initiale d'appréciation. Plus globalement, une étude interne réalisée dans plusieurs caisses régionales décrit un « effet genre » dans l'entreprise[139].

Mise en place à la fin des années 1980, la segmentation de la clientèle a créé des opportunités de postes pour les femmes dans le réseau commercial. Cet outil permettait désormais de connaître plus précisément la clientèle d'un portefeuille (haut de gamme, particulier, agricole…) et notamment de mieux cibler les actions commerciales selon les catégories professionnelles[140] : employés, ouvriers, médecins, artisans… Alors que la fonction de démarcheur commençait à disparaître, de nouveaux métiers ont émergé, comme assistant de clientèle, conseiller commercial, conseiller expert (agricole, patrimonial…), responsable d'un bureau rattaché[141]. Peu à peu, les femmes ont accédé à ces postes, tout d'abord d'assistants, puis de conseillers, où elles ont pu démontrer leurs compétences sur un portefeuille de clients attribué. Leur travail pouvait alors être évalué selon des critères

---

[138] Entretien oral de Damien, effectué le 1er juillet 2019.
[139] Arch. CAFC, MBC, Michel Bauer et Catherine Laval, « Les femmes et la question du genre dans la production de la ressource managériale et dirigeante dans les caisses régionales du Crédit Agricole aujourd'hui et demain », rapport final, octobre 2004, p. 19.
[140] Entretien oral de Stéphane, effectué le 30 juin 2019.
[141] Aux barreaux supérieurs de la hiérarchie, on retrouvait les fonctions de directeur d'agence, directeur commercial, directeur de secteur.

objectifs qui permettaient de mesurer concrètement les résultats. Avant cela, la réussite individuelle était souvent liée à l'appréciation du chef d'agence, et le copinage pouvait nuire à son objectivité[142].

---

[142] Entretien précité, Stéphane.

CHAPITRE II
LA MAIN-D'ŒUVRE FÉMININE DANS LE SALARIAT BANCAIRE DURANT LA BANCARISATION DE LA CLIENTÈLE

En 1968, le secteur des banques et des assurances emploie 174 688 femmes (contre 189 969 hommes), et en 1975, il compte 263 546 femmes (contre 263 041 hommes)[1]. Dans la décennie 1960-1970, la banque connaît une forte croissance de ses effectifs surtout féminins. Un ensemble de mesures législatives et réglementaires favorisent sa transformation, qui se caractérise par une expansion spectaculaire et une diversification de son activité[2]. Avec la multiplication des guichets qui stimule la concurrence commerciale entre les établissements bancaires – entre 1966 et 1972, soit en six ans, 3 435 guichets permanents ont été créés, contre 1 054 entre 1946 et 1966[3] –, la clientèle des particuliers s'accroît. Le taux de bancarisation de la population française passe ainsi de 20 % à quasiment 90 % entre 1960 et 1976[4]. Pour faire face à cette explosion de l'activité, une nouvelle vague de féminisation massive du personnel bancaire se construit durant cette période, liée à un besoin croissant d'accélérer le traitement des opérations et à l'introduction de l'informatique dans les services administratifs[5]. Les banques recrutent à nouveau très largement, en même temps qu'elles automatisent leurs outils de travail et réorganisent la chaîne de production. Alors que de 1971 à 1974, le taux de croissance des effectifs salariés est de 6,2 % en France, il est de 21,8 % pour ce secteur[6].

À côté des professions commerciales, des emplois administratifs sont à pourvoir là où les activités quotidiennes étaient déjà rationalisées et parcellisées. L'arrivée de l'informatique, qui succède à la mécanographie, vient renforcer la spécialisation des tâches et nécessite un personnel d'exécution supplémentaire de plus en plus important et majoritairement féminin. Les femmes représentent alors 48 % des effectifs des banques[7]. L'informatique induit la création de métiers qualifiés de technicien expert (programmeur, organisateur…), mais aussi, et surtout, des emplois « périphériques » occupés par des femmes effectuant des tâches simples et répétitives, nécessitant toujours des qualités d'habileté et de rapidité. Les

---

[1] INSEE, enquête sur l'emploi de 1968 à 1975 (série redressée), p. 78-79.
[2] Chantal Cossalter, « La modernisation des banques : la fin des employé(e)s ? », p. 71, *in* Patrick Baubeau, Chantal Cossalter et Catherine Omnès (dir.), *Le salariat bancaire : enjeux sociaux et pratiques de gestion*, Nanterre, Presses universitaires de Paris Ouest, 2009.
[3] Monique Appert, « L'emploi féminin dans une grande banque », enquête précitée, p. 3.
[4] Cossalter, *Le salariat bancaire…, op. cit.,* p.71.
[5] *Ibid.*
[6] Appert, enquête précitée, p. 3.
[7] Cossalter, *op. cit.*, p. 75.

opératrices de perforation et de saisie sont une illustration emblématique de ce phénomène qui creuse les disparités professionnelles entre les sexes.

Les caractéristiques du personnel bancaire, plus particulièrement de la main-d'œuvre féminine, seront ici examinées en s'attachant à l'évolution des effectifs, des qualifications, des promotions et des salaires. Si, en principe, le personnel féminin et masculin bénéficie des mêmes chances d'accéder aux postes les plus élevés de l'échelle hiérarchique[8], de fait, les femmes et les hommes connaissent-ils les mêmes évolutions de carrière et occupent-ils les mêmes niveaux de responsabilité ? Dans un contexte où les femmes affirment leur autonomie économique et financière[9] et sont invitées par les banques à ouvrir un compte-chèques[10], dans ce secteur professionnel, progressent-elles pour autant vers une position égalitaire par rapport aux hommes ? Cette analyse s'inscrit dans le cadre de deux établissements et deux échelles : le Crédit Lyonnais et la CRCA de Franche-Comté. Elle a été menée séparément avant d'établir des comparaisons sur une période d'étude commune.

Cela amènera également à analyser le lien entre la bancarisation massive des ménages, surtout des femmes, et la féminisation du personnel bancaire. Autrement dit, la bancarisation massive de la clientèle a-t-elle eu des effets sur la féminisation du personnel des banques ?

---

[8] Monique Appert, « L'emploi féminin dans une grande banque », enquête précitée, p. 7. CCN de 1966 pour les caisses régionales du Crédit Agricole, appuyé par l'article 3 sur l'égalité professionnelle publié dans la 2e édition de 1988. Archives historiques Crédit Agricole SA, rapport d'observations de la direction du personnel sur la structure démographique des effectifs du Crédit Lyonnais, 1971-1972 : depuis 1951, la convention collective des banques institue le principe d'égalité professionnelle entre les femmes et les hommes.
[9] Bibia Pavard, Florence Rochefort et Michelle Zancarini-Fournel, *Une histoire de féminisme de 1789 à nos jours*, Paris, La Découverte, 2020, p. 146.
[10] Paul Dietschy, *De la réclame au tweet,* Coffret Société Générale de 1864 à nos jours, Paris, Nouveau Monde éditions, p. 39.

> **Méthodologie**
> Le Crédit Lyonnais a été choisi car cette grande banque de dépôt appartient aussi au groupe Crédit Agricole SA. Dans le cadre du rapprochement entre les deux établissements bancaires français à la fin de l'année 2002, le service des archives historiques du Crédit Agricole et celui du Crédit Lyonnais ont fusionné[11].
> Pour comparer les deux établissements, les archives permettent de dégager des éléments de rapprochement terme à terme et d'exploiter les données statistiques. Pour les caisses régionales de Franche-Comté, ce matériau fondamental a pu être complété par l'analyse succincte des dossiers du personnel. La constitution d'un corpus de sources orales à partir des témoignages d'anciennes employées et de cadres a permis d'enrichir l'ensemble de ces informations. Pour éclairer les évolutions, une large période a été explorée, des années 1970 à 1997 pour le Crédit Lyonnais, jusqu'à 2017 pour la CRCA de Franche-Comté, en l'absence de contrainte de délais de communicabilité des archives.
> Ainsi, deux monographies ont été réalisées, car chaque établissement possède sa propre logique interne, avant de dégager des conclusions par rapport à ces deux cas. La différence d'échelle, régionale et nationale, ne perturbe pas les possibilités de comparaison. Les données chiffrées pour d'autres caisses régionales ont été recueillies afin de vérifier les tendances observées à la Caisse régionale de Franche-Comté. Enfin, il n'y avait pas d'éléments disponibles à l'échelle de la Franche-Comté pour le Crédit Lyonnais.

1. Quelle place pour les femmes au Crédit Lyonnais de 1971 à 1997 ?

Un effectif féminin en progression continue

Alors qu'en 1960, l'établissement compte 21 332 agents, ses implantations se multiplient et le personnel, qui ne cesse d'augmenter, connaît une période de forte croissance entre 1971 et 1975 (47 074 agents). Cette grande maison centenaire, devancée depuis 1966-1967 par la jeune Banque nationale de Paris (BNP), veut reprendre sa place historique de leader national[12]. Mais, pour répondre au besoin impératif de développer son activité, elle doit s'adapter à un marché devenu fortement concurrentiel, soumis à de nouvelles législations et à une démocratisation des services bancaires[13]. L'entreprise s'engage alors dans une phase de restructuration en profondeur[14]. L'introduction des machines change les habitudes historiques et transforme progressivement l'univers du travail qui se féminise[15].

---

[11] Roger Nougaret, « Nouvelles des archives. Les archives historiques du groupe Crédit Agricole SA », *Entreprises et histoire*, vol. 37, n°3, 2004, p. 178-181.
[12] Martin, *Stratégies et structures du Crédit Lyonnais...*, thèse précitée, p. 47.
[13] *Ibid.*, p. 238.
[14] *Ibid.*, p. 231.
[15] Arch. CASA, Journal interne, *Bonjour miss mécano*, 1966.

Pour comparer la situation des hommes et des femmes et comprendre la place de la main-d'œuvre féminine dans l'entreprise, des données quantitatives sont disponibles sur la répartition des effectifs par sexe et par catégorie d'emploi sur la période 1971-1997[16]. Ces catégories ont été scindées en trois classes d'emplois : les employés, les gradés et les cadres[17]. Les informations rassemblées ne permettent pas de distinguer précisément les effectifs de la direction générale, des agences et des centres administratifs, ou encore de Paris et de la province. Mais, pour avoir une compréhension plus fine de ces chiffres, les agents féminins ont été situés dans leur environnement de travail à partir de données empiriques.

Jusqu'alors minoritaire dans les effectifs du Crédit Lyonnais[18], le personnel féminin devient majoritaire dès le début des années 1970. De 1971 à 1997, il est numériquement et proportionnellement toujours supérieur à celui des hommes[19].

Durant la forte période d'accroissement de l'effectif (1971-1975), les embauches concernent très largement la catégorie des employés. Tandis que la proportion des hommes diminue dans ce groupe, celle des femmes augmente. Le Crédit Lyonnais recrute donc le plus souvent du personnel féminin pour assurer les tâches d'exécution.

En revanche, lorsqu'on observe le taux de féminité sur l'ensemble de la période 1971-1997, celui-ci augmente pour les employés, passant de 62 à 70 %, mais aussi, et plus amplement, chez les gradés, passant de 42,9 à 63,7 %, et chez les cadres, de 6 à 27,5 %. C'est donc dans la catégorie des gradés et des cadres que l'augmentation du taux de féminité a été la plus importante. En outre, le nombre de gradées a au moins triplé, alors que celui des gradés n'a pas tout à fait doublé ; le nombre de cadres féminins a été multiplié par 9,6, tandis que celui des hommes a été multiplié par 1,6.

Ces observations générales montrent une évolution plutôt favorable aux femmes. Analysons plus en détail ces chiffres pour préciser l'évolution de la place de la main-d'œuvre féminine dans l'échelle des qualifications entre 1971 et 1997.

---

[16] Arch. CASA, direction du personnel, rapports d'observations sur la structure démographique des effectifs du Crédit Lyonnais, 1971-1972. Compte rendu sur la promotion féminine en 1975, mai 1976. Compte rendu sur la promotion féminine en 1977, septembre 1977. Direction du personnel et des affaires sociales. Bilans sociaux du Crédit Lyonnais de 1981 à 1997.
[17] La convention collective des banques, mise à jour au 1er février 1973, organise le personnel en trois niveaux. Les employés et le personnel de service font partie de la classe d'emploi I, à laquelle correspond un coefficient hiérarchique à l'embauche, après la période d'essai, puis à la titularisation. Les gradés se répartissent dans la classe d'emploi II, III ou IV. Les cadres se décomposent aussi en plusieurs classes : V à VIII.
[18] Arch. CASA, rapport d'observations de la direction du personnel sur la structure démographique des effectifs du Crédit Lyonnais, 1971-1972.
[19] Arch. CASA, direction du personnel, rapports sur le plan de gestion des effectifs, observations générales sur les besoins de remplacement et évolution des licenciements, 1973.

La féminisation gagne les métiers les moins qualifiés

Tableau 1 : Effectifs du Crédit Lyonnais par sexe et par catégorie, 1971-1997[20]

	1971		1975		1979		1981		1984		1990		1997	
	H	F	H	F	H	F	H	F	H	F	H	F	H	F
Employés &Classe 2	43	70	52	80	26	46	23	43	21	38	12	21	3	6
Gradés 3 et 4	39	29	28	18	51	50	53	54	55	59	59	73	63	84
Cadres 5 à 8	18	1	20	2	23	3	24	3	24	3	29	6	34	10
Total	100	100	100	100	100	100	100	100	100	100	100	100	100	100

Entre 1971 et 1975, l'effectif féminin du Crédit Lyonnais reste largement concentré dans la catégorie « employés et classe II » (tableau 1). À la direction générale et dans les directions rattachées, la part des femmes parmi les employés est de 80 %, alors que la proportion des hommes parmi les cadres est de 86 %. Dans l'administration, la part des femmes parmi les employés est de 70 %, alors que chez les cadres, il y a a 80 % d'hommes[21]. Par exemple, en agence, les femmes sont proportionnellement moins nombreuses parmi les employés, avec 55 %, tandis que la part des hommes parmi les cadres est de 97 %. Concernant les services mécanisés, où la main-d'œuvre féminine est affectée dès l'embauche, elles y restent cantonnées pendant plusieurs années sans recevoir une formation à d'autres techniques, contrairement aux quelques hommes mécanographes. Ceux-ci peuvent alors s'orienter rapidement vers d'autres services[22].

Les femmes représentent 29 % des « gradés » en 1971 mais seulement 18 % en 1975. Si certaines parviennent à occuper des postes de techniciens supérieurs, elles restent généralement cantonnées aux emplois administratifs et mécanisés qui leur sont confiés dès l'embauche[23]. Dès 1976, elles commencent à renforcer les rangs de cette catégorie d'emploi tout en étant largement majoritaires chez les petits gradés et nettement minoritaires chez les gradés supérieurs[24]. Cette progression se confirme dans les années 1980

---

[20] Arch. CASA, direction du personnel, rapports d'observations sur la structure démographique des effectifs du Crédit Lyonnais, 1971-1972. Compte rendu sur la promotion féminine en 1975, mai 1976. Compte rendu sur la promotion féminine en 1977, septembre 1977. Bilans sociaux du Crédit Lyonnais de 1981 à 1997.
[21] Arch. CASA, rapport d'observations de la direction du personnel sur la structure démographique des effectifs du Crédit Lyonnais, 1971-1972.
[22] Arch. CASA, procès-verbal de la réunion du comité d'entreprise du 29 octobre 1978 sur la promotion féminine au Crédit Lyonnais, p. 79-80.
[23] Arch. CASA, *La vie au Crédit Lyonnais,* n°86, novembre 1984, p. 7-8 ; rapport de la commission des activités sociales sur la promotion féminine au Crédit Lyonnais, octobre 1975
[24] Arch. CASA, rapports sur les effectifs du Crédit Lyonnais au 31 décembre 1979 et suivi des effectifs, 1975-1984.

et s'avère décisive. L'effectif féminin voit sa proportion de gradées s'accroître au détriment de celle de la catégorie « employées et classe II », qui devient minoritaire et chute de façon continue. La hausse des gradées est fulgurante durant cette période qui creuse de plus en plus l'écart entre les deux classes d'emplois, pour atteindre 73 % de gradées en 1990 et plus de 84 % en 1997. Parmi les gradés supérieurs, la part des femmes devient même majoritaire par rapport aux hommes (51 %). C'est précisément dans cette catégorie que les progrès ont été concentrés[25].

Enfin, le personnel féminin constitue 1 % des « cadres » en 1971, et presque 3 % seulement dix ans plus tard. S'ensuit une augmentation graduelle et durable jusqu'en 1997, pour atteindre péniblement 10 %. On notera que la structure hiérarchique des cadres féminins est différente de celle des cadres masculins : elles sont concentrées dans la classe V des cadres moyens (pour 75 %), mais aucune ne figure dans la catégorie supérieure[26]. Il faut attendre 1975 pour que deux femmes y accèdent, tandis que le nombre d'hommes s'accroît de façon régulière et continue entre 1973 (330 agents) et 1975 (367 agents)[27]. Plus de dix ans plus tard, la part des femmes reste anecdotique : moins de 4 % en 1988[28].

Pourtant, les femmes cadres ont une ancienneté plus grande que leurs confrères : entre 27 et 28 ans, contre 16 à 24 ans[29]. L'effectif masculin, qui connaît au fil de la période une répartition plus homogène entre les différentes catégories d'emplois, voit au contraire sa part de cadres se renforcer. En 1984, ils représentent presque un quart de cet effectif alors qu'à peine 3 % de l'effectif féminin y parvient, et un tiers en 1997 contre tout juste 10 % de l'effectif féminin. Les femmes cadres sont concentrées dans les services fonctionnels de la banque[30] où elles demeurent rares. Ce phénomène est par ailleurs accentué par l'absence de mobilité féminine, surtout en province[31]. En 1987, les promotions des femmes sont en grande partie le résultat de l'alourdissement sur place (soit 30 % de leurs promotions) et relèvent en moindre proportion de la mobilité (13 % en 1988 et 14 % en 1987). À l'opposé, les ascensions professionnelles des hommes sont dues à la mobilité (31 % des promotions) et peu à l'alourdissement (17 %), c'est-à-dire le fait de se voir confier davantage de responsabilités au

---

[25] Arch. CASA, brochure « Les données sociales du Crédit Lyonnais », 1994.
[26] Arch. CASA, rapport sur les rémunérations globales des cadres en 1972, 30 janvier 1974.
[27] Arch. CASA, rapports sur les effectifs du Crédit Lyonnais au 31 décembre 1979 et suivi des effectifs, 1975-1984.
[28] Arch. CASA, direction des relations sociales et du personnel, « Propositions pour l'égalité professionnelle entre les femmes et les hommes », p. 2-3, juin 1989.
[29] Arch. CASA, rapport sur la situation des cadres au Crédit Lyonnais en 1974, 1974-1976.
[30] Arch. CASA, rapports d'observations sur la structure démographique des effectifs du Crédit Lyonnais 1971-1972. Compte rendu sur la promotion féminine en 1975, mai 1976.
[31] Arch. CASA, direction des relations sociales et du personnel, « Propositions pour l'égalité professionnelle entre les femmes et les hommes », p. 2-3, juin 1989.

sein du même service. La situation des femmes reste défavorisée par rapport aux hommes qui évoluent à mesure de leur ancienneté et de l'élévation de l'âge et deviennent plus souvent cadres.

Les disparités salariales entre le personnel féminin et masculin

Au Crédit Lyonnais, sur la période 1979-1997, les femmes, toutes catégories d'emplois confondues, gagnent 27,6 % de moins que les hommes[32]. Chez les cadres, les différences salariales sont les plus fortes, à hauteur de 20 %. Dans les catégories intermédiaires des gradés (classe III et IV), cet écart est presque de 2 %, et au sein des catégories inférieures (employés et classe II), d'un peu plus de 1 %. Aucune amélioration n'est notable sur la période. Malgré un fort taux de féminisation dans la catégorie d'emploi des gradés (55,7 %)[33], la situation des femmes est toujours défavorisée par rapport à celle des hommes. Chez les cadres où plus on monte dans l'échelle des qualifications et plus leur présence est faible, à travail égal, elles sont largement moins rémunérées que les hommes, de l'ordre de 20 %.

Devant ces constats, l'action de l'entreprise sur la question de l'égalité professionnelle des années 1970 aux années 1980 nécessite d'être clarifiée. Le témoignage d'une ancienne femme cadre qui a travaillé pendant toute sa carrière au Crédit Lyonnais, de 1974 à 2017, contribue à éclairer la situation de l'intérieur[34].

Une politique de promotion féminine : intentions affichées et réalité

En agence, les femmes travaillent déjà, dans les années 1970, comme guichetières au Crédit Lyonnais[35]. Le guichetier fait partie des emplois commerciaux considérés comme des « filières nobles », des métiers précisément bancaires[36]. Cependant, il existe une distinction genrée entre commerce sédentaire et mobile dans la filière commerciale. Les « exploitants commerciaux » gèrent en effet un portefeuille de clients spécifiques (particuliers, entreprises, clientèle privée…) ; certains sont

---

[32] Arch. CASA, bilans sociaux du Crédit Lyonnais de 1981 à 1997. Sont indiquées les rémunérations mensuelles moyennes.
[33] Arch. CASA, brochure sur les données sociales du Crédit Lyonnais, 1994, p. 7.
[34] Entretien oral d'Émilie, ancienne cheffe de service, effectué le 28 juillet 2020. Recrutée en 1974, cette cadre autodidacte a travaillé en agence au cours de sa carrière, à Paris et en province. Après un poste de guichetière, elle a géré un portefeuille de clientèle d'abord tout public, puis très vite haut de gamme. Elle a fini par rejoindre, en 2005, la branche de la banque privée du Crédit Lyonnais.
[35] *Ibid.*
[36] Appert, « L'emploi féminin dans une grande banque », enquête précitée, p. 34. Certaines banques restreignent encore l'accès au poste de guichetier aux femmes.

sédentaires (clientèle privée) et d'autres souvent en clientèle à l'extérieur de l'agence. Quelques femmes peuvent occuper des postes d'exploitant de clientèle privée (classe III à VII) qui reçoivent leurs clients à l'agence, mais très rarement comme exploitant commercial mobile (classe IV à VII)[37]. Comme déjà évoqué, la relation à la clientèle a été un domaine réservé pendant longtemps aux hommes et elle s'est peu à peu ouverte aux femmes mais dans certaines limites, occupant le plus souvent des postes sédentaires. Les postes à responsabilités supérieures et d'encadrement leur sont fermés. De même, dans les services intérieurs, les hommes occupent les postes hiérarchiques de directeurs ou directeurs adjoints, tandis que les femmes sont le plus souvent sous leurs ordres[38]. Devant cette situation persistante, le comité d'entreprise revendique régulièrement, auprès de la direction générale, une amélioration de la condition féminine dans l'établissement. Dès 1971, à sa demande, un groupe de travail de cadres féminins est chargé de mener une réflexion sur la promotion des femmes, « un problème de fond » pour l'établissement[39]. Cette question a ensuite été reprise et élargie par le comité central d'entreprise. La force des « pesanteurs sociologiques » revient comme étant le principal facteur de cet état de fait[40].

De plus, une tendance, dans certains services, à préserver les postes à responsabilités de la présence des femmes est également reconnue[41]. Le président Claude-Pierre Brossolette (1976-1982) admet et souligne l'ampleur de la tâche devant « d'énormes barrières psychologiques à surmonter ».

Pour expliquer pourquoi les femmes se retrouvent le plus souvent à des postes de travail d'exécution au détriment de l'encadrement, des arguments complémentaires sont évoqués : la différence des objectifs de carrière, les contraintes familiales et les projets de vie, les écarts du niveau de qualification à l'embauche entre les hommes et les femmes. La direction s'engage à prendre des dispositions pour faciliter les perspectives et les conditions de promotion des femmes, plus nombreuses que les hommes dans l'entreprise. Mais, selon elle, cette évolution doit passer avant tout par un changement des mentalités, et cela, en admettant que les femmes puissent tenir des postes d'encadrement aussi bien que les hommes. La « transformation nécessaire des esprits » est établie comme une condition *sine qua non* du succès de la promotion des femmes. On notera que la communication de ces intentions se produit peu de temps après la grève dure de 1974, qui a secoué le secteur bancaire et dont les revendications portent à

---

[37] *Ibid.*
[38] Entretien précité, Émilie.
[39] Arch. CASA, procès-verbal du comité de direction générale sur la promotion féminine au Crédit Lyonnais du 29 mai 1974, p. 1.
[40] Arch. CASA, note interne de la direction générale du 31 mai 1974 sur la promotion féminine. Procès-verbal du comité de direction générale du 29 novembre 1978, p. 80.
[41] *Ibid.*, p. 81.

la fois sur l'évolution des salaires, les conditions de travail et la progression de carrière[42]. Si la participation des femmes a été très active dans ce mouvement, leurs revendications propres, comme l'égalité d'accès à l'emploi, à la formation, à la promotion, n'ont pas été entendues[43].

Pour développer la promotion féminine, la direction envisage aussi une série de mesures concrètes en matière de gestion du personnel. Il s'agit d'abord d'identifier les postes d'encadrement, quel que soit leur niveau hiérarchique, susceptibles de convenir aux femmes, de dresser une liste des collaboratrices prometteuses, puis de promouvoir autant que possible celles dont les compétences sont appréciées[44]. Mais, cette disposition s'exerce sur une sélection de postes de travail et non sur l'ensemble. Aussi, cette restriction est élargie en 1975 pour proposer des conditions et des perspectives d'évolution identiques aux hommes et aux femmes[45].

De surcroît, la maternité étant identifiée comme un frein à la promotion des mères de famille, une attention prioritaire est portée sur la formation générale et technique des salariées au retour du congé. Cette action vise à leur permettre de rattraper le retard lié à leur absence, de faciliter leur réintégration et d'améliorer leurs perspectives de carrière[46]. En effet, durant cette période, l'employée cesse son activité et n'obtient pas d'augmentation de salaire (points, coefficients), ce qui désavantage sa situation professionnelle par rapport à un collègue masculin. Cela est d'autant plus marqué dans le cas d'un congé parental.

Il est également décidé de sélectionner davantage de femmes pour les stages de formation afin d'arriver à une égalité entre l'effectif masculin et féminin. Si, en 1988, le nombre de lauréates au CAP de banque (5 785 agents) est toujours plus important que celui des hommes (4 305 agents), plus on monte dans l'échelle des diplômes, moins il y a de titulaires féminins. Ainsi, 43 % ont décroché le brevet professionnel (technicien qualifié), 19 % le diplôme de l'Institut technique de banque (ITB, parcours

---

[42] Aurélie Feintrenie, « Chronique de la grève de 1974 au Crédit Lyonnais », Bernard Desjardins éd., *Le Crédit Lyonnais (1863-1986). Études historiques,* Librairie Droz, 2003, p. 153-160. Ce mouvement fait suite au recrutement massif d'un personnel jeune et inexpérimenté, formé par l'établissement, et qui échappe aux canaux traditionnels du recrutement : de 29 000 agents en 1967, l'effectif du Crédit Lyonnais est passé à 47 000 agents en 1974, avec une moyenne d'âge de 28 ans.

[43] Confédération française démocratique du travail (CFDT), « La longue marche des femmes : vers leur libération du capitalisme et du patriarcat », *Notre Lien,* n°109, novembre 1980, p. 100-101.

[44] Arch. CASA, procès-verbal du comité de direction générale du 29 mai 1974, p. 2. Note interne de la direction générale du 31 mai 1974 sur la promotion féminine.

[45] Arch. CASA, compte rendu de la direction du Crédit Lyonnais, 18 juin 1975, p. 2.

[46] Arch. CASA, procès-verbal du comité de direction générale du 29 mai 1974, p. 2. Note interne de la direction générale du 31 mai 1974 sur la promotion féminine. Propositions pour « l'égalité professionnelle entre les femmes et les hommes », direction des relations sociales et du personnel, juin 1989, p. 2.

complet), qui est destiné aux managers bancaires, et 11 % le diplôme du Centre d'études supérieures bancaires (CESB, parcours complet), une formation d'excellence qui s'adresse à des managers supérieurs[47]. En province, la possibilité d'organiser des stages décentralisés est également considérée pour faciliter l'articulation entre la vie professionnelle et familiale des salariées. Cependant, un autre facteur doit aussi être pris en compte : certains supérieurs hiérarchiques préfèrent encore « pousser un collaborateur dont ils ne redoutent ni les absences ni l'indisponibilité »[48]. Ainsi, une diplômée de l'ITB attend « qu'un profil de carrière comparable à celui d'un homme » lui soit proposé. De même, certains chefs de service sont réticents à inscrire une femme au CESB pour ne pas défavoriser un homme[49].

Pour permettre à davantage de femmes d'accéder à des fonctions à hautes responsabilités, le nouveau président du Crédit Lyonnais, Jean Deflassieux (1982-1986), s'implique dans ce programme. Il soutient les arguments de son prédécesseur en signalant que l'absence des femmes dans les sommets de la hiérarchie relève avant tout de « l'inexplicable »[50]. Aussi, il dénonce, dans une communication à l'intention des cadres supérieurs, « le refus masculin de laisser passer les femmes » et décide « d'une promotion spéciale féminine en dehors des contingents normaux » et renouvelables, avant de conclure que « les femmes ne se laisseront pas faire ». Pour assurer la relève, l'accent est mis sur l'embauche de diplômées de l'enseignement supérieur : de 24 % en 1982, cette proportion passe à 33 % en 1983 et à 36 % en 1988[51].

Néanmoins, le refus des cadres supérieurs masculins de confier aux femmes des responsabilités élevées perdure et réduit leur possibilité de promotion interne, surtout en agence et en province. Aussi, au fil du temps, un agent féminin peut espérer obtenir, au mieux, un poste de directrice d'agence ou de responsable de secteur. À Lille, les premières femmes directrices de secteurs sont arrivées en 2005. En 1999, à la direction de Versailles et de Saint-Germain-en-Laye, une femme était directrice de secteur contre dix hommes :

---

[47] Arch. CASA, *La vie au Crédit Lyonnais,* n°86, novembre 1984, p. 8.
[48] *Ibid.,* p. 7-8.
[49] Entretien précité, Émilie.
[50] Arch. CASA, *La vie au Crédit Lyonnais,* n°86, 1984, p. 8.
[51] Arch. CASA, direction des relations sociales et du personnel, « Propositions pour l'égalité professionnelle entre les femmes et les hommes », juin 1989.

« Une femme devait être surdiplômée pour candidater à ces postes alors que les hommes, même non diplômés, pouvaient y prétendre. À Paris, les choses étaient un peu différentes, surtout pour les jeunes diplômées que j'ai vues évoluer et décrocher des postes à responsabilités élevées. Mais les directeurs de région étaient des hommes, à part rare exception pour un profil de femme célibataire ou n'ayant plus d'enfant à charge. »[52]

Généralement, seules les jeunes diplômées des grandes écoles pouvaient être nommées à des postes d'état-major[53], mais pour évoluer dans l'échelle hiérarchique, elles devaient prouver qu'elles étaient mieux qu'un homme. Or, le travail des femmes ne bénéficie pas de la même reconnaissance que celui des hommes : « Aux postes d'état-major, elles étaient attendues au tournant. On demandait aux femmes de faire des miracles ! »[54] Les jeunes diplômés de l'enseignement supérieur engagés depuis 1969 sont en grande majorité des hommes[55], et la progression de carrière des femmes y est plus longue. Pour arriver à un poste élevé équivalent, « cela prenait le double du temps »[56].

Cette situation trouve une explication dans la représentation patriarcale de la famille qui était dominante et fortement répandue, surtout en province au sein de l'entreprise[57]. Aussi, il est admis que le parcours professionnel d'un homme, considéré comme le principal responsable des ressources matérielles de la famille, sera ascensionnel. Par conséquent, l'aider à gravir les échelons et à décrocher des postes à responsabilités élevées fait partie du parcours type de l'employé masculin, ce qui n'est pas le cas pour les femmes dont le travail est perçu comme accessoire :

---

[52] Entretien précité, Émilie.
[53] Agnès Martin, *Stratégies et structures du Crédit Lyonnais de la fin des années 60 au milieu des années 70*, thèse précitée, p. 219. Depuis la fin des années 1960, le Crédit Lyonnais recrute des jeunes diplômés de l'enseignement supérieur pour occuper rapidement des postes de cadres et évoluer vers des postes supérieurs.
[54] Entretien précité, Émilie. Archives historiques CASA, *La vie au Crédit Lyonnais*, n°86, 1984, p. 8.
[55] Arch. CASA, rémunération et progression hiérarchique des diplômés d'études supérieures dans les cinq premières années de présence au Crédit Lyonnais, rapport, 1969-1975.
[56] Entretien, Isabelle, ancienne cadre de direction diplômée d'HEC, qui a démarré sa carrière en 1979 au Crédit Lyonnais.
[57] *Ibid.*

> « Dès l'instant où j'ai compris que la hiérarchie prenait rarement en compte les ambitions des femmes, en 1990, j'ai fait une croix sur ma carrière. Mes patrons pensaient surtout à faire évoluer la leur, mais pas celle de leur personnel quand c'était une femme ! Mariée avec trois enfants, j'étais directrice adjointe d'agence et je travaillais jusqu'à pas d'heure. J'étais bien notée. Mais lorsque j'ai fait part à ma hiérarchie de ma volonté d'évoluer, elle a complètement ignoré mes ambitions. Là, j'ai baissé les bras car j'avais vu ce genre de situation trop souvent se répéter. Aussi, je me suis contentée d'exercer mon métier de gestionnaire haut de gamme où la présence des femmes était admise. »

Malgré une politique du personnel renforcée par une volonté de la présidence d'encourager la promotion féminine, des disparités persistent entre la place des femmes, occupée ou conquise, et celle à laquelle elles peuvent prétendre, et celle des hommes dans l'entreprise. Les phénomènes repérés ici mettent en évidence des obstacles durables d'ordre social et culturel qui freinent l'ascension professionnelle des femmes et limitent leurs perspectives de carrière par rapport à leurs confrères.

Les retours d'expérience montrent même l'existence d'une norme sociale dans l'entreprise qui n'accorde pas une valeur identique au travail des hommes et des femmes. Perçue comme essentielle, l'activité masculine est valorisée, tandis que l'activité féminine est considérée comme étant de moindre valeur. La vision patriarcale de la famille, qui positionne l'homme comme le chef, pilier financier du foyer, explique cette situation. Or, dans ce schéma, seul le modèle de la femme mariée est pris en compte. Cette moindre considération envers le travail des femmes semble encore présente jusqu'en 2016, car c'est seulement cette année-là qu'un rattrapage salarial est effectué pour équilibrer le revenu des femmes avec celui de leurs confrères[58].

2. Dans les CRCA de Franche-Comté : les hommes aux manettes

Il faut garder à l'esprit que le Crédit Agricole connaît des mutations durant la période étudiée et que la nature de cette banque change plus que celle du Crédit Lyonnais à la même époque. En effet, d'un établissement rural au service du monde paysan, le Crédit Agricole devient une banque diversifiée et à vocation universelle depuis le décret du 20 février 1991. Aussi observe-t-on un changement dans les chiffres présentés, qui est lié à l'évolution de la banque elle-même. Les fondements du Crédit Lyonnais restent, quant à eux, relativement proches de ce qu'ils étaient dans les années 1950. En outre, les évolutions de la clientèle sont plus marquées pour le Crédit Agricole que pour le Crédit Lyonnais à la même époque, et les mutations du salariat féminin sont aussi liées à l'accompagnement de ces

---

[58] *Ibid.*

besoins nouveaux, et pas seulement à une féminisation de fonctions existantes. Néanmoins, la féminisation est un mouvement qui a sa propre dynamique ; il n'est pas seulement induit par le changement de la banque. C'est un phénomène plurifactoriel.

Pour observer la place des femmes dans la sphère du travail salarié des caisses régionales du Crédit Agricole de Franche-Comté, des données statistiques ont été collectées sur une période plus longue que celle du Crédit Lyonnais et avec un indicateur complémentaire, à savoir, la répartition des promotions par sexe. La répartition de l'effectif par sexe et par catégorie d'emploi a été reconstituée de 1975 à 1991[59]. Ces catégories sont distinguées selon trois classes d'emplois[60] : les « agents d'application » (AA), personnel d'exécution, les « techniciens et animateurs d'unité » (TAU), personnel intermédiaire, et les « responsables managers » (cadres). Chaque classe comprend plusieurs échelons ou niveaux de responsabilités et des emplois organisés selon des points de qualification qui déterminent un niveau de rémunération de base. L'évolution de l'effectif et des niveaux de rémunération par sexe et par catégorie d'emploi a également été restituée.

Les sources concernant la Caisse régionale de Haute-Saône et du Territoire de Belfort sont inexistantes pour l'époque étudiée, aussi, l'analyse a été concentrée sur la Caisse régionale du Doubs et du Jura. Dans une perspective longitudinale et comparative avec le Crédit Lyonnais, pour partie, la période 1992-2017 a été observée. L'année 1992 marque la fusion des trois caisses régionales du Doubs, du Jura et de Haute-Saône et Territoire de Belfort, pour former une seule entreprise : la CRCA de Franche-Comté.

Un effectif féminin minoritaire maintenu à des postes subalternes

Caisse régionale du Crédit Agricole du Doubs

Constituée le 12 juin 1904, la Caisse régionale du Doubs commence réellement à s'imposer dans le département en 1932[61]. Implantée depuis 1956 rue Delavelle à Besançon, c'est à partir de 1973, à la suite de son déménagement dans la rue Cusenier, qu'un grand changement s'est opéré. Les locaux étaient devenus trop étroits pour un personnel de plus en plus nombreux[62]. Les recrutements et l'organisation du travail se sont considérablement développés : les outils et les méthodes de traitement des

---

[59] D'après les données chiffrées des procès-verbaux. Arch. CAFC, procès-verbaux de la réunion du comité d'entreprise de la CRCA du Doubs de 1973 à 1984. Effectif global hors personnel temporaire.
[60] Selon la classification des emplois de la convention collective du Crédit Agricole.
[61] Arch. FMDS, historique de la CRCA du Doubs, 1954-1991.
[62] Arch. FDMS, CRCA du Doubs. Livret d'accueil des nouveaux salariés, 1975-1976, p. 12-13.

opérations, la structuration des services, la technologie. Tout changeait à grande vitesse et l'entreprise perdait de sa dimension familiale[63]. De petit organisme financier, la Caisse régionale du Doubs est devenue un établissement bancaire important dans ce département[64]. Elle poursuit sa croissance avec une première extension en 1977 dans les locaux de l'immeuble Saint-Pierre, puis une deuxième rue Courbet en 1987[65]. Une agence des professionnels est créée l'année suivante à Besançon, puis à Montbéliard, Morteau et Pontarlier. En 1976, un département dédié à l'organisation informatique voit le jour. L'équipement, de plus en plus performant, permet de doubler la capacité de traitement des opérations. Les emplois administratifs sont regroupés au siège, et les métiers du commerce et de l'argent sont concentrés dans le réseau : guichetier, caissier, démarcheur, directeur d'agence, chef de bureau[66], secrétaire. De vingt-huit bureaux en 1960, la caisse en compte cinquante-quatre dix ans plus tard, soixante-deux en 1976[67] et quatre-vingt-quatre neuf ans plus tard[68].

De 1975 à 1991, l'effectif total passe de 467 à 687 agents. En 1975, on compte 136 femmes et 331 hommes, soit une part relative de 29 %. En plus de quinze ans, alors que l'effectif global augmente fortement, les femmes sont toujours numériquement et proportionnellement inférieures aux hommes, ne formant que 39 % des salariés en 1991. L'effectif féminin est donc minoritaire mais l'écart entre la proportion d'hommes et de femmes dans l'entreprise se réduit peu à peu au cours de la période 1975-1991 : le nombre de femmes s'accroît ainsi que la part relative qui passe de 29 à 39 %. La féminisation du personnel intervient donc avec l'arrivée de l'informatique et son développement.

De surcroît, le réseau commercial reste un espace de travail fortement masculin encore au début des années 1980, bien que des perspectives commencent à s'ouvrir pour les femmes. Alors qu'au siège, la part des agents féminins se maintient autour de 43 à 44 % entre 1973 et 1982, dans le réseau, elle passe de 13,4 à 20,2 % (contre 86,6 à 79,8 % pour les hommes)[69].

---

[63] Entretiens précités, Louise et Marion.
[64] Arch. FDMS, *Liaison*, 1977, n°6, p. 33-35. Livret d'accueil, précité, p. 13-14.
[65] Arch. FMDS, CRCA du Doubs. Historique de la caisse, 1954-1991.
[66] À partir des années 1980, avec la segmentation, les métiers se sont diversifiés avec des commerciaux spécialisés non plus par secteur géographique mais par profil de clientèle.
[67] *Liaison*, précité, p. 34.
[68] Arch. CAFC, procès-verbal de la réunion du comité d'entreprise de la CRCA du Doubs du 29 janvier 1985, p. 1. Soit 34 agences, 20 bureaux rattachés et 19 bureaux périodiques.
[69] Arch. CAFC, procès-verbal de la réunion du comité d'entreprise de la CRCA du Doubs du 15 mars 1984, p. 11. Arch. FMDS, journal d'entreprise *Allô ! Comité*, n°3, 19 avril 1984, p. 9 : dans le réseau commercial du Doubs, l'effectif féminin est passé de 13 % en 1973 à 22 % en 1983. Procès-verbal de la réunion du comité d'entreprise du 20 janvier 1982, selon lequel il n'y a plus de femmes cadres au 31 décembre 1981 ni au 31 décembre 1982.

La répartition de l'effectif masculin et féminin dans les différentes catégories d'emplois est aussi déséquilibrée sur l'ensemble de la période 1975-1991.

En effet, les femmes sont recrutées principalement dans les premiers niveaux d'« agent d'application » (AA) et restent largement minoritaires dans les niveaux intermédiaires (TAU) et supérieurs (RM) de l'échelle des qualifications. Ainsi, plus on s'élève dans la hiérarchie, plus les femmes sont rares. C'est dans le réseau commercial que le déséquilibre est le plus marqué entre l'effectif masculin et l'effectif féminin. En 1978, la part des femmes parmi les cadres est de 2 %, et parmi les employés, de 98 %[70]. Six ans plus tard, on ne compte aucune femme cadre mais 100 % d'employées[71].

En 1982, l'ancienneté moyenne des femmes dans l'entreprise est de huit ans et un mois, contre 10 ans et un mois pour les hommes. Leur âge moyen est de 30 ans et 11 mois, contre 34 ans et 11 mois pour les hommes[72]. Ces différences étant peu sensibles, elles ne suffisent pas à expliquer la situation défavorisée du travail des femmes pour cette année-là. Mais, cela signifie aussi que leur carrière dans cet établissement s'inscrit dans la durée, comme pour les hommes.

Avec l'âge et l'ancienneté, certaines femmes finissent par accéder à des postes de cadres, même si cela reste un phénomène exceptionnel. Mais, plutôt qu'une promotion qui validerait des compétences et des résultats, cela ressemble davantage à une récompense pour leur engagement et leur investissement personnel[73].

Au fil du temps, leur forte et constante proportion parmi le personnel d'exécution se confirme. En treize ans, de 1978 à 1991, il n'y a pas de réelle amélioration de la situation de la main-d'œuvre féminine. Elle constitue, en 1991, 39 % des salariés de l'entreprise, 76 % de la catégorie « agent d'application », 19,6 % de la catégorie « technicien et animateur d'unité » et seulement 3,7 % de la catégorie « cadre ». Cet effectif connaît donc une composition hétérogène, à l'inverse de l'effectif masculin qui évolue vers une répartition homogène. Amplement majoritaires dans l'entreprise, les hommes représentent, cette même année, 32 % de la catégorie « agent d'application », 36 % de la catégorie « technicien et animateur d'unité » et

---

[70] Arch. FDMS, annexes au procès-verbal du conseil d'administration de la CRCA du Doubs du 24 novembre 1978.
[71] Arch. CAFC, procès-verbal de la réunion du comité d'entreprise de la CRCA du Doubs du 29 janvier 1985.
[72] Arch. CAFC, procès-verbal de la réunion du comité d'entreprise de la CRCA du Doubs du 15 mars 1984, p. 11. Les sources n'indiquent pas l'ancienneté par classe d'emploi et par sexe, ce qui aurait permis de comparer l'évolution du temps de présence des hommes et des femmes dans les mêmes niveaux de qualification et éventuellement la progression de carrière selon l'ancienneté.
[73] Entretiens précités, Samantha et Mylène.

31 % de la catégorie « cadre ». Les femmes ont donc des possibilités inférieures aux hommes en termes de carrière.

Caisse régionale du Crédit Agricole du Jura

Créée le 18 octobre 1906, la Caisse régionale du Jura affirme son influence dans le département à partir de 1931, regroupant alors trente-et-une caisses locales. L'évolution détaillée de ses effectifs est connue pour une période plus récente et plus courte que pour la Caisse régionale du Doubs, à savoir, de 1980 à 1991[74].

De 157 agents en 1969[75], l'effectif global est passé à 414 agents en 1980, et à 430 en 1991. En 1980, la caisse emploie 314 hommes, contre 100 femmes qui ne constituent alors que 24 % de l'ensemble des agents. En 1991, l'effectif féminin, qui augmente de façon régulière et continue tout au long de la décennie, atteint 148 agents pour une part relative de presque 34 %, dont la progression est également constante (30 % en 1985).

Toutefois, même si la présence des femmes s'affirme, ces dernières restent largement minoritaires. À l'image de sa consœur du Doubs, la Caisse du Jura connaît donc un déséquilibre entre l'effectif féminin et l'effectif masculin, mais aussi une répartition des agents par sexe très inégalitaire dans les différentes classes d'emplois, en défaveur des femmes.

En effet, pour la catégorie des « agents d'application », la part relative des employées s'accroît, passant de 32 % en 1980 à 46 % en 1991, contrairement à celle des hommes.

Quant à la catégorie des « techniciens et animateurs d'unité », alors qu'on compte moins d'une femme sur cinq en 1980 (contre plus de quatre hommes sur cinq), on passe à plus d'une femme sur cinq en 1991. La main-d'œuvre féminine commence donc à s'insérer dans ces niveaux intermédiaires de façon très progressive, mais elle reste largement minoritaire.

Concernant la catégorie des « cadres », l'effectif féminin oscille, selon les années, entre une et trois femmes sur l'ensemble de la décennie 1981-1991. Une femme intègre le niveau 1 du personnel d'encadrement en 1988. Les cadres féminins sont par conséquent encore plus rares dans le Jura que dans le Doubs (7 %).

D'un bout à l'autre de la décennie, la situation professionnelle des femmes demeure défavorisée. Elles sont concentrées dans les premiers niveaux de l'échelle des qualifications, peu présentes dans les paliers intermédiaires et quasiment inexistantes dans les échelons supérieurs. Au contraire, l'effectif masculin évolue vers une répartition plutôt hétérogène entre les différentes classes d'emplois.

---

[74] Arch. CAFC, données recueillies à partir des bilans sociaux de la Caisse régionale du Jura de 1980 à 1991.
[75] Arch. FMDS, procès-verbaux du conseil d'administration de la CRCAM du Jura, séance du 18 janvier 1974, p. 8.

Les mêmes tendances peuvent donc être observées pour la Caisse régionale du Doubs et celle du Jura, où l'effectif est très majoritairement masculin. Non seulement le personnel s'est peu féminisé, mais surtout, en dix ans, la proportion de femmes cadres reste anecdotique.

En rapprochant ces résultats de l'effectif des quatorze caisses régionales du Crédit Agricole de l'Est en 1982[76], on observe les mêmes disparités de genre : la part des femmes décroît à mesure que le niveau de qualification augmente.

À l'échelle des 94 caisses régionales, les cadres dirigeantes sont également rares[77]. Elles sont sous-directrices dans les CRCA en Gironde, Indre, Meuse, Oise, Rhône et Seine-et-Marne[78]. Ces cas exceptionnels relèvent probablement de personnalités ou de circonstances très particulières qui, en l'absence d'une volonté ferme d'intégrer spécifiquement du personnel féminin, ne sont pas remplacées. Aucune femme n'est directrice générale d'une caisse régionale.

La grande CRCA de Franche-Comté : des avancées récentes, mais limitées

Illustration 1 : Effectif total par sexe à la CRCA de Franche-Comté, 1992-2017

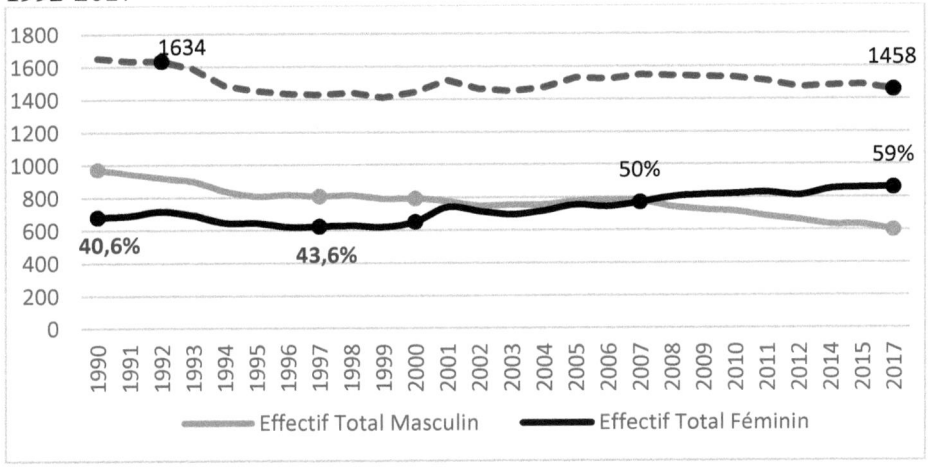

---

[76] Arch. CAFC, MEMOR-EST n° 84, recueil de « statistiques et d'études concernant l'association interrégionale des CRCAM de l'Est », Nancy, 20 décembre 1983. Pour les effectifs intégrés à la convention collective.
[77] Arch. FDMS, annuaire de la FNCA et des caisses régionales, octobre 1970.
[78] *Idem*, février 1977.

L'effectif total de l'entreprise connaît une diminution progressive de 1992 à 2017[79] (illustration 1). Globalement, le secteur bancaire, marqué par l'informatisation et les réorganisations du travail, connaît une perte de 30 000 emplois entre 1984 et 1994, dont des emplois de bureau[80]. La répartition de l'effectif par sexe sur la décennie 1990-2000 ne fait pas apparaître de grands changements, mais ces données constituent un point de comparaison avec le Crédit Lyonnais sur la période 1990-1997. Si, dans cet établissement, les femmes sont majoritaires, constituant plus de la moitié des agents, à la Caisse régionale de Franche-Comté, c'est l'effectif masculin qui est dominant, et cela, jusqu'en 2000. La parité est atteinte en 2007. Cette année-là, la proportion de femmes à la caisse régionale est quasiment identique à celle de la population franc-comtoise féminine : les femmes âgées de 20 à 59 ans représentent 49,7 % de la population totale franc-comtoise[81]. L'année 2008 marque un tournant historique car la part des agents féminins est supérieure à celle des hommes (avec 52 %). Cette tendance se confirme les années suivantes, et l'écart continue de se creuser jusqu'en 2017.

En ce qui concerne les classes d'emplois, les femmes restent pendant longtemps concentrées en bas de l'échelle hiérarchique et les hommes en haut.

La part relative des femmes « agents d'application » ne cesse d'augmenter, restant largement majoritaire : de 64 % environ en 1992, elle atteint 72 % en 2001 et se stabilise jusqu'en 2017.

Dans la catégorie des « techniciens et animateurs d'unité », on assiste à une progression graduelle des femmes jusqu'en 2008, qui est donc une année charnière, car leur proportion devient alors supérieure à celle des hommes, avec 52 %. Cette croissance, qui a démarré timidement en 1992 (30 %), se confirme dans les années 2000 (48 % en 2007) et se poursuit en 2011 (57 %) pour atteindre 65 % en 2017. On a observé, au Crédit Lyonnais, un même mouvement ascensionnel de la part des « gradées », sur une période antérieure. Par conséquent, le taux de féminité des agents intermédiaires augmente dans les deux banques.

Chez les cadres, le taux de féminité est de 7 % en 1992 et progresse d'abord très lentement mais de façon continue jusqu'en 2004, où il parvient à 13 %. Selon une ancienne cheffe de service, au moment de la fusion des trois caisses régionales, il n'y avait que huit femmes parmi les 85 chefs de service et 80 chefs de section[82]. Lorsque les offres d'emplois internes étaient publiées,

---

[79] Arch. CAFC, données recueillies à partir des bilans sociaux de la Caisse régionale de Franche-Comté de 1992 à 2017 : répartition des effectifs par sexe, catégories d'emplois, promotions et rémunérations.
[80] Alonzo, *Femmes et salariat...*, *op. cit.*, p. 31.
[81] INSEE, « Estimation de population par région, sexe et grande classe d'âge », 1975-2015. Données sur les anciennes régions.
[82] Entretien précité, Laure.

les postes de cadres étaient en général réservés par la direction. Les syndicats avaient d'ailleurs exigé qu'une pastille figure sur ce type de poste pressenti[83].

Cette tendance à la hausse s'accélère dès 2005, où la part des femmes parmi les cadres est de 24,8 %. Puis, elle franchit le palier des 30 % à partir de 2012, pour arriver à 36 % en 2017. Ce mouvement ascensionnel touche aussi, et surtout, le niveau supérieur de cette catégorie : la proportion des cadres de direction féminins passe de 20 % en 2012 à plus de 30 % en 2017. Au Crédit Lyonnais, en 1997, la proportion de cadres féminins atteint 27,5 %. Le taux de féminité des cadres progresse donc dans les deux banques mais reste faible.

En 2018, dans les 39 caisses régionales, les cadres dirigeants sont au nombre de 406 hommes et 92 femmes, soit 18 % de femmes[84]. Cinq seulement sont directrices générales (CRCA de Franche-Comté, CRCA du Languedoc, CRCA Lorraine, CRCA Normandie, CRCA Val de France), contre 32 directeurs généraux. Sept autres sont directrices générales adjointes, contre 46 directeurs généraux adjoints, et 53 femmes sont sous-directrices, contre 208 sous-directeurs. Si les cadres dirigeantes peuvent arriver à ces postes importants, c'est en moindre proportion que les hommes. En France, la part des femmes parmi les équipes dirigeantes est en moyenne de 7 % au début des années 2000[85].

Ainsi, de 1990 à 1997, les femmes sont surreprésentées dans la catégorie des « agents d'application » à la CRCA de Franche-Comté. Le constat d'une amélioration de leur situation professionnelle n'est possible que sur l'ensemble de la période 1992-2017. Malgré des avancées incontestables, en 2017, force est de constater qu'elles sont toujours insuffisamment représentées chez les cadres, notamment les cadres de direction. Au plus haut niveau de la hiérarchie, le plafond de verre persiste.

Tableau 2 : Répartition de l'effectif par classe d'emploi dans cinq CRCA, en 2002

	Classe 1 (AA)	Classe 2 (TAU)	Classe 3 (cadres)
Hommes	31 %	52,8 %	78,9 %
Femmes	69 %	47,2 %	21,1 %
Total	25 040	27 326	13 924

Une photographie des effectifs en 2002 pour l'ensemble des CRCA du Finistère, de la Brie, de l'Anjou-Maine, du Centre Loire et de Toulouse

---

[83] Entretiens précités, Paul, Marion, Anne.
[84] Arch. FNCA, annuaire des dirigeants des caisses régionales, juin 2018.
[85] Jacqueline Laufer, *L'accès des femmes à la sphère de direction des entreprises : la construction du plafond de verre*, rapport de recherche commandé et financé par la DARES, octobre 2003, p. 48. Selon l'observatoire des inégalités, la part des femmes parmi les cadres dirigeants des entreprises de plus de 500 salariés est de 23 % en 2014.

montre une situation similaire partagée à une plus grande échelle, de part et d'autre du territoire[86].

D'autres disparités professionnelles de genre : promotion et salaire

À la Caisse régionale du Doubs, entre 1986 et 1990, comme à celle du Jura, entre 1981 et 1991, les promotions sont très largement favorables aux hommes[87]. Le constat est le même à la Caisse régionale de Franche-Comté jusqu'au début des années 2000[88]. Les femmes promues sont principalement des « agents d'application ». Par exemple, à la Caisse régionale du Jura, 92 % des promues sont dans la catégorie des « agents d'application », moins de 8 % dans celle des « techniciens et animateurs d'unité », et une seule est cadre. En revanche, chez les hommes, les promotions sont réparties par classe d'emploi et concernent les agents à tous les niveaux de qualification et surtout supérieurs (presque deux cadres sur cinq et deux techniciens et animateurs d'unité sur cinq aux caisses du Doubs et du Jura).

Est-ce que cela signifie qu'à cette époque, la progression à des postes élevés était motivée, outre par l'ancienneté et la compétence, par la condition d'être un homme ?

Il semblerait, d'après les témoignages, qu'un système de cooptation aurait existé à l'avantage des hommes et favorisant un entre-soi masculin[89]. Aussi, cet effectif était souvent promu et les récompenses s'établissaient principalement sur la base d'un lien personnel. Un autre exemple a été évoqué pendant les entretiens. Lorsque la Caisse régionale du Doubs est passée d'un système d'avancement d'échelons quasi automatique à un fonctionnement basé sur l'attribution d'un potentiel de points, le directeur du service, qui avait alors les pleins pouvoirs, donnait des points aux mêmes collaborateurs chaque année[90]. Un ancien directeur de secteur, présent dans les comités de recrutement vers la fin des années 1980, confirme une pratique courante « d'avancement entre copains » qui positionnait les hommes aux postes élevés, au détriment des femmes[91]. Personne, selon lui, ne manifestait jamais ouvertement sa préférence pour un homme, mais tout

---

[86] Arch. CAFC, MBC, Michel Bauer et Catherine Laval, « Les femmes et la question du genre dans la production de la ressource managériale et dirigeante dans les caisses régionales du Crédit Agricole aujourd'hui et demain », rapport final précité, octobre 2004, p. 26. Effectif intégré dans la CCN. Depuis la convention collective de 1988, la classe 1 correspond aux « agents d'application », la classe 2 aux « techniciens et animateurs d'unité » et la classe 3 aux « responsables managers ».
[87] Une promotion signifie le passage à une classe d'emploi supérieure.
[88] Arch. CAFC, données recueillies à partir des bilans sociaux de la Caisse régionale de Franche-Comté de 1992 à 2017.
[89] Entretiens précités, Marion, Laure, Samantha, Stéphane.
[90] Entretiens précités, Marion et Paul.
[91] Entretien précité, Stéphane.

se jouait de manière implicite. Dans son environnement de travail, la majorité des femmes avaient l'ambition de progresser dans leur carrière, mais le frein principal résidait dans cette organisation interne qui ne les encourageait pas[92]. Des compétences professionnelles solides pouvaient même nuire à leurs ambitions. Ainsi, une ancienne comptable, reconnue dans son travail par ses supérieurs hiérarchiques, avait d'excellentes appréciations lors des entretiens annuels, mais le fait de maîtriser parfaitement son métier la bloquait pour évoluer[93]. Devenue indispensable au service comptabilité, elle n'a pas été retenue aux postes convoités, malgré sa réussite aux examens obligatoires.

Est-ce que, pour autant, l'ambition personnelle d'une collaboratrice comptait moins que la réussite d'un homme ?

Le monde rural présente la spécificité d'attribuer aux femmes un pouvoir différent de celui des hommes, qui n'est pas visible dans la sphère publique[94]. Aussi, dans le monde du travail, ce sont les hommes qui détiennent le pouvoir hiérarchique tandis que les femmes exercent leur pouvoir d'influence dans l'espace privé. Autrement dit, la place des femmes est principalement à la maison. Par conséquent, « spontanément, les femmes se projettent moins que les hommes dans une carrière professionnelle », et les attentes des hommes envers les femmes en matière d'implication de carrière sont moindres[95].

Pour Jacqueline Laufer, les postes attribués traditionnellement aux femmes cadres ont la particularité d'être « complémentaires à ceux des hommes »[96]. Aussi, la place qui leur est accordée repose sur « l'utilisation de la différence » et les maintient dans une « relation naturelle » de subordination[97].

Toutefois, si les promotions continuent de profiter davantage aux hommes qu'aux femmes, à partir de 2005-2006, l'écart se resserre : en 2006, 47 % des promus sont des femmes, et 50 % en 2007. À partir de 2012, la part des femmes promues devient supérieure à celle des hommes, et de façon durable jusqu'en 2017, année durant laquelle 55 % des promus sont des femmes. C'est dans la catégorie des « techniciens et animateurs d'unité » que le changement arrive : l'année 2008 marque une égalité du nombre de promotions féminines et masculines. Tandis que les promotions jouaient historiquement en faveur des hommes, cette tendance connaît là une rupture pour profiter aux femmes l'année suivante. D'abord fragile, ce changement

---

[92] *Ibid.*
[93] Entretien précité, Mylène.
[94] MBC, Michel Bauer et Catherine Laval, « Les femmes et la question du genre dans la production de la ressource managériale et dirigeante dans les caisses régionales du Crédit Agricole aujourd'hui et demain », rapport précité, p. 19.
[95] *Ibid.*
[96] Laufer, *La féminité neutralisée...*, *op. cit.*, p. 62-67.
[97] *Ibid.*

est confirmé quatre ans plus tard, en 2012, où elles sont même plus nombreuses que les hommes à obtenir une promotion.

Chez les cadres, c'est en 2012 que des avancées se manifestent de façon constante, avec deux femmes sur cinq environ promues dans l'année jusqu'en 2017.

Cependant, si la maturité et l'expérience comptent pour l'attribution du statut de cadre aux femmes, la procédure semble différente pour les hommes, comme l'indique cette ancienne cadre comptable[98] :

> « À l'époque, on disait qu'ils étaient nés cadres ! Mais nous, il fallait attendre. Ce n'était jamais le moment, jamais à nous, jamais l'heure... J'étais toujours trop pressée. Je pense que c'était le principe. »

Depuis 1993, cet agent encadrait une petite équipe et avait la responsabilité de l'ensemble des dépenses de la Caisse régionale de Franche-Comté, mais elle restait figée dans la catégorie des « techniciens et animateurs d'unité ». À force d'insistance auprès de sa hiérarchie, elle a fini par obtenir le statut de cadre en 2005.

Mais, était-ce une question de principe, ou les hommes savaient-ils mieux se vendre, se mettre en valeur que les femmes ? Bien qu'il soit difficile de répondre à cette question de façon précise, lors de nos entretiens, les employées recrutées avant 1980 déclarent n'avoir pas l'habitude de solliciter un avancement, une promotion ou une augmentation de salaire. L'une d'entre elles, cheffe de service, n'a initié qu'une seule négociation en 39 ans de carrière, poussée par ses collègues masculins au moment de la révision des classifications des cadres, afin d'obtenir un ajustement de sa position par rapport à la leur[99]. Cette question semble avoir trouvé une réponse concrète dans une période plus récente, avec la création du dispositif du mentorat dédié aux cadres féminins à haut potentiel. Il vise à les accompagner dans la gestion de leur carrière, afin notamment de mieux se mettre en valeur en situation de recrutement[100].

Quant aux disparités salariales entre les femmes et les hommes[101], dans les trois caisses régionales de Franche-Comté, comme au Crédit Lyonnais, elles sont particulièrement marquées chez les cadres. Dans le Doubs, pour la période 1983-1990, les cadres féminins gagnent 27 % de moins que leurs confrères[102], et 26 % dans le Jura entre 1981 et 1990. En revanche, les différences salariales s'estompent peu à peu pour les « agents d'application », surtout entre 1992 (10 % au détriment des femmes) et 2010

---

[98] Entretien précité, Mylène.
[99] Entretien précité, Angèle.
[100] Entretien oral de Marie, effectué le 20 décembre 2019.
[101] Arch. CAFC, données recueillies à partir des bilans sociaux de la Caisse régionale de Franche-Comté de 1992 à 2017.
[102] Arch. CAFC, procès-verbal de la réunion du comité d'entreprise de la CRCA du Doubs du 31 décembre 1984, p. 20, et journal d'entreprise *Allô ! Comité*, n°4 du 13 juin 1984.

(4 %). On retrouve la même tendance au Crédit Lyonnais. Dans la catégorie des « employés », elles sont de l'ordre de 1 à 2 % aux dépens des femmes de 1979 à 1997. Pour les « techniciens et animateurs d'unité », l'écart salarial s'atténue également jusqu'en 2014. Les femmes gagnent alors 3 à 4 % de moins que les hommes, et 2 à 4 % au Crédit Lyonnais, entre 1992 et 1997. Les disparités de salaire entre les sexes s'estompent peu à peu pour les deux établissements dans ces deux catégories d'emplois.

Chez les cadres, il faut attendre l'année 2011 pour voir les disparités salariales diminuer nettement. Alors qu'en 1992, les femmes gagnent 17 % de moins en moyenne que les hommes (20 % environ au Crédit Lyonnais entre 1979 et 1997), cet écart s'atténue graduellement et passe en dessous de 10 % dès 2000, puis en dessous de 5 % en 2012, jusqu'à quasiment disparaître en 2017. C'est surtout dans la catégorie des cadres de niveau 1 que la baisse est la plus remarquable, passant de 14 % en 2011 à 1 % en 2012.

Les différences salariales subsistent donc dans la catégorie des « techniciens et animateurs d'unité » à la Caisse régionale du Crédit Agricole de Franche-Comté.

En conclusion, la situation du personnel féminin et masculin est très inégalitaire avant la fusion des trois caisses régionales au niveau des effectifs, des classifications, des promotions et des salaires. Au fil du temps, ces disparités entre les hommes et les femmes s'atténuent. Ces dernières bénéficient davantage des promotions que leurs confrères dans les catégories des « agents d'application » et des « techniciens et animateurs d'unité ». Néanmoins, il faut attendre 2012 pour qu'un certain nombre de femmes cadres obtiennent des promotions (deux femmes sur cinq environ). Les écarts de salaire sont quasiment inexistants en 2017, sauf chez les « techniciens et animateurs d'unité ». Toutefois, ces avancées sont encore trop récentes pour préjuger de leur pérennité. Tandis que les femmes constituent plus de la moitié du personnel de l'entreprise, en 2017, elles sont toujours plus représentées dans la catégorie des « agents d'application » et peu représentées dans celle des cadres par rapport aux hommes, et elles restent rares dans les lieux de décision et de pouvoir[103].

Traiter la question de l'égalité : plus par contrainte que par volonté ?

Face à ces évolutions socio-économiques et juridiques (loi Roudy de 1983 sur l'égalité professionnelle dans les entreprises), comment les caisses

---

[103] Jacqueline Laufer, « Entre égalité et inégalités : les droits des femmes dans la sphère professionnelle », *L'Année sociologique*, vol. 53, n°1, 2003, p. 143-173. Alors qu'au début des années 2000, les femmes constituent presque un tiers des cadres administratifs et commerciaux, elles ne sont que 7 % au sein des équipes dirigeantes des grandes entreprises.

régionales de Franche-Comté se sont-elles saisies de l'obligation de l'égalité professionnelle entre les femmes et les hommes ?

Tout au long des années 1980, des différences entre les femmes et les hommes au niveau de l'information, de l'avancement et de la promotion sont pointées par les membres du comité d'entreprise auprès de la direction générale de la Caisse régionale du Doubs[104]. Ils dénoncent, par exemple, l'absence d'incitation interne pour permettre aux agents féminins d'accéder aux actions de formation continue comme aux postes de qualification élevée. Des solutions sont proposées par ce même comité, comme la création d'un groupe de travail qui serait composé de femmes représentatives des différentes professions et catégories d'emplois au sein de la caisse. Mais, les constats dressés sont régulièrement réduits par la direction générale à un phénomène de société qui relève des mentalités. Quant aux solutions proposées, elles sont qualifiées de « démarche sexiste » pénalisante pour les hommes.

Pour autant, la situation comparée des conditions générales d'emploi et de formation des femmes et des hommes est jugée préoccupante par le comité. Ce n'est qu'au bout d'un certain nombre de freins identifiés et dénoncés que le directeur général admet être conscient du problème. Quant à la direction des ressources humaines, elle prend peu en compte les difficultés relevées : les promotions, le salaire, la formation, le statut sont au désavantage des femmes. Parmi les explications avancées figurent des habitudes comportementales, dont « la subjectivité » de certains responsables qui, à qualité égale et à compétence égale, préfèrent faire évoluer un homme.

Alors que le problème se pose enfin de savoir comment faire évoluer la situation des femmes, il est convenu, dans un premier temps, de porter une attention particulière aux « agents d'application » pour leur permettre d'atteindre la catégorie d'emploi supérieure. Cela a effectivement été fait, comme vu précédemment. Dans un deuxième temps, il s'agit de modifier les habitudes et l'état d'esprit pour donner aux femmes les mêmes chances qu'aux hommes en tenant mieux compte de leurs contraintes, par exemple, le choix du lieu de la formation.

Ainsi, l'égalité professionnelle entre les femmes et les hommes n'apparaît pas comme un axe fondamental d'action jusqu'au milieu des années 1990, malgré la prise de conscience du problème et l'obligation d'égalité professionnelle posée par la loi Roudy. Imposée mais non réellement traduite à travers une politique volontariste, cette prise en compte d'une différence de traitement effective progresse lentement.

---

[104] Arch. CAFC, procès-verbaux des réunions du comité d'entreprise de la CRCA du Doubs de 1983 à 1995. Conservés pour la seule Caisse régionale du Doubs, ils permettent de saisir les motivations et les éventuels leviers mis en place pour se diriger vers une parité professionnelle.

Crédit Lyonnais, CRCA de Franche-Comté : des similitudes

Les mutations perçues pour le Crédit Lyonnais ne peuvent pas complètement être transposées à la CRCA de Franche-Comté. En effet, ce qui change, c'est d'abord la nature de la « banque verte »[105]. On peut néanmoins discerner un mouvement global de féminisation de l'emploi salarié bancaire. Jusqu'à la fin des années 1980, les caisses régionales du Doubs et du Jura sont de petites entreprises locales en pleine mutation, qui connaissent un développement croissant de l'activité qui favorise l'embauche de quelques femmes. C'est en 2007 que la parité est atteinte à la CRCA de Franche-Comté. L'année suivante, en 2008, la part des femmes est, pour la première fois dans l'histoire de cette banque, supérieure à celle des hommes (avec 52 %). En revanche, au Crédit Lyonnais, l'effectif féminin demeure dominant au moins depuis 1971.

Ce mouvement montre quand même quelques similitudes dans ces deux établissements. En effet, les femmes sont pendant longtemps surreprésentées dans la catégorie inférieure de l'échelle hiérarchique, alors que les hommes sont surreprésentés dans la catégorie des cadres. C'est d'abord la classe des agents intermédiaires qui commence à se féminiser lentement, mais de façon continue, jusqu'à ce que les femmes y deviennent majoritaires. Au Crédit Lyonnais, parmi ces agents, elles sont le plus souvent cantonnées aux échelons inférieurs des petits gradés. Pour la CRCA de Franche-Comté, graduellement, l'effectif féminin gagne une majorité d'agents intermédiaires tandis que la proportion d'agents d'exécution diminue. Chez les cadres, la féminisation peine à se réaliser malgré des progrès constatés de part et d'autre. Les femmes sont très faiblement représentées par rapport aux hommes et les cadres supérieurs féminins demeurent rares, bien qu'à partir de 2014, leur présence s'affirme davantage à la CRCA de Franche-Comté (30 % en 2017). Il ne s'agit pas d'un fait isolé car les mêmes disparités de genre ont pu être observées dans cinq autres caisses régionales en 2002 (CRCA du Finistère, de la Brie, de l'Anjou-Maine, du Centre Loire et de Toulouse).

C'est la catégorie des cadres qui est aussi la plus touchée par les différences salariales entre les hommes et les femmes. À la caisse régionale, chez les cadres supérieurs, cet écart est encore élevé en 2011, avec 14 % au détriment des femmes, mais des efforts sont nettement visibles entre 2012 et 2017. Au Crédit Lyonnais, les disparités salariales persistent jusqu'en 2016, où un rattrapage est effectué afin d'équilibrer le revenu des femmes avec celui de leurs confrères.

Au-delà des intentions politiques de l'entreprise concernant la promotion féminine, les résistances d'ordre social et culturel conduisent à des

---

[105] Selon l'expression de Hubert Bonin, *Le Crédit Agricole : de la banque des campagnes à la banque universelle (1951-2001),* Genève, Droz, 2020, p. 100.

similitudes de situation sur le terrain. Pour autant, au Crédit Lyonnais, cette politique est active dès le début des années 1970, probablement en raison de la loi du 22 décembre 1972 qui, après le préambule de la Constitution de 1946, établit l'égalité de rémunération entre les hommes et les femmes. Une autre explication possible est que l'effectif féminin est majoritaire. Alors que des mesures spécifiques à la gestion du personnel sont mises en œuvre, émerge une prise de conscience de la part de la direction de la banque. Elle comprend que leur aboutissement passe inévitablement par un changement des mentalités, surtout de la part des cadres supérieurs, en admettant qu'une femme est tout à fait capable de tenir un poste d'encadrement aussi bien qu'un homme. Des obstacles internes durables freinent l'ascension professionnelle des femmes et les défavorisent dans leurs perspectives de carrière par rapport aux hommes. La vision patriarcale dominante de la famille au sein des équipes dirigeantes fait que leur travail est considéré comme étant de moindre valeur par rapport à celui des hommes, perçus comme le pilier financier naturel du foyer. Cette conception exclut les situations matrimoniales autres que la femme mariée et surtout cheffe de famille. À la caisse régionale, cette idée de la famille est encore plus marquée. Si le travail des femmes est considéré comme une activité d'appoint, le travail à temps partiel est pourtant très peu pratiqué dans l'entreprise, même s'il concerne surtout les femmes, soit 6 % d'agents en 1990[106]. Mais, ce qui paraît le plus frappant, c'est la préoccupation des dirigeants envers toute démarche sexiste qui pourrait pénaliser les hommes. Face aux inégalités soulevées en défaveur des femmes, la direction se préoccupe surtout de ce qui pourrait nuire aux hommes. Ce point de vue ne favorise pas une concertation objective pour trouver une solution vers la parité. On retrouve ce même type de frein à l'échelle de la société de cette époque.

De même, réserver le contact commercial aux hommes est-il le reflet de la position subordonnée des femmes dans la société ? Au Crédit Lyonnais, les agents féminins sont en contact avec la clientèle dans les années 1970, à Paris comme en province, mais leur travail est sédentaire et seuls les hommes sont habilités à « prendre la sacoche ». Aussi, on les retrouve surtout à des fonctions commerciales où elles reçoivent les particuliers exclusivement à l'agence. Au Crédit Agricole, l'absence des femmes dans ce domaine est encore plus marquante. Ces variations entre le Crédit Lyonnais et la CRCA de Franche-Comté peuvent trouver une explication dans les spécificités culturelles du monde agricole où la banque a ses racines. Assigné à la sphère domestique, le statut des femmes se construit hors de

---

[106] Arch. CAFC, procès-verbal de la réunion du comité d'entreprise de la CRCA du Doubs du 11 avril 1991.

l'espace professionnel[107]. Leur rôle d'aide familiale dévolu par la famille est transposable dans l'emploi.

3. Bancarisation de la clientèle et féminisation du personnel bancaire

Au-delà des constats rattachés au milieu professionnel, les mutations du salariat féminin sont aussi liées aux évolutions de la clientèle dans les banques. La grande période de la bancarisation de la population française, selon l'expression d'André Gueslin, a-t-elle favorisé ou pas la féminisation de l'effectif du Crédit Lyonnais et des caisses régionales du Crédit Agricole de Franche-Comté ?

Approche statistique globale

André Gueslin constate qu'il n'y a pas de féminisation dans les caisses régionales du Crédit Agricole durant la période de forte bancarisation qu'il situe entre 1963 et 1972[108]. En effet, il révèle que les caisses ont recruté du personnel féminin qui connaît bien une augmentation numérique, mais sa part relative diminue, passant de 39 à 36,4 %. En 1972, le personnel féminin est par ailleurs davantage présent au siège que dans les bureaux, contrairement aux hommes. Une explication possible est émise par l'historien, à savoir, « la difficulté de trouver du personnel féminin dans les bureaux implantés en zone rurale ». En effet, la proportion de femmes est plus importante dans les services des sièges, contrairement aux hommes (47,9 % contre 52,1 % pour les hommes), que dans le réseau commercial (26,5 % contre 73,5 % pour les hommes) en 1972[109]. Toutefois, les témoignages recueillis apportent, quant à la répartition du personnel entre le siège et le réseau, une explication complémentaire qui relève d'un stéréotype déjà brièvement abordé pour une période antérieure. En réalité, la barrière la plus courante est l'inaptitude présupposée des femmes à être en contact commercial avec un public, d'une part, et leur capacité développée pour les tâches administratives, d'autre part, ce qui explique pour partie leur concentration au siège des caisses régionales.

En revanche, du côté du Crédit Lyonnais, le nombre de femmes ne cesse d'augmenter entre 1960 et 1972 (soit plus de 10 000 agents), ainsi que leur part relative qui passe de 42,6 à 51,2 %[110]. Il existe donc une féminisation

---

[107] Lucie Cros, *Les ouvrières et le mouvement social : retour sur la portée subversive des luttes de chez Lip à l'épreuve du genre*, thèse de doctorat de sociologie sous la direction de Dominique Jacques-Jouvenot et Sylvie Guigon, Université de Bourgogne Franche-Comté, 2018, p. 67 et suivantes.
[108] André Gueslin, *Histoire des Crédits Agricoles...*, op. cit.
[109] *Ibid.*, p. 297.
[110] Rapport de la direction du personnel sur la promotion féminine, mai 1976.

accrue du personnel durant la bancarisation de la clientèle dans cet établissement. Ces deux mouvements sont concomitants. Cependant, en 1966, peu de ménages (à peine 18 %) possèdent un compte-chèques ou un livret bancaire. Ils sont 62 % en 1972[111] et 92 % en 1984[112]. Or, les données statistiques pour les caisses régionales ne sont pas disponibles, y compris pour la Franche-Comté, afin d'observer le mouvement de féminisation sur cette période 1966-1984. Toutefois, si on regarde uniquement la bancarisation de la clientèle féminine, on constate que la croissance de la proportion de femmes possédant un compte bancaire, qu'il soit personnel ou joint, se situe entre 1971 et 1980 : 27 % des femmes sont bancarisées en 1971[113] et 77 % en 1980[114]. Pour observer la féminisation du personnel dans les caisses régionales du Crédit Agricole de Franche-Comté de 1971 à 1980, seul l'effectif de la Caisse régionale du Doubs par sexe est disponible de 1975 à 1982[115].

Si le nombre d'agents féminins augmente (passant de 136 à 240), la part relative est plutôt stable (passant de 29 à 32,6 %). Il n'y a donc pas l'affirmation d'un mouvement de féminisation durant la période présumée d'accroissement de la bancarisation des femmes. Encore à cette époque, le taux de présence féminine est plus important parmi le personnel du siège (plus de 47 %) que dans les bureaux, avec seulement 16,7 % de femmes en 1978 et 17,7 % en 1979. Dans le réseau commercial, l'effectif total des femmes comprend 98 % d'employées et 2 % seulement de cadres, alors que l'effectif total des hommes dans les bureaux comprend 78 % d'employés et 21 % de cadres. Par conséquent, l'entreprise recrute plus d'hommes que de femmes, lesquels sont affectés sur le terrain commercial pour accompagner la bancarisation des particuliers.

Nature des postes de travail les plus féminisés

Les témoignages d'anciennes salariées dans les caisses régionales de Franche-Comté corroborent le cloisonnement de l'activité selon le sexe, faisant apparaître des métiers et des services spécifiquement féminins, tels que perforatrices, opératrices de saisie, post-marqueuses, secrétaires, standardistes, secrétaires guichetières, employées aux titres[116]. C'est ainsi qu'une candidate est informée par son employeur de l'impossibilité de

---

[111] Arch. de la Caisse des dépôts, « Le livret A : une histoire de l'épargne populaire », Paris, La Documentation française - Caisse des dépôts et consignations, 1999, p. 240.
[112] Bonin, *La banque et les banquiers en France..., op. cit.*, p. 221.
[113] Arch. CASA, Daphné de Saint-Sauveur, « L'argent du jour, le jour », *Le Figaro*, 26 avril 1977, et « Les femmes et l'argent », *La Croix*, 12 juillet 1977.
[114] Arch. historiques BNP Paribas, journal interne *Dialogue*, 1982, p. 8-9.
[115] Arch. FMDS, procès-verbaux du conseil d'administration de la Caisse régionale du Doubs de février 1979 à mai 1980, séance du 4 janvier 1980. Arch. CAFC, procès-verbal de la réunion du comité d'entreprise de la CRCA du Doubs du 31 octobre 1979, p. 265.
[116] Entretiens précités, Angèle, Marion, Louise, Laure, Samantha, Mylène, Martine, Béatrice.

répondre favorablement à sa demande, étant donné qu'il n'y a plus « d'emploi féminin disponible »[117].

Dans les agences, quelques guichetières commencent à être recrutées au milieu des années 1970, mais c'est surtout au début des années 1980 qu'elles arrivent plus nombreuses[118]. En 1984, à la Caisse régionale du Doubs, les femmes représentent 23 % de l'effectif dans le réseau commercial et 41 % au siège[119]. Leur travail consiste à apporter du service à la clientèle grand public et de prendre en charge les offres bancaires de base qui nécessitent peu de technicité. Seuls les démarcheurs, les responsables de bureau rattachés, les chefs de bureau et leurs adjoints, tous des hommes, occupent des fonctions commerciales à part entière et bénéficient d'une formation dans ce domaine[120]. La première femme démarcheuse dans le Doubs a commencé sa carrière en 1987 au sein du réseau, en alternant le guichet et le terrain[121].

Au siège, le service des prêts se développe avec une majorité de femmes. Elles travaillent sous la responsabilité quotidienne d'une responsable, elle-même sous l'autorité d'un chef. Là encore, la répartition du personnel est significative de la place assignée aux femmes dans l'entreprise, au cœur du travail d'exécution. Ainsi, une équipe masculine est chargée de l'étude juridique des dossiers de demandes de prêts des particuliers et de l'instruction des dossiers de prêts à moyen et long terme. L'équipe féminine assure les prêts à court terme. En bout de chaîne, deux employées mettent en forme et préparent les dossiers à partir des éléments fournis. Elles exécutent les tâches quotidiennes de petites mains, qui consistent à remplir des fiches codifiées de façon manuscrite pour les adresser ensuite au service informatique. Là, des perforatrices saisissent ces informations sur des cartes perforées. Un informaticien les introduit dans un ordinateur et édite un « listing » qui est soumis à la vérification des employées aux prêts. Une fois les informations validées, elles sont réceptionnées par une autre employée chargée de confectionner une matrice à l'aide de trois feuilles superposées différentes (une feuille classique, une feuille paraffinée et une feuille de papier carbone hectographique). Tapées à la machine à écrire, les données sont réunies dans la matrice, ultérieurement placée dans un duplicateur à alcool. Ce même agent introduit le papier de tirage, feuille par feuille, puis, une fois reproduits, les documents sont rangés dans le dossier de prêt du client.

---

[117] Arch. CAFC, dossier du personnel, courrier daté d'avril 1975.
[118] Arch. CAFC, procès-verbal de la réunion du comité d'entreprise de la CRCA du Doubs du 10 avril 1985.
[119] *Ibid.*, et procès-verbal de la réunion du comité d'entreprise de la CRCA du Doubs du 29 janvier 1985.
[120] Arch. FMDS, CNCA, rapport d'inspection sur la CRCA du Doubs, 5 septembre au 19 octobre 1979.
[121] Entretien précité, Martine.

Au début des années 1980, des femmes travaillent toujours dans des services à faible valeur ajoutée. Dans une pièce de 30 m², les perforatrices tapent toute la journée pour introduire les données informatiques *via* des cartes perforées, sous la responsabilité d'une cheffe de service. Mais, les fonctions régaliennes en finance, ressources humaines, contrôle, développement, banque, commercial, entreprise et marketing sont entre les mains des hommes[122]. De manière générale, les services de production sont investis par les femmes à des métiers d'exécution, alors que les hommes sont dans des services productifs à des métiers de banque. Une sténodactylographe compare sa situation à celle des ouvrières : « Pour les femmes, c'était l'usine ! »[123]

En conclusion de ce point, il apparaît qu'au Crédit Lyonnais, où le personnel féminin est majoritaire déjà au début des années 1970, la direction s'est saisie de la question de l'égalité entre les femmes et les hommes dès cette époque-là, consciente des « barrières psychologiques à surmonter ». Ce n'est qu'après la fusion des trois caisses régionales du Crédit Agricole de Franche-Comté, où les hommes sont toujours majoritaires, que la direction de cette banque s'empare vraiment du sujet, soit à partir de 1995. Il devient une préoccupation collective à partir des années 2000[124].

Il existe une corrélation entre la bancarisation de la clientèle au Crédit Lyonnais et la féminisation du personnel, à la différence des caisses régionales. Pour la Franche-Comté, ce phénomène trouve une explication dans la place occupée par les femmes dans l'entreprise et la résistance de facteurs socioculturels dans un contexte où la direction ne s'approprie pas encore les enjeux en matière d'égalité professionnelle entre les sexes. Pendant longtemps recrutée dans les sièges régionaux, la main-d'œuvre féminine occupe « naturellement » des postes de travail subalternes, au service d'un pouvoir masculin, cantonnée dans la branche administrative à des tâches d'exécution. C'est au début des années 1980 que des fonctions en relation avec la clientèle commencent à s'ouvrir aux agents féminins qui arrivent plus nombreux aux guichets.

Globalement, les femmes progressent de façon significative dans l'échelle des qualifications seulement dans les années 2000, et la parité dans la catégorie des « techniciens et animateurs d'unité » est atteinte en 2007-2008. Mais, parmi les « agents d'application », les femmes restent très largement majoritaires, et parmi les cadres, elles sont amplement minoritaires. À l'échelle d'autres caisses régionales, cette situation d'inégalité s'est avérée similaire.

---

[122] Entretien précité, Lucie.
[123] Entretien précité, Samantha.
[124] MBC, Michel Bauer et Catherine Laval, « Les femmes et la question du genre dans la production de la ressource managériale et dirigeante dans les caisses régionales du Crédit Agricole aujourd'hui et demain », rapport précité.

Au Crédit Lyonnais, les femmes sont embauchées à la fois dans les centres administratifs et les agences, et elles commencent à évoluer vers la catégorie des gradés dès le milieu des années 1970, bien que maintenues aux échelons inférieurs. Aussi, leur éventuelle progression vers une position réellement égalitaire par rapport aux hommes pendant la grande période de bancarisation n'est pas encore d'actualité. Dans la relation client, les métiers sont limités à des postes sédentaires. Les fonctions commerciales, qui nécessitent d'aller à l'extérieur pour rencontrer la clientèle (gradés supérieurs), restent un terrain masculin encore au début des années 1980.

S'intéresser aux femmes cadres et à leurs trajectoires individuelles permet de savoir comment, entre 1947 et 2010, des pionnières ont réussi à s'imposer dans les caisses régionales de Franche-Comté pour occuper des postes de décision et de pouvoir jusqu'alors exclusivement entre les mains des hommes. Cela permet aussi d'avoir une approche de leur environnement professionnel de l'intérieur. Cette analyse s'appuie sur des connaissances empiriques et sur le modèle de progression des femmes proposé par Sylvie Schweitzer en trois « cercles concentriques » dans l'entreprise[125]. Les pionnières du premier cercle se heurtent aux interdits sociaux et aux barrières « biologiques » qui régissent l'accès à de nombreuses professions et font obstacle aux femmes. Pour faire leur place dans cet espace vierge et parfois hostile, elles adoptent « des comportements féministes ». Ces « premières » s'apparentent aux femmes notables identifiées dans les CRCA, de la Première Guerre mondiale à l'entre-deux-guerres. Alors que leur nombre s'accroît, se dessine un deuxième cercle de pionnières qui se caractérisent par leur discrétion. En effet, pour ne pas attirer l'attention, elles tentent d'atténuer le « féminin »[126] en reproduisant les codes masculins dominants de leur milieu professionnel[127]. Minoritaires, elles sont plus nombreuses que les « premières ». Enfin, les pionnières « du troisième cercle », en nombre équivalent à celui des hommes, voire majoritaires, revendiquent l'égalité.

---

[125] Schweitzer, *Femmes de pouvoir...*, op. cit.
[126] *Ibid.*, p. 14.
[127] Pierre Bourdieu, *La domination masculine*, Paris, Seuil, 1998.

CHAPITRE III
TRAJECTOIRES PROFESSIONNELLES FÉMININES : DES CONQUÉRANTES QUI ONT AMÉLIORÉ LE DESTIN D'AUTRES FEMMES

1. Les modalités d'ascension professionnelle

Mobilité fonctionnelle

Pour les femmes embauchées avant les années 1960, la mobilité se manifeste surtout par de nombreuses affectations qui passent par un changement de service et/ou de poste, et non de niveau de poste ou de rémunération. Elles recherchent avant tout une reconnaissance dans leur travail plus que la progression de carrière[1]. Les plus anciennes se satisfont de leurs activités de secrétariat, à condition qu'elles soient diversifiées. Aussi, elles acceptent facilement de changer de poste et de service, même pour effectuer des remplacements de courte durée, sans viser pour autant un niveau de poste supérieur[2]. Leurs nouvelles affectations sont vécues comme des évolutions. L'important est d'avoir un travail dynamique et varié et de bénéficier d'une autonomie. Ces trois conditions réunies sont indispensables pour s'épanouir et se réaliser[3]. Elles s'inscrivent dans le fonctionnement de l'entreprise, qui prévoit des avancements pour les employées motivées[4], mais sans garantir une mobilité sociale. D'ailleurs, en 35 et 40 ans de carrière, elles ont exercé plus d'une dizaine de postes différents, mais elles ont obtenu deux promotions au maximum[5]. Recrutées jeunes, ces employées ont acquis de l'assurance au fil de leur parcours, de l'affirmation, de la confiance, et elles se sont accomplies au Crédit Agricole. Elles disent avoir grandi avec la caisse qu'elles considéraient comme leur deuxième famille, « une famille professionnelle ». Ces salariées marquent un fort attachement à l'entreprise et à leur patron. Une seule connaît une ascension professionnelle fulgurante au statut de cadre, treize ans après son recrutement et après avoir occupé quasiment tous les postes à la caisse régionale[6]. Il s'agit d'un cas isolé et exceptionnel, dont la promotion s'est effectuée dans des circonstances particulières qui seront abordées plus loin. Cependant, cette

---

[1] Entretiens précités, Angèle, Marion, Louise, Laure, Samantha, Mylène, Martine, Béatrice.
[2] Entretiens précités, Angèle, Marion, Louise.
[3] Guy Thuillier, *Les femmes dans l'administration depuis 1900*, Paris, Presses universitaires de France, 1988, p. 126-134.
[4] Voir convention collective de travail à adhésions multiples, 1re édition, mai 1966, article 33, p. 27.
[5] Entretiens précités, Marion et Louise.
[6] Entretien précité, Angèle.

exception a ouvert une brèche et montré l'efficacité possible d'une femme à un poste de pouvoir.

On retrouve encore cette pratique de changement de poste qui n'induit pas une promotion dans les parcours du second échantillon de femmes recrutées entre 1975 et 1985 au siège. La caisse représente avant tout un lieu d'évolution personnelle, et elles recherchent une satisfaction au travail[7]. Elles mettent de l'éthique dans leur mission. L'honnêteté, le conseil, le travail bien fait sont des notions importantes. Plus que la diversité ou la variété, la créativité et la prise d'initiative sont deux aspects prioritaires. Mais parfois, à mi-parcours, après avoir gagné en confiance et être montées en compétences, elles sont déterminées à relever un nouveau défi. Celles qui ont effectué un passage par le réseau commercial à un moment de leur carrière ont progressé vers des niveaux de qualification supérieurs. Le témoignage d'une employée au service des titres, recrutée en 1969, confirme cette dynamique qui se dessine alors dans le réseau. Après trois affectations à des postes d'agent administratif quasiment au même coefficient d'emploi, elle reste dans la catégorie des « agents d'application » pendant quinze ans. Néanmoins, elle souligne qu'elle ne se contente pas de prendre les ordres des clients mais qu'elle s'intéresse aussi au marché de la bourse et spécule de temps à autre[8]. Elle a commencé à faire du conseil commercial spontanément, sans que cela n'entre dans ses attributions. À la suite de son arrivée dans le réseau en 1985, elle occupe quatre postes différents dont les coefficients d'emploi sont parfois légèrement supérieurs mais pas toujours. Pourtant, elle saisit ces affectations comme étant des opportunités pour faire ses preuves et devient, deux ans plus tard, une des premières femmes à occuper la fonction de « démarcheur ». Reconnue comme une technicienne très qualifiée, elle atteint une première consécration en 1993 en tant que conseillère commerciale, puis une seconde avec son passage au statut de cadre[9] en 1997, comme responsable d'une petite agence. Pionnière du « deuxième cercle »[10] dans l'entreprise, elle représente un cas exceptionnel à cette époque.

Une autre « précurseuse » a exercé huit postes depuis le début de sa carrière en 1975, avant d'atteindre le statut de cadre en 2011. Son atout est d'avoir anticipé l'arrivée d'une nouvelle génération d'ordinateurs[11]. Vers la fin des années 1970, elle entreprend de suivre des cours du soir pour se former à l'informatique. Cette démarche personnelle lui a permis de développer une compétence en bureautique et d'anticiper l'arrivée du Commodore au début des années 1980 à la caisse régionale. Elle se

---

[7] Entretiens précités, Laure, Mylène, Martine, Samantha, Béatrice.
[8] Entretien précité, Martine.
[9] L'édition de 1992 de la convention collective nationale du Crédit Agricole établit trois niveaux de qualification des cadres.
[10] Schweitzer, *Femmes de pouvoir....*, *op. cit.*, p. 13.
[11] Entretien précité, Samantha.

démarque alors de ses collègues par son savoir-faire et se voit confier des projets nouveaux et porteurs pour l'entreprise, ce qui l'amène à gagner en autonomie dans son travail et à prendre de l'assurance. Elle reste au premier niveau[12] de cette catégorie jusqu'à son départ à la retraite en 2017. Elle incarne le modèle des pionnières du troisième cercle dans l'entreprise[13].

En revanche, pour une autre employée au parcours exemplaire, recrutée en 1981, la mobilité fonctionnelle est un facteur révélateur d'une progression de carrière. À chaque changement de poste correspond un coefficient d'emploi supérieur, la rapprochant d'une catégorie d'emploi plus élevée. Guichetière jusqu'en 1988 (« agent d'application »), elle rejoint le siège comme assistante d'études marketing puis analyste marketing, atteignant ainsi la catégorie supérieure de « technicien et animateur d'unité ». En 1997, elle évolue comme responsable d'agence et cadre au premier niveau (cadre moyen). Six ans plus tard, elle est nommée directrice d'une agence plus importante et intègre le deuxième niveau des cadres, puis directrice de secteur en 2006, qui la hisse au troisième niveau des cadres pour parvenir en 2017 au grade de cadre de direction. Ce parcours, qui reste atypique, décrit une pionnière du deuxième cercle dans l'entreprise[14]. Cet exemple s'inscrit dans une action volontaire de féminisation des cadres dans le réseau[15].

La mobilité fonctionnelle est aussi un facteur clé de réussite pour des femmes recrutées au service informatique en 1976[16]. Leur accès aux postes à responsabilités s'est effectué en même temps que l'arrivée de l'informatique qui a nécessité une main-d'œuvre d'exécution mais aussi un personnel qualifié, dont des femmes. Trois ont été embauchées la même année, en 1976. Au sein d'une petite équipe de cinq personnes, elles exercent une fonction d'expert et occupent des postes attractifs et rémunérateurs. Toutes sont diplômées de l'enseignement supérieur et sont déjà expérimentées dans ce domaine. Chaque nouvelle affectation permet l'accès à un niveau de poste, de classification et de salaire supérieur. Une « programmeuse » a commencé sa carrière en 1976, dans la catégorie « technicien et animateur d'unité » à l'échelon supérieur, et l'a terminée en 2014, en qualité de responsable de domaine d'activités, soit au deuxième niveau des cadres. Sa collègue, diplômée de l'enseignement supérieur (spécialité comptabilité et économie) et anciennement « programmeuse », a été embauchée en septembre 1976 comme organisateur à un niveau intermédiaire supérieur. Ses performances techniques aux tests de recrutement ont été évaluées

---

[12] La convention collective nationale de 2003 établit quatre niveaux de qualification des cadres : chargé d'activités (cadres moyens), responsable de domaine d'activités et responsable de secteur d'activités (cadres supérieurs), responsable de pôle d'activités (cadre de direction).
[13] Schweitzer, *Femmes de pouvoir. Une histoire de l'égalité professionnelle en Europe (XIXe-XXIe siècle)*, *op. cit.*, p. 118.
[14] *Ibid.*, p. 13.
[15] Entretien précité, Lucie.
[16] Entretien précité, Béatrice.

comme figurant « parmi les meilleures des échantillons d'hommes statistiquement supérieurs dans ce domaine », et elle est considérée comme une « candidate remarquable à tous égards »[17]. Titularisée en mars 1977, elle est alors promue cadre et connaît une ascension professionnelle continue : cheffe du nouveau département administratif à Dijon en février 1989, puis responsable méthodes en janvier 1993, et enfin, directrice de secteur d'activités trois ans après. Ces femmes cadres font également partie des pionnières « du deuxième cercle » dans l'entreprise[18].

Ainsi, la mobilité fonctionnelle devient plus largement un facteur de progression de carrière pour les femmes engagées après les années 1980. Avant cette période, c'est surtout l'affectation à un nouveau poste qui est pratiquée par l'entreprise, à la demande de la hiérarchie ou de l'employée, mais elle n'est pas un facteur de mobilité sociale, sauf exception pour le personnel informatique. Au mieux, certaines employées administratives finissent comme techniciennes qualifiées, et le passage par le réseau commercial relève à cette époque de l'exception.

Toutefois, la mobilité fonctionnelle seule ne saurait suffire à progresser dans la carrière. En effet, les femmes qui ont atteint le statut de cadre travaillent généralement sur des projets et/ou à des fonctions qui leur donnent de la visibilité et présentent un intérêt d'innovation et de développement pour la caisse régionale. Ainsi, le service informatique, qui est un secteur en plein essor à partir des années 1980, développe des projets porteurs et indispensables à l'avenir de l'entreprise. Un autre exemple concerne une cadre de direction qui, lors de son passage au service marketing, a pris la responsabilité du marché des notaires à une époque où cette clientèle constitue un enjeu stratégique pour le Crédit Agricole, alors en situation de duopole avec la Caisse des dépôts et consignations. Elle est d'ailleurs identifiée par la direction générale comme faisant partie de « la nouvelle génération des directeurs d'agence ». La même démonstration est faite avec la « guichetière-démarcheuse » qui a su créer son propre poste, jusqu'alors exercé par des hommes, et construire son écosystème et son réseau au-delà de la Franche-Comté, ce qui ne faisait pas partie du cadrage initial de l'entreprise. Mais, les résultats obtenus ont démontré l'efficacité de son travail et de sa nouvelle organisation. De la même manière, au plus haut sommet de la hiérarchie, les postes clés dans le parcours d'une cadre de direction correspondent souvent à une création d'activité dont elle est aussi dirigeante[19]. Celle-ci apporte ses propres valeurs et sa conception innovante du management et de la relation client dans chacune de ses fonctions, une singularité reconnue par ses employeurs.

---

[17] Arch. CAFC, dossiers du personnel.
[18] Schweitzer, *Femmes de pouvoir..., op. cit.*
[19] Entretien précité, Marie.

Jacqueline Laufer a démontré notamment l'importance de la visibilité dans la progression de carrière des femmes dirigeantes[20]. Il s'agit de postes « exposés », stratégiques pour l'entreprise, ou encore de postes et/ou de projets innovants, « non balisés », qui impliquent le développement d'activités nouvelles. Ces femmes « transforment », « revisitent » leur profession et, s'éloignant des « modèles masculins », amènent leurs compétences, leur expérience, leur parcours particulier et leurs richesses[21].

Parcours d'habilitation aux fonctions de directeur : comment franchir le plafond de verre ?

Pour accéder à un poste de direction du groupe, les cadres à haut potentiel identifiés par la direction des ressources humaines doivent être inscrits sur des listes d'aptitude par leur directeur général. Ils doivent aussi suivre un des parcours d'évaluation et de formation exigeants qui correspond à la fonction visée (directeur général, directeur général adjoint, directeur ou sous-directeur), tout en poursuivant leur activité professionnelle habituelle. Il est important d'accepter cette proposition à postuler au parcours pour prétendre figurer au comité de direction d'une caisse régionale. Cette procédure de labellisation propre au Crédit Agricole a vu le jour à la fin des années 1970 avec le « stage d'application », première épreuve de formation et de sélection des futurs sous-directeurs de caisse régionale[22]. Il a été conçu de façon à permettre à tous les candidats à potentiel, dont les cadres autodidactes, peu diplômés, d'évoluer dans leur carrière jusqu'au plus haut niveau de la hiérarchie. Sur soixante à soixante-dix postulants environ chaque année, moins de la moitié décroche la promotion au bout d'un à deux ans[23].

Le nombre de femmes inscrites sur les listes d'aptitude pour l'ensemble de la période 1986-1994 est très faible par rapport aux hommes[24]. Elles sont quasiment inexistantes sur les listes aux fonctions de directeur général et de directeur général adjoint, et sont candidates surtout à la fonction de sous-directeur. En 2008, il y avait deux femmes pour une quinzaine de participants au parcours de directeur, et en 2010, quatre femmes pour un effectif de seize candidats à la première épreuve[25]. Mais, il existe une inconnue, qui est le nombre total de femmes cadres potentiellement aptes à

---

[20] Jacqueline Laufer (dir.), « Femmes dirigeantes en entreprise : des parcours aux leviers d'actions », Paris, Association française des managers de la diversité, avril 2014, p. 37-38.
[21] *Ibid.*
[22] Brochure, « 1976-2016, l'IFCAM a 40 ans. Ensemble formons notre avenir », IFCAM, 2016, p. 40-41.
[23] « Crédit Agricole : le parcours du combattant des futurs dirigeants », *Les Échos*, 9 mai 2000.
[24] Arch. CASA, *Bulletin vert*, du n° 356 au n° 465, 1986-1995.
[25] Entretien précité, Lucie.

cette évolution de carrière, en amont de la décision finale du directeur général.

En 2020, le bassin d'emploi des CRCA et du groupe Crédit Agricole (CASA, LCL et l'ensemble des filiales, y compris à l'international) compte seulement 20 % de cadres dirigeantes.

Réussir ce parcours a permis à une future cadre dirigeante d'obtenir une certification et de franchir le « plafond de verre », mais aussi de développer un réseau professionnel qui lui a ouvert de nombreuses portes[26]. C'est un moyen efficace d'accéder à des opportunités de postes et de bénéficier de recommandations au plus haut niveau du pouvoir d'une caisse régionale. C'est ainsi que cette témoin a été recrutée à la fonction de directrice commerciale. Ces possibilités et cette évolution dépendent entièrement du succès aux épreuves du parcours. Dans le cas contraire, échouer au parcours n'est pas sans conséquences pour la suite d'une carrière.

Mobilité géographique

Dans les années 1970, la mobilité géographique est toujours identifiée au modèle masculin du salarié. Aussi, c'est souvent l'épouse qui sacrifie sa carrière et prend en charge la logistique de la famille pour « servir l'ambition de son mari »[27].

Pour réaliser son projet de carrière, un agent commercial à la Caisse régionale du Loiret a accepté un poste d'animateur commercial dans le Doubs pour acquérir une solide expérience en management, étape incontournable pour briguer raisonnablement un poste de directeur d'agence. Sa femme, employée au siège régional, a démissionné pour le suivre et élever leurs deux enfants.

Au milieu des années 1970, les employées du service informatique font figure de pionnières dans l'entreprise, en pratiquant la mobilité géographique au moment de leur embauche. Deux d'entre elles travaillent dans un autre département en lien avec l'univers bancaire : l'une est célibataire et l'autre vit en couple, sans enfant.

En 1992, alors que les femmes manquent encore de mobilité, souvent pour des raisons familiales, une autre cadre fait figure d'exception en acceptant de quitter la Haute-Saône pour le département du Doubs et prendre un poste de chef de service[28]. En effet, à 45 ans, elle est libérée des contraintes familiales et son travail nécessite une grande disponibilité et un fort investissement personnel, l'obligeant à « emporter régulièrement des dossiers à la maison ».

Entre 30 et 40 ans, un tournant se présente dans la carrière des femmes cadres, qui leur demande de faire des choix. Ainsi, pour une cadre en

---

[26] Entretien précité, Marie.
[27] Entretien précité, Paul.
[28] Entretien précité, Laure.

progression de carrière, mariée avec deux enfants en bas âge, un choix s'est imposé entre sa carrière et celle de son mari[29]. Celle-ci a dû lui déléguer un maximum de charges familiales pour gérer le quotidien et les contretemps et, en même temps, relever un nouveau défi professionnel sans faillir. Cette expérience a été douloureuse et déstabilisante pour la famille : dépression, retard scolaire, perte de repères. De plus, son mari s'est heurté au poids des mentalités locales envers la position du père au foyer. L'investissement professionnel d'une autre cadre supérieure a eu des répercussions difficiles dans sa vie de couple, et son mari a fini par renoncer à une carrière internationale.

Ces situations montrent la difficulté d'une double carrière simultanée dans le couple[30]. Mais si, autrefois, les choix nécessaires s'effectuaient systématiquement au détriment des épouses, quelques pionnières montrent qu'à une période plus récente, ils peuvent affecter également la carrière des hommes.

« Pionnières du deuxième cercle » dans l'entreprise, dans les années 2000, la grande majorité des femmes cadres de direction a réalisé une à plusieurs mobilités géographiques, soit trois femmes sur cinq. Ce facteur est incontournable pour atteindre le niveau hiérarchique supérieur. Il demeure toujours quelques exceptions : à la Caisse régionale de Franche-Comté, 25 % des cadres de direction (hommes et femmes) n'ont pas vécu une mobilité géographique.

Pratiques informelles, hors cadres supérieurs

À compétences égales et à travail égal, certaines employées, ayant conscience d'un décalage entre leur fonction et leur statut en comparaison de leur situation avec leurs homologues masculins, négocient un ajustement. À long terme, elles parviennent souvent à obtenir un traitement égalitaire. Cet ajustement nécessaire est motivé par un besoin de reconnaissance de leur investissement personnel et de leur travail plus que par une ambition de carrière. Ce geste signe une réelle légitimité de leur travail. Par exemple, une « programmeuse », cadre dans son précédent poste, a fait l'effort d'accepter un statut de « technicien et animateur d'unité » supérieur pour être recrutée[31]. Mais très vite, elle se rend compte que son homologue masculin est cadre, et elle demande donc une réévaluation qu'elle obtient deux ans plus tard. À nouveau, vers la fin des années 1990, détachée sur plusieurs projets informatiques avec des responsabilités de management d'équipes toujours plus importantes, son statut n'évolue plus. Elle entreprend alors une longue période de discussion avec sa hiérarchie pour accorder sa situation à celle de ses collègues masculins, ce qu'elle obtient.

---

[29] Entretien précité, Marie.
[30] Entretien précité, Lucie.
[31] Entretien précité, Béatrice.

Une autre pratique informelle est également démonstrative du poids des mentalités qui pouvait nuire à la reconnaissance professionnelle des femmes. Le cas d'une dactylographe est particulièrement intéressant[32]. De remplacement en remplacement, elle est devenue incontournable dans l'entreprise. Tout en assurant son travail, elle remplaçait aussi au pied levé des chefs de service. Constatant un décalage entre sa fonction de dactylographe et ses missions qui relevaient d'un niveau hiérarchique supérieur, sa situation a été régularisée et elle a été nommée officiellement cheffe de service à la suite d'une inspection de la caisse régionale par la Fédération nationale du Crédit Agricole, tout en continuant d'assurer le secrétariat de direction. Lorsque la fonction de secrétaire de direction a été créée avec la première convention collective du Crédit Agricole en 1966[33], son intitulé de poste a changé, mais elle a conservé son grade (cheffe de service, cadre). Selon cette salariée, étant donné le caractère « misogyne » de son directeur, sans l'intervention officielle de l'inspecteur, sa situation n'aurait jamais évolué. Aussi, sa position de cheffe de service est restée informelle tout au long de sa carrière, masquée par sa fonction officielle de secrétaire de direction. Mais, comment aurait-elle pu s'approprier une position qui n'était pas affirmée ? Cette ambivalence entre les deux aspects de sa profession a entretenu, au fil de son parcours, des contradictions. Elle détient la responsabilité du secrétariat du directeur général et du président de la caisse régionale et se voit confier les dossiers les plus délicats à la place du directeur adjoint. Elle est d'ailleurs perçue par le personnel comme l'adjointe des dirigeants. Son influence est réelle et reconnue par l'ensemble des acteurs : sa hiérarchie, qui lui a délégué la responsabilité de certains dossiers, le personnel de la caisse, pour lequel elle incarne l'autorité, et les clients, qui lui font confiance.

En outre, certains postes de travail bénéficiaient d'une dynamique d'équipe au sein de laquelle on trouvait des hommes de métier qui assuraient une transmission de leur savoir et de leur réseau, facilitant l'accompagnement des jeunes agents. L'ensemble favorisait une accélération dans l'évolution de leur carrière.

Ainsi, à la Caisse régionale du Jura, dans les années 1980, un service « animation des ventes » est constitué de quelques experts, souvent d'anciens démarcheurs ou directeurs d'agence, qui accompagnent les nouveaux embauchés dans leur apprentissage de la relation commerciale avec le client. Ayant une connaissance de la maison et du terrain, ils produisent un accompagnement personnalisé faisant le lien entre les

---

[32] Entretien précité, Angèle.
[33] Classée en catégorie 5 qui regroupe les employés spécialisés ayant des connaissances professionnelles étendues, sanctionnées par des diplômes ou acquises par une bonne pratique. La FNCA n'avait pas encore mandat pour traiter au nom de l'ensemble des caisses régionales, ce qui sera le cas à partir de 1973.

« ficelles » de la maison et celles du terrain. C'est ainsi qu'une guichetière, embauchée en 1982, a rejoint le siège à la fin des années 1980, grâce à l'appui d'un de ces animateurs, comme assistante aux études marketing sur le marché des particuliers. Il ne s'agit pas d'une promotion en tant que telle, mais d'une opportunité d'accélération de sa carrière.

Éducation et cadre parental des futures dirigeantes

Directement ou indirectement, leurs parents ont joué un rôle important dans leur scolarité et parfois dans leur choix d'orientation. En réaction au modèle parental ou en adhésion et avec leurs encouragements, elles voient dans le diplôme un facteur déterminant d'ascension sociale et dans le travail un fort potentiel d'autonomisation économique et financière. Elles ont été valorisées et guidées dans leur parcours scolaire, le plus souvent par leur père.

Ainsi, une cadre de direction refuse de reproduire le modèle de la génération précédente : « être la femme de... »[34]. Une cadre dirigeante a été aiguillée par son père vers une école supérieure de commerce plutôt que vers une école d'ingénieur, car le monde industriel n'était pas encore prêt à accueillir des femmes cadres. Une autre cadre, responsabilisée dès la petite enfance par son père sur la nécessité de pourvoir aux besoins de sa famille, surtout lorsqu'on est une femme, souligne l'importance de travailler son employabilité et d'anticiper toujours sur le poste suivant pour rester perpétuellement en mouvement :

> « Travailler son employabilité, c'est se mettre en position de prévoyance, ne sachant pas ce qui peut arriver demain, mais aussi s'inscrire dans une dynamique à la recherche d'un équilibre... Quand le vélo s'arrête, on tombe. »[35]

Ces femmes n'ont pas de doute sur le fait d'être à égalité avec les hommes et ont un fort niveau d'exigence envers elles-mêmes.

2. La formation continue : un levier pour l'égalité professionnelle ?

Avec la volonté d'affirmer un niveau de qualification supérieur de son personnel, la Fédération nationale du Crédit Agricole crée un organisme de formation en 1959 : le Centre d'enseignement technique du Crédit Agricole

---

[34] François de Singly, *Fortune et infortune de la femme mariée*, Paris, PUF, 1987, p. 22-26. L'auteur souligne que la femme, même en activité professionnelle, devient souvent, dès son mariage, « femme de... », s'alignant sur le statut de l'homme qu'elle a épousé. Celui-ci « prédétermine le niveau de vie économique et social de l'épouse ».
[35] Entretien précité, Marie.

(CETCA)[36]. Celui-ci mène plusieurs types d'actions, dont des cours par correspondance destinés aux agents qui travaillent dans les bureaux et les services du siège des caisses régionales. Ces cours internes délivrent trois diplômes : le certificat de spécialité d'employé du Crédit Agricole, qui peut compléter le parcours des titulaires du CAP de banque accessible aux agents débutants et/ou non diplômés, et le brevet supérieur du Crédit Agricole dont le niveau est plus élevé que celui du brevet professionnel de banque traditionnel. Le diplôme de l'ITB est aussi dispensé par le CETCA qui procure en trois ans une formation supérieure aux techniques bancaires et financières.

Le personnel féminin embauché avant les années 1970 n'avait généralement pas connaissance de l'existence de la formation continue. Une ancienne secrétaire de direction déclare même que « ça n'existait pas », car l'apprentissage se faisait « sur le tas »[37]. Pour l'évolution professionnelle des agents, ce sont surtout les entretiens annuels avec le supérieur hiérarchique qui constituent alors le moment clé pour obtenir un avancement de façon accélérée et valider une reconnaissance de leur travail.

Dans les années 1970, au siège, une petite évolution se dessine. Le personnel féminin recruté s'inscrit aux actions de formation de base : le CAP banque, plus rarement le brevet de banque[38], car les cours représentent un temps personnel trop important pour un moindre bénéfice. La question des charges familiales reste, en effet, une contrainte importante pour les femmes, d'autant plus qu'en pratique, cette voie n'est pas « le sésame » pour accéder à un niveau supérieur. Ces actions sont perçues comme indispensables à un enrichissement individuel et comme un moyen de se familiariser avec la culture de l'entreprise, de montrer sa motivation au travail et son engagement.

Cependant, la formation continue n'a pas la même résonance dans le réseau commercial et au siège. Pour une ancienne commerciale, décrocher les diplômes était d'autant plus important que ses collègues masculins s'inscrivaient dans cette dynamique[39]. Pour se préparer aux examens, elle organisait un programme d'études collectif chez elle, avec quelques collègues, après le travail et/ou les week-ends, ce qui représentait un fort investissement personnel. Son mari prenait alors le relais pour assumer le quotidien et l'éducation des enfants. Elle a décroché les plus hauts diplômes de la profession : l'ITB dans les années 1990 et le diplôme supérieur de banque en 1998, épreuve passée à Strasbourg où elle était la seule femme. À 49 ans, elle est nommée responsable d'une petite agence. En revanche, une

---

[36] Arch. CAFC, *L'Administrateur du Crédit Agricole,* n°41, février 1976, p. 22-25.
[37] Entretiens précités, Louise, Marion.
[38] Entretiens précités, Béatrice et Laure, alors chargée des inscriptions à la formation continue.
[39] Entretien précité, Martine.

autre postulante à l'ITB a échoué à l'examen car la charge de travail engendrée n'était pas compatible avec son quotidien professionnel et sa vie familiale. Cela n'a pas empêché son ascension progressive aux sommets de la hiérarchie[40]. Elle a pris un poste de responsable d'une petite agence à l'âge de 36 ans.

Dans une perspective comparative, un agent masculin déclare avoir réussi le CAP de banque, le CAP du Crédit Agricole, le brevet de banque et le brevet du Crédit Agricole, des diplômes incontournables, selon lui, pour « prendre la sacoche » et s'engager dans un projet de carrière au sein de l'entreprise[41]. Le travail personnel nécessaire à la préparation des épreuves était si important que les charges familiales étaient entièrement assumées par son épouse. À 31 ans, il est devenu directeur d'agence. Ainsi, comprendre le statut des hommes et des femmes dans le travail passe par la compréhension de leur statut respectif dans la famille[42].

3. L'évolution professionnelle des femmes : les freins socioculturels internes

Prouver ses compétences : la surenchère

Les femmes cadres mettent en avant la nécessité de « sur-prouver » leurs compétences, au siège comme dans le réseau commercial de la caisse régionale. Ce ressenti a également été exprimé dans d'autres caisses[43].

Une ancienne femme cadre associe son comportement professionnel à celui d'un canard[44] « [...] qui glisse sur l'eau apparemment sans effort alors qu'en dessous ses pattes s'agitent fort... ». Autrement dit, elle avait beau se démener, son travail demeurait invisible[45]. Une autre femme agent, qui avait pour objectif d'amener une nouvelle culture financière dans les services, devait sensibiliser leurs chefs à de nouvelles habitudes ; mais parfois, pour contourner la difficulté, certains d'entre eux tentaient de passer par le supérieur hiérarchique[46]. Alors, elle devait redoubler d'explications, se justifier, démontrer, renforcer les procédures pour que ses consignes soient prises en compte :

---

[40] Entretien précité, Lucie.
[41] Entretien précité, Paul.
[42] Jacqueline Laufer, « L'accès des femmes à la décision dans la sphère économique », p. 75-87, in Françoise Gaspard (dir.), *Les femmes dans la prise de décision en France et en Europe*, Paris, L'Harmattan, 1996.
[43] MBC, rapport précité, p. 22.
[44] Entretien précité, Samantha.
[45] Pierre Bourdieu, *Le sens pratique*, Paris, Éditions de Minuit, 1980, p. 450 : « comme la mouche dans le petit-lait sans que rien n'apparaisse au dehors ».
[46] Entretien précité, Mylène.

> « À un moment donné, ça a été dur avec un chef de service qui voulait acheter quelque chose alors que ce n'était pas dans son budget. C'est comme si vous vouliez faire vos courses avec mon porte-monnaie ! »

De nos jours, le fort niveau d'exigence pour bénéficier d'une légitimité est toujours ressenti par des cadres dirigeantes[47] :

> « À compétences égales, on en demande toujours plus à une femme qu'à un homme (...). Plus vous montez dans la hiérarchie, plus c'est dur, vous devez faire doublement vos preuves par rapport à un homme. »

Or, il est souhaité que cette condition soit égalitaire entre les hommes et les femmes :

> « Il y a bien des hommes moyens qui sont arrivés au poste de directeur général, il y aura peut-être des femmes moyennes qui arriveront au poste de directrice générale. »

Aussi, la relève aux postes de dirigeantes s'avère difficile à trouver. Lorsqu'une d'entre elles quitte sa fonction, elle est rarement remplacée par une autre femme, le terrain gagné n'étant jamais définitivement acquis.

Une autre cadre apporte une nuance à cette notion de « sur-preuve ». Elle perçoit la concurrence avec les hommes comme stimulante, une occasion de renforcer ses propres ambitions qui pousse à se dépasser pour atteindre le niveau supérieur.

Cependant, ces femmes n'ont pas de doute sur le fait d'être à égalité avec les hommes et ont un fort niveau d'exigence envers elles-mêmes.

Entrer dans la confrontation pour s'imposer

Alors que les rares femmes qui exercent des responsabilités élevées occupent surtout une position fonctionnelle, dans des professions d'experts dans le domaine juridique, des ressources humaines et de l'informatique, en 1992, une femme cadre prend un poste opérationnel de cheffe de service. Mais ses supérieurs hiérarchiques, un directeur et un sous-directeur, se montrent réticents face à ses initiatives et à ses exigences professionnelles. Aussi, entrer dans la confrontation s'avère souvent un jeu indispensable pour mettre ses idées en pratique :

---

[47] Entretiens précités, Marie, Isabelle, Lucie.

« Je pense que ça dérangeait, le fait d'avoir une femme cheffe de service, ça les obligeait à composer. Ils auraient mieux aimé que ça ne soit pas une femme. D'un autre côté, ils n'ont trouvé personne d'autre pour relever ce défi ! Ce n'était pas contre moi, mais je pense qu'ils auraient été plus à l'aise avec un gars parce que c'était dans leurs habitudes de traiter avec un homme. […] il fallait avoir le caractère à se bagarrer. Quand j'ai compris que si je ne prenais pas le dessus, je ne ferais rien, j'ai traité le problème. »[48]

Dans le réseau, cette difficulté à s'imposer dans des terrains masculins est aussi soutenue par une ancienne cadre au début des années 1980[49]. Ses méthodes de travail différentes venaient bousculer un environnement « codifié et bien rodé », où chacun avait ses habitudes et ses repères. Elle avait le sentiment que sa réussite professionnelle n'était pas toujours bien accueillie par certains collègues car dans cette organisation historique de travail, les femmes étaient au service d'une hiérarchie masculine[50] : « Le rôle des femmes consistait à exécuter des tâches et non à les initier. »

Au début de sa carrière au siège, elle n'a pas accepté d'endosser le rôle de la dactylographe auquel son patron voulait la cantonner et a fini par jeter la machine à écrire par terre, refusant de lui faire allégeance. Son ambition et sa détermination à sortir de sa situation d'exécutante la poussent à poser sa candidature à un poste d'expert au service développement, alors que le profil recherché est celui d'un homme. Elle est finalement choisie.

Une annonce de recrutement interne comprenait plusieurs critères, dont le sexe. Le recruteur pouvait cocher parmi trois options, et cela, jusqu'à la fin des années 1970 : masculin, féminin ou sans importance[51]. Pour les sténodactylographes, par exemple, un profil féminin est toujours recherché, alors que pour un poste de guichetier commercial, un profil masculin est souhaité.

Dans une période plus récente, un rapport de forces se retrouve également au sommet de la hiérarchie. Alors que le comité de pilotage est un lieu de pouvoir exclusivement masculin jusqu'en 2006, comme le comité de direction jusqu'en 2008, à la suite d'une volonté nationale de féminisation de ces instances, soutenue par le directeur général, une femme, directrice de secteur commercial, entre pour la première fois au comité de pilotage[52]. Après avoir été nommée directrice des ressources humaines, elle accède ensuite, deux ans plus tard, au comité de direction. Étant à nouveau la seule femme, elle a décrit cette place comme difficile à défendre face à des hommes qui « remettaient en cause sa légitimité » et, « par principe »,

---

[48] Entretien précité, Laure.
[49] Entretien précité, Martine.
[50] Laufer, *La féminité neutralisée... op. cit.*, p. 287.
[51] Consultation des dossiers du personnel d'un échantillon de femmes recrutées entre 1975 et 1985 à la CR du Doubs, du Jura et de Haute-Saône.
[52] Entretien précité, Lucie.

étaient dans son opposition. Elle qualifie ce jeu informel de « rapport de pouvoir et de combat d'ego », ce qui demande un tempérament « combatif et une grande ténacité ».

Pour une autre cadre dirigeante, « une fois qu'on a reçu un pouvoir, on est obligé d'aller à la confrontation »[53]. Elle élargit l'exigence hiérarchique incombant aux femmes à l'obligation de se contrôler dans la confrontation, d'avoir suffisamment de charisme pour convaincre, de faire preuve de tact et de savoir mettre les formes pour être irréprochable. Autrement dit, la confrontation est acceptée à condition de rester « féminine ».

Un « surinvestissement » au travail

Les femmes cadres de notre corpus partagent la même détermination et le même rythme de travail très soutenu, avec des journées très longues.

Œuvrer sur les comptes rendus des conseils d'administration le soir après le travail, et se lever à cinq heures du matin pour commencer sa journée, telle est la routine pour une cadre mère de quatre enfants[54]. Disposer de temps pour soi a été impossible pour une autre cadre, mère de trois enfants, jusqu'à l'âge de quarante ans[55]. De même, une commerciale, cheffe de famille, organise ses rendez-vous en fonction des disponibilités de ses clients, ce qui implique d'aller fréquemment en clientèle le soir après 20 heures[56]. Le poids du regard des autres (collègues, famille, amis) est signalé comme étant un frein possible à l'évolution de la carrière des mères de famille[57]. Le discours culpabilisant repose alors sur leur présence jugée insuffisante auprès de leurs enfants. Or, une commerciale envisag sa situation comme un moteur pour oser construire une relation nouvelle avec ses deux préadolescents, basée sur la confiance, l'entraide et le développement de l'autonomie. Une cadre de direction a maintenu la communication avec ses équipes et sa hiérarchie pendant son congé de maternité. Le service n'a donc pas souffert d'une désorganisation et elle n'a pas été en rupture avec les évolutions de l'activité et les décisions[58].

Toutefois, ces expériences s'inscrivent dans une entreprise où le « temps de présence » est valorisé[59]. Il préjuge d'une implication et d'une efficacité supérieure quel qu'en soit le résultat. C'est à ce paramètre qu'on pense mesurer la disponibilité, l'investissement et le niveau d'implication de l'agent, mais aussi son efficacité. Cette notion de « temps de présence » nuit

---

[53] Entretien précité, Marie.
[54] Entretien précité, Angèle.
[55] Entretien précité, Lucie.
[56] Entretien précité, Martine.
[57] MBC, Michel Bauer et Catherine Laval, « Les femmes et la question du genre dans la production de la ressource managériale et dirigeante dans les caisses régionales du Crédit Agricole aujourd'hui et demain », rapport précité, p. 23.
[58] Entretien précité, Marie.
[59] MBC, rapport précité, p. 33.

d'ailleurs au travail à temps partiel qui est perçu comme « incompatible » avec l'exercice d'une fonction managériale et renvoie l'image d'une moindre implication dans son activité. Aussi pèse-t-il plus particulièrement sur les femmes, davantage candidates au temps partiel que les hommes. L'image négative de cette forme d'emploi peut être une des explications à la faible proportion d'agents qui travaillent à temps partiel à la CRCA de Franche-Comté. Cela concerne 3 % d'agents en 2008 et presque 4 % en 2017[60], principalement des femmes, soit plus de quatre femmes sur cinq. Elles font surtout partie de la catégorie des « techniciens et animateurs d'unité », alors que dans les années 1990, elles étaient principalement dans la catégorie des « agents d'application ».

Absence de modèle

L'absence de modèle s'avère également être un autre frein socioculturel interne à l'ascension professionnelle des femmes[61]. Les pionnières font figure d'exception, perçues comme des *superwomen* peu accessibles et surtout inégalables, ou encore comme des « clones » des hommes auxquels les autres jeunes femmes n'arrivent pas à s'identifier[62]. Toutefois, le témoignage d'une ancienne cadre supérieure nuance cette approche en révélant avoir servi elle-même de modèle à d'autres jeunes femmes en leur ouvrant des perspectives d'évolution nouvelles dans l'entreprise[63].

L'ensemble de ces contraintes (« sur-prouver » ses compétences, entrer dans la confrontation, s'investir professionnellement), comme l'a démontré Jacqueline Laufer, est important pour comprendre la construction du phénomène de « rareté des femmes cadres dans l'organisation »[64]. La sociologue établit que ces critères informels supplantent souvent les critères objectifs, comme celui du diplôme : « Pour qu'une femme réussisse, il faut qu'elle soit meilleure qu'un homme. »[65] C'est pourquoi, les femmes cadres doivent s'adapter aux normes dominantes de l'entreprise, régies par « des règles masculines », car « historiquement calquées sur des modèles masculins »[66]. Ces normes freinent leur accès aux postes de décision et de pouvoir. En 2005, tous secteurs d'activités confondus, les femmes représentent 7 % des cadres dirigeants des entreprises, et 31 % sont des cadres administratifs et commerciaux[67]. Une cadre de direction confirme

---

[60] Bilans sociaux de la CRCA de Franche-Comté, 2008, 2010, 2017.
[61] Entretien précité, Isabelle, Lucie, Laure.
[62] MBC, rapport précité, p. 22.
[63] Entretien précité, Laure.
[64] Laufer, *La féminité neutralisée...*, op. cit., p. 200.
[65] *Ibid.*
[66] Jacqueline Laufer, « La construction du plafond de verre : le cas des femmes cadres à potentiel », *Travail et Emploi*, n°102, avril-juin 2005.
[67] *Ibid.*

avoir agi comme un homme durant son parcours, ne voyant aucune autre possibilité pour progresser[68]. Cette acceptation de la norme masculine a nécessité pour certaines de faire des choix dans leurs trajectoires et a engendré parfois des épreuves douloureuses. Ces circonstances seront développées dans la sous-partie suivante, consacrée à l'articulation entre vie professionnelle et vie personnelle.

Des mentalités conservatrices très résistantes

Comme dans le foyer où l'épouse se doit d'être au service du mari, dans les caisses régionales de Franche-Comté, les agents féminins sont au service d'une hiérarchie qui est masculine. Dans la catégorie d'emploi supérieure de « technicien et animateur d'unité », elles sont généralement placées, par principe, sous le contrôle d'un homme[69]. Pour les cadres, une capacité à seconder est soulignée[70] ou, pour être plus précis, selon la formule de Jacqueline Laufer, à fournir « l'information nécessaire à la prise de décision et à accepter sa situation de subordonnée »[71]. De fait, aux niveaux hiérarchiques supérieurs, une capacité d'aide, d'écoute et de disponibilité est aussi prêtée aux femmes dans le monde du travail[72]. Ainsi, comme dans la cellule du couple, la femme, en tant qu'adjointe, supplée l'homme dans sa fonction.

Le rapport de la société MBC met en avant l'existence de « relents de machisme »[73] dans les caisses régionales, contribuant à véhiculer des stéréotypes de genre dont trois images de la femme : la séductrice, la mère et la secrétaire. Ces représentations sont de nature à freiner la carrière des femmes :

> « En comité de direction, la dernière fois, le directeur général se tourne vers moi et me demande : vous pourrez faire le compte rendu ? »[74]

À une époque plus ancienne, le directeur d'une caisse régionale considérait qu'une employée n'avait pas besoin d'être formée aux produits bancaires du seul fait d'être une femme[75]. En dépit de ses compétences avérées et de son ambition à progresser, une ancienne cadre, alors cheffe de section, s'est vu refuser en 1964 son inscription à la préparation au concours de sous-directeur, contrairement à ses deux autres collègues, chefs de

---

[68] Entretien précité, Marie.
[69] Entretien précité, Samantha.
[70] Entretiens précités, Laure, Mylène, Béatrice.
[71] Laufer, *La féminité neutralisée…*, *op. cit.*, p. 63.
[72] Nicole Auber, *Le pouvoir usurpé ?*, Paris, Robert Laffont, 1982, p. 134-140.
[73] MBC, rapport précité, p. 22.
[74] *Ibid.*
[75] Entretien précité, Angèle.

service, qui ont obtenu l'autorisation. Finalement, ils ont renoncé à passer l'épreuve car la formation se tenait à Paris, alors que la candidate, déterminée, était prête à assumer cette contrainte afin d'aller jusqu'au bout du parcours. On peut penser que son niveau hiérarchique aurait pu désavantager sa candidature. Cependant, parmi les autres candidats retenus, un chef de section figure bien dans la liste ; ce grade-là ne constitue donc pas un obstacle[76].

Les employées font aussi l'objet d'un « prêt-à-penser »[77] dominant : « Les femmes n'étaient pas disponibles car les réunions des cadres commençaient après 18 heures » ; « elles donnaient la priorité aux congés de maternité et aux enfants » ; « les femmes ne sont pas intéressées par le statut de cadre et la carrière » ; « les femmes sont moins capables (performantes) que les hommes »[78]. Dans les réunions de services où il n'y avait que des hommes, une ancienne comptable précise qu'elle ressentait un *a priori* sur ses compétences, car le pouvoir était envisagé comme étant une affaire d'hommes[79] :

> « Le Crédit Agricole était une entreprise virile et, de base, les femmes n'étaient pas là pour expliquer aux hommes comment travailler. »

L'existence de stéréotypes de genre et d'un machisme qui réduisent les femmes à leur apparence physique et à une incompatibilité entre leur travail et leur vie familiale a aussi été évoquée pour une période plus récente. Ce type de comportement est défini comme étant le deuxième élément le plus fragilisant dans une carrière, après la mobilité géographique, surtout en début de vie professionnelle, même si ce facteur est moins prégnant aujourd'hui :

> « Une femme doit toujours être au top, à compétences égales, on prendra la plus belle. Ce qui n'est pas le cas pour un homme. »[80]

En outre, dans les années 2000, une femme ayant des charges familiales est encore présumée non disponible pour un poste à responsabilités élevées[81]. En réaction à cela, une dirigeante a imposé comme règle, au service des ressources humaines, de consulter systématiquement les femmes qui étaient pressenties pour un poste afin de lutter contre cette tendance à

---

[76] Arch. FDMS, procès-verbal de la séance du conseil d'administration de la CRCA Haute-Saône du 3 avril 1964.
[77] Sylvie Schweitzer, *Femmes de pouvoir. Une histoire de l'égalité professionnelle en Europe (XIX-XXe siècle)*, Paris, Payot, 2010, p.117.
[78] Entretien précité, Marion.
[79] Entretien précité, Mylène.
[80] Entretien précité, Marie.
[81] Entretien précité, Isabelle.

produire une réponse à partir d'une situation familiale[82]. Dans les faits, les femmes acceptaient généralement le poste. Aujourd'hui, il est plus courant, dans cette entreprise, que des cadres supérieures soient aussi mères de famille avec deux ou trois enfants.

Alors qu'à la fin des années 1990, certains champs professionnels commencent à s'ouvrir aux femmes grâce à une politique des ressources humaines active en matière d'égalité professionnelle, cette initiative rencontre toutefois des résistances sur le terrain. Après avoir été identifié comme cadre potentiel pour travailler dans le réseau et comme faisant partie de la future génération de directeurs d'agence, un agent féminin est nommé à ce poste dans une petite unité de trois personnes en 1997, dans le Jura. Or, sur le terrain, elle se heurte à l'hostilité du directeur commercial local, contraint d'accepter la nomination d'une femme à cette place car jusque-là, la hiérarchie du réseau commercial était exclusivement masculine dans ce département[83]. La direction commerciale et le management sont également des bastions masculins à ce moment-là, ce qui implique, pour les femmes souhaitant faire carrière, une grande détermination envers leur projet professionnel[84]. Dans le réseau de la Caisse régionale Centre Loire, quelques femmes sont canalisées à des postes de conseillères et une seule est responsable d'agence ; elle est célibataire et sans enfant. En 2012, la direction commerciale compte huit directeurs de secteur, dont une seule femme, et sept directeurs commerciaux. Bien qu'une candidate ait réussi le parcours d'habilitation à la fonction de directeur commercial, elle n'a pas obtenu ce poste, car recruter une femme à ce niveau de responsabilité dans la filière n'est pas encore envisageable pour la direction générale.

Concernant l'autre bastion largement refusé aux femmes, celui du management, cette résistance est encore largement présente au début des années 2000. Voyant qu'une de ses collaboratrices est prête à quitter l'entreprise pour obtenir un poste de manager chez la concurrence, son directeur lui propose de prendre en charge le développement d'une activité nouvelle : la construction d'une banque d'affaires[85].

La conception traditionnelle du management, tournée vers la « combativité », la « convivialité » et « l'autorité », des qualités considérées comme étant masculines, est une explication possible à ce verrou[86]. Diriger, c'est commander. À l'inverse, le management des femmes est perçu comme reposant sur l'affectif. Cette différence de conception managériale provoque

---

[82] Ghiulamila Juliette et Pascale Levet, « La mixité empêtrée dans les stéréotypes », *L'Expansion Management Review*, vol. 121, n°2, 2006, p. 40-47.
[83] Entretien précité, Lucie.
[84] Entretien précité, Marie.
[85] *Ibid.*
[86] MBC, rapport précité, p. 24.

chez certains hommes une difficulté à collaborer avec une femme, en tant que manager mais aussi en tant que managé[87].

Mais, cette explication « d'un management au féminin » n'est-elle pas elle-même stéréotypée ? Ceci reviendrait à actualiser l'existence de qualités féminines innées, prêtées aux travailleuses supposées exercer des « métiers de femmes »[88], et à renouveler les pratiques qui consistent à les maintenir dans des rôles et à « des fonctions complémentaires à ceux des hommes » dans l'organisation[89].

Les principaux verrous à la carrière des femmes étaient-ils réellement leur manque de carriérisme, d'ambition ou de compétence ? Si, comme déjà vu, l'employée idéale est généralement cantonnée à un rôle d'utilité, d'usage pratique, d'exécutante docile, au service d'un pouvoir masculin, elle est aussi confrontée à des représentations sociales et à des stéréotypes de genre. Il est donc évident que le contexte socioculturel interne n'encourageait pas cette prise de conscience.

4. Une articulation facilitée entre la vie professionnelle et familiale

Libération des contraintes familiales et célibat géographique

Les cadres supérieurs féminins ont conscience de la notion d'équilibre entre ambition et vie familiale. Selon elles, une femme exerce deux métiers, aussi, la réussite ne se limite pas à la carrière professionnelle. Si, dans l'ancien modèle, celles qui faisaient carrière devaient choisir entre leur vie professionnelle et familiale[90], souvent célibataires et sans enfant, ces témoins font partie d'une nouvelle génération pour laquelle, au-delà d'une simple conciliation entre vie familiale et vie professionnelle, la famille est structurante.

C'est une des raisons pour lesquelles la plupart de ces femmes sont libérées des contraintes familiales lorsqu'elles prennent des postes à fortes responsabilités. C'est le cas d'une « contrôleuse audit » qui, à 45 ans, déterminée à relever un nouveau défi professionnel, ose poser sa candidature à un poste de chef de service parmi une dizaine de postulants, des hommes

---

[87] *Ibid.*
[88] Michelle Perrot, « Qu'est-ce qu'un métier de femme ? », art. cité, p. 1-8.
[89] Jacqueline Laufer (dir.), « Femmes dirigeantes en entreprise : des parcours aux leviers d'actions », rapport précité, p. 139-141. L'autrice met en avant que des dirigeantes, fortes de leur expérience innovante et de la singularité de leur parcours, vont revisiter les postes opérationnels, historiquement occupés par les hommes, qui leur sont confiés. Elles apportent ainsi une vision et un savoir-faire différents.
[90] Dauphin, « Femmes seules », *in* Georges Duby et Michelle Perrot (dir.), *Histoire des femmes en Occident*, tome IV, *Le XIXe siècle*, Paris, Plon, 1991, p. 453.

cadres[91]. En effet, elle n'a plus ses enfants à charge et se sent plus libre. De même, la mobilité de carrière d'une cadre dirigeante n'a pu se faire qu'après l'âge de quarante ans. Ses enfants sont alors des adultes autonomes qui poursuivent leurs études supérieures[92]. Une autre cadre, dont le dernier enfant a quinze ans, est déchargée de sa fonction éducative par son mari et peut alors poursuivre son ascension professionnelle[93].

Lorsque la prise d'un poste à responsabilités nécessite une mobilité géographique, certains couples mettent en place un célibat géographique. Dans ce mode de fonctionnement, les conjoints vivent séparément pendant la semaine et se retrouvent le week-end, et cela, durant une période déterminée de la carrière. Par conséquent, le célibat géographique est une décision de couple[94].

Affirmation du soutien du conjoint, relais familial et professionnel

Occuper un poste à responsabilités implique aussi de faire des choix, parfois au prix de « sacrifices » dans le contexte du modèle traditionnel où les femmes secondent naturellement le mari. Pour les cadres féminins entendus, leur carrière, présentant plus de potentiel et de perspective d'évolution, a primé sur celle du conjoint[95].

Ainsi, dans les années 1960, le mari d'une cadre renonce à son travail pour élever leurs quatre enfants et permettre à celle-ci de construire sa carrière, ayant des possibilités de progression plus attractives. Mais l'image de l'homme au foyer et de l'épouse-mère active crée une rupture avec l'entourage familial et amical du couple, où les femmes ont cessé leur activité professionnelle une fois mariées et mères de famille, la culture dominante les limitant à des activités professionnelles d'appoint[96]. Or, ici, c'est l'épouse qui subvient financièrement aux besoins de sa famille alors que l'époux, retraité militaire, perçoit une ressource moindre. Dans ce couple, c'est également la femme qui prend les décisions pécuniaires dans le ménage et gère l'économie familiale. « Pionnière du deuxième cercle »[97],

---

[91] Entretien précité, Laure.
[92] Entretien précité, Isabelle.
[93] Entretien précité, Marie.
[94] Entretiens précités, Laure, Isabelle.
[95] Entretiens précités, Angèle, Marie, Martine, Isabelle.
[96] Voir, sur ce point, « Les femmes en France. Un chemin, deux étapes. 1975-1985 », rapport présenté par la France à l'occasion de la conférence internationale de l'ONU (Nairobi), dressant le bilan de la décennie de la femme, Paris, La Documentation française, 1985.
[97] Schweitzer, *Femmes de pouvoir...*, *op. cit.*, p. 14 : pour faire leur place dans un contexte défavorable, les pionnières du premier cercle adoptent en retour des comportements féministes.

cette cheffe de famille[98] assume sa position en rupture avec un milieu rural traditionnel :

> « Si mes copines ont fait le choix d'arrêter de travailler lorsqu'elles se sont mariées, c'était le mien de continuer et de me réaliser aussi dans le travail. »

Alors que l'important était de progresser respectivement dans leur carrière, dans un autre couple, le conjoint met d'abord sa carrière entre parenthèses pour permettre à l'épouse de construire la sienne. Ce dernier est passé au temps partiel à la naissance de leur deuxième enfant, en 2003, pour assumer les tâches familiales et domestiques. L'étape suivante est guidée par la nécessité d'une mobilité géographique pour que sa femme puisse obtenir un poste plus élevé. Il accompagne ce choix en prenant une disponibilité d'un an afin de se consacrer à sa famille et renonce à sa carrière. La mobilité géographique s'inscrit ici dans un projet de famille.

Par conséquent, le soutien du conjoint est indispensable pour construire une carrière. Ainsi, pour une autre cadre, la préparation aux épreuves des examens bancaires supérieurs a été possible grâce à l'implication de son mari dans ses programmes de révision et à sa gestion sans faille des charges familiales. Enfin, pour une dirigeante, son mari est son premier « promoteur » tout au long de sa carrière. Il la pousse dans ses projets et l'encourage à poursuivre ses ambitions.

Ces femmes cadres peuvent également s'appuyer sur des relais familiaux et professionnels pour pallier leur indisponibilité familiale et éducative. Lorsque le conjoint ne peut pas assumer ces tâches, elles font appel soit à la famille, soit à des prestataires : parents, beaux-parents, étudiants, nourrices… Ces cadres supérieurs féminins ont conscience de la notion d'équilibre entre ambition et vie familiale.

Considération et reconnaissance sur leur lieu de travail

Ces femmes cadres ont pu compter sur leur environnement professionnel pour prendre des responsabilités toujours plus importantes, à savoir, un soutien de la hiérarchie et/ou de proches collaborateurs. Cet appui de l'entreprise est un des facteurs indispensables à leur réussite. Pour les dirigeantes, cette réussite passe par la compréhension des hommes au pouvoir, qui ont su faire preuve « d'ouverture d'esprit » et « d'intégrité »[99]. Pour l'une d'entre elles, ses supérieurs hiérarchiques ont cru en ses capacités et lui ont donné sa chance de démarrer une carrière commerciale. Ses excellents résultats ont été valorisés tout au long de son parcours, malgré ses méthodes de travail qui ne s'inscrivaient pas dans le cadrage de l'entreprise.

---

[98] Ainsi définie par sa fille.
[99] Entretiens précités, Lucie, Marie, Isabelle, Martine.

Cette marque de confiance a contribué à son ascension professionnelle. Dans les années 1990, une comptable a pu s'appuyer sur son collègue de travail qui défendait les mêmes points de vue qu'elle. Cette synergie au sein de l'équipe lui confère une légitimité et donc une crédibilité auprès des chefs de service. En revanche, une cheffe de service qui n'avait pas le soutien hiérarchique estimé suffisant a préféré quitter l'entreprise une fois sa mission réalisée et confirmée. Les dirigeantes utilisent volontiers les termes de « sponsor » et de « mentor » pour désigner une hiérarchie bienveillante. L'une d'entre elles souligne avoir été « portée » par ses supérieurs dans son projet, qui a été une belle réussite malgré les difficultés familiales rencontrées pendant cette période. Parce qu'ils se sont montrés compréhensifs et disposés à accompagner leur nouvelle collaboratrice vers le succès, cette dernière a pu surmonter les épreuves : « Si je n'avais pas croisé des hommes comme ça, j'aurais mis ma carrière en sommeil. »[100]

Comme illustré par ces trajectoires professionnelles, des femmes ont montré qu'il existe d'autres modèles possibles dans la construction d'une carrière au sein de l'entreprise, moyennant une entente conjugale ainsi qu'un accompagnement de la hiérarchie. Ces conditions ont toute leur importance car leur motivation individuelle, aussi forte soit-elle, n'aurait pu suffire à leur réussite professionnelle.

Conclusion

La profession bancaire s'est féminisée de façon progressive, et la Première Guerre mondiale a joué un rôle d'accélérateur. Après cette étape, le personnel féminin a réussi à maintenir un effectif de manière durable. Pour répondre aux besoins d'une clientèle croissante, la banque renforce ses effectifs et le mouvement de féminisation du personnel se poursuit, mais en s'articulant sur une organisation du travail basée sur la mécanisation, la rationalisation et la spécialisation des tâches. S'est alors construit le modèle social de l'employé du XXe siècle, capable d'exécuter des travaux parcellisés, répétitifs sur machine, et soumis prioritairement à la loi du rendement, nécessitant des compétences techniques en dactylographie et doté de « qualités naturelles féminines » comme la fiabilité, la précision et la docilité.

Dans cette évolution générale, la situation du Crédit Agricole, jeune institution en 1913, est différente et permet l'émergence de quelques pionnières qui ont pu occuper une place originale et importante dans la hiérarchie bancaire. Il s'agit initialement de femmes de directeurs ou d'élus qui remplacent leurs maris mobilisés. Ces notables ont pu faire leurs preuves et, par leur initiative, ouvrir la voie à d'autres femmes à la personnalité bien

---

[100] Entretien précité, Marie.

implantée durant la période de l'entre-deux-guerres de façon formelle. Elles peuvent s'apparenter aux pionnières du premier cercle, envisagées et décrites par Sylvie Schweitzer[101]. Toutefois, avec l'accroissement de l'activité bancaire dès l'après-guerre, le Crédit Agricole connaît une première phase de mécanisation ayant pour conséquence un recrutement plus large de personnel dans les caisses régionales pour réaliser les tâches administratives et fréquemment subalternes, essentiellement aux sièges. C'est ainsi que de nouveaux services voient le jour, avec une main-d'œuvre féminine généralement cantonnée à un salariat d'exécution. Préjugeant d'une inaptitude féminine à s'imposer face au client, les femmes sont d'emblée écartées de la relation commerciale et des métiers de banque, répartis dans les bureaux et les agences du réseau, qui sont plus largement confiés aux hommes. Pourtant, le passage par la filière commerciale est une étape indispensable pour progresser dans la carrière. Sauf exception, celle-ci leur reste fermée jusqu'au début des années 1980, mais elles ne peuvent que difficilement « prendre la sacoche », c'est-à-dire accéder aux postes de commerciaux mobiles qui offrent le plus de possibilités de promotion.

C'est probablement une des explications majeures à l'absence de féminisation dans les caisses régionales du Crédit Agricole durant la période de bancarisation, alors que de nouvelles mesures législatives et réglementaires transforment profondément le secteur bancaire et que la société française entre dans la consommation de masse. En revanche, au Crédit Lyonnais, d'une part, le surcroît d'activité engendre un renforcement des tâches mécanisées et standardisées remplies par de nouvelles recrues qui viennent consolider les rangs d'un personnel d'exécution de plus en plus nombreux ; d'autre part, les postes de commerciaux sédentaires sont aussi accessibles aux femmes à cette époque. Ainsi, le mouvement de féminisation du personnel et de bancarisation de la clientèle va de pair dans cet établissement où, au début des années 1970, l'effectif féminin est majoritaire. La question de l'égalité s'inscrit déjà dans une réflexion collective, tandis qu'elle n'est pas encore prise en compte dans les caisses régionales où les femmes sont minoritaires. Le mouvement de féminisation s'est affirmé entre la fin des années 1970 et le début des années 1980, avec l'arrivée de l'informatique et l'ouverture progressive du réseau commercial aux femmes. Il faut attendre le début des années 2000 pour que la parité soit atteinte.

Dans ce contexte, après les femmes notables, émergent en Franche-Comté d'autres pionnières devenues cadres et cadres dirigeantes, qui ont réussi à mener des carrières grâce à un parcours exemplaire parsemé d'opportunités exceptionnelles qu'elles ont su forcer. Leur percée repose sur leur personnalité et sur leurs preuves d'efficacité et d'initiative, très souvent novatrices, affirmées sur un terrain masculin parfois hostile. Dévouées,

---

[101] Schweitzer, *Femmes de pouvoir…*, op. cit., p. 13-14.

disponibles, elles ont su exploiter les opportunités offertes par des changements technologiques ou ont occupé des postes diversifiés. Elles sont parvenues à s'allier l'entourage familial, les conjoints, les collègues et parfois la hiérarchie. Elles ont pu aussi s'appuyer sur des facteurs structurels, comme la mobilité fonctionnelle, pour accéder à des postes qui leur donnent de la visibilité et comportent un enjeu d'innovation et de développement très profitable pour l'entreprise.

Les principaux freins à l'évolution professionnelle de ces pionnières du « deuxième cercle » ont été identifiés comme étant surtout d'ordre socioculturel : absence de modèle de réussite féminin, nécessité de « surprouver » leurs compétences, obligation d'entrer dans la confrontation pour s'imposer, surinvestissement professionnel. Une résistance des mentalités conservatrices d'un ancien modèle, qui assigne les femmes à des fonctions subordonnées, est par ailleurs observée. Il existe certes d'autres freins, plutôt organisationnels, comme la mobilité géographique ou la gestion de la maternité, mais ils n'apparaissent pas comme des obstacles durablement bloquants. Ces conquérantes se sont adaptées par différents moyens pour articuler leurs responsabilités professionnelles et familiales. Mais, ces contraintes participent à la rareté des femmes cadres aux postes de décision et de pouvoir dans l'organisation régie par des règles et des normes masculines[102]. D'ailleurs, si les niveaux de responsabilité des femmes à la CRCA de Franche-Comté ont progressé, cela reste encore l'apanage de quelques exceptions qui sont arrivées à percer le plafond de verre.

Après les conquérantes, arrivent les « pionnières du troisième cercle », qui occupent les niveaux hiérarchiques du cadre moyen, mais où la mixité n'est pas encore atteinte en 2017, les femmes ne représentant que 42,5 % de cet effectif.

Devant ces constats, comment les banques s'adressent-elles à la clientèle féminine pour l'inciter à mettre en dépôt ses finances personnelles ? L'enjeu économique est important, surtout pendant la période de bancarisation des ménages et la salarisation massive de la population active. En effet, de la perception du travail rémunéré des femmes et de la moindre valeur qui lui est accordée par rapport à celui des hommes, émergent des représentations de l'argent gagné par les femmes, de l'argent du foyer et de ses usages.

---

[102] Jacqueline Laufer, « La construction du plafond de verre : le cas des femmes cadres à potentiel », art. cité. Et « L'accès des femmes à la décision dans la sphère économique », art. cité, p. 75-87.

PARTIE II

LES FEMMES, NOUVELLES CIBLES PUBLICITAIRES DES BANQUES : DU MÉNAGE À UNE INDIVIDUALISATION DU DISCOURS (1960-1985)

Dans les années 1950, de grandes banques nationales commencent à se lancer dans la publicité des services avec des campagnes d'affichage et des insertions dans la presse, qui contribuent à drainer l'épargne des Français[1].

Alors que le salariat marque une étape majeure vers l'autonomie économique des femmes[2], un autre phénomène majeur apparu à la fin du XIXe siècle, avec la possibilité accordée aux femmes mariées d'ouvrir seules un livret d'épargne, s'étend peu à peu au cours du XXe siècle : l'accès des Françaises à l'autonomie financière. Cette longue conquête trouve dans la loi du 13 juillet 1965 un point d'appui capital en consacrant la capacité bancaire de toutes les Françaises et en supprimant « le verrou » de la dépendance économique[3].

Dès 1965, les établissements bancaires cherchent à se faire connaître et à différencier leur enseigne, rompant avec leur image traditionnelle de discrétion, « de sobriété et de rationalité »[4]. Les services financiers et les nouveaux outils alors accessibles au plus grand nombre font l'objet d'une promotion, parfois originale, sous le signe de la modernité[5]. La société française est entrée dans la consommation de masse[6]. Le marketing se généralise et des démarches stratégiques, comme la segmentation des marchés, se développent et font émerger de nouvelles cibles[7]. Les banques, qui cherchent à conquérir un large public, adaptent leur communication pour séduire une clientèle féminine toujours plus large et diversifiée.

---

[1] Marc Martin, *Trois siècles de publicité en France*, Paris, Éditions Odile Jacob, 1992, p. 309.
[2] Margaret Maruani et Monique Méron, « 9. Le travail des femmes dans la France du XXe siècle », *Regards croisés sur l'économie*, vol. 13, n° 1, 2013, p. 177-193. Alonzo, *Femmes employées...*, op. cit., p. 205.
[3] Evelyne Pisier et Sara Brimo, *Le droit des femmes*, 2e édition, Paris, Éditions Dalloz, 2019, p. 14. Sabine Effosse, « L'émancipation bancaire des femmes en France : l'affaire d'un siècle », *Finance& Gestion*, n° 392, septembre 2021, p. 38-39. Voir aussi Sabine Effosse, « La loi du 13 juillet 1965 et l'émancipation bancaire de la femme mariée », *Cahiers français*, n° 414, janvier-février 2020, p. 109-114.
[4] Dietschy, *De la réclame au tweet... op. cit.*, p. 25-35.
[5] *Ibid.*
[6] « II. Au XXe siècle : vers la société de consommation contemporaine », *in* Marie-Emmanuelle Chessel, *Histoire de la consommation*, Paris, La Découverte, 2012, p. 23-44.
[7] Pierre Volle, « Marketing : comprendre l'origine historique », *MBA Marketing*, Paris, Eyrolles, Éditions d'Organisation, 2001, p. 23-45.

CHAPITRE I
LES FEMMES ET L'EXTENSION DES DROITS BANCAIRES

Pour saisir la portée de la réforme de 1965, il faut remonter au Code civil de Napoléon qui organise et rationalise en France un cadre juridique spécifique en instituant l'incapacité totale des épouses (article 1124 et 1125)[1]. Ce chapitre examine l'évolution des principales dispositions législatives au long du XXe siècle, autant que possible du point de vue des établissements bancaires, qui ont favorisé l'émancipation économique et financière des femmes mariées durant le XXe siècle. Cette démarche vise à décrypter comment les nouvelles mesures réglementaires sont adoptées par la banque qui doit tenir compte de sa clientèle essentiellement masculine et des réclamations féminines.

1. Le Code civil de 1804 sur la capacité civile des femmes mariées

Considérée comme mineure, incapable de réflexion, de logique, de maturité, la femme mariée est alors privée de nombreux droits : elle ne peut disposer de ses biens personnels ni les gérer sans l'accord de son mari, et elle n'a aucun droit sur l'administration des biens communs. Toute vente, tout emprunt, tout don nécessite sa permission[2]. Elle ne peut exercer une profession sans son autorisation, ni accomplir un acte juridique. La vie économique est un domaine réservé aux hommes qui détiennent le pouvoir financier[3].

L'organisation du couple repose sur l'article 213 du Code civil établissant que « le mari doit protection à sa femme, la femme obéissance à son mari ». Mineures, les femmes sont soumises à l'autorité du père puis de l'époux une fois mariées. Le mariage, en consacrant l'autorité du mari, institue l'organisation de la famille patriarcale qui repose sur la puissance paternelle et maritale. Le non-mariage n'est pas considéré comme un état

---

[1] Scarlett Beauvalet-Boutouyrie et Emmanuelle Berthiaud, « Chapitre II. Vivre en société, des statuts et des droits différents », *in Le Rose et le Bleu. La fabrique du féminin et du masculin. Cinq siècles d'histoire*, sous la direction de Scarlett Beauvalet-Boutouyrie et Emmanuelle Berthiaud, Belin, 2016, p. 61-120.
[2] Christine Bard, *Les femmes dans la société française au XXe siècle*, Paris, Armand Colin, 2001, p. 43.
[3] Odile Dhavernas, *Droits des femmes, pouvoir des hommes*, Paris, Seuil, 1978, p. 45-57. Même la femme séparée de biens voit ses pouvoirs limités à cause de l'incapacité civile qui touche toutes les femmes mariées. Dans le cas d'un régime dotal, l'épouse conserve seulement la gestion des biens « paraphernaux ».

acceptable par le Code civil[4]. Le mariage est envisagé comme un objectif fondamental dans la vie d'une femme – avec la maternité –, au point de ne pas se préoccuper des droits de celles qui en sont privées ou le refusent[5]. Aussi, l'infériorité de la femme concerne d'abord l'épouse. Les célibataires et les veuves peuvent gérer leur patrimoine et leurs revenus, y compris ceux du travail. On pourrait alors penser que les femmes non mariées ont davantage de liberté et bénéficient d'une situation privilégiée par rapport à celles qui le sont. Cependant, des travaux de recherche permettent de nuancer ce point de vue.

Ainsi, dans le Code civil, la femme majeure non mariée ne peut être considérée comme l'égale de l'homme dans l'exercice de ses droits civils[6]. Elle est soumise à des incapacités juridiques spécifiques et fondamentales en raison de son sexe. Ainsi, en tant que titulaire de ses biens, elle a la capacité de les dépenser, y compris en les jouant et donc en les risquant, mais elle ne peut pas les faire fructifier ni les gérer. La femme est dépositaire d'un bien, mais elle n'a pas les moyens de faire prospérer ses acquis. Elle ne peut pas être comptable, par exemple, responsable des deniers publics ou souscrire des lettres de change jusqu'en 1868 (loi sur les sociétés anonymes), faire partie d'un conseil de famille.

À la différence de l'épouse, « la femme seule », responsable d'elle-même et de ses biens, détient les mêmes droits que l'homme, mais elle n'est pas considérée comme une citoyenne[7]. Par conséquent, les filles majeures qui ne peuvent pas vivre de leurs rentes quittent souvent leur famille et doivent travailler pour subsister : en 1906, on compte 33 % de célibataires parmi les employées dans l'industrie et les services[8]. Mais le destin de la plupart de ces travailleuses, encore au début du XXe siècle, est marqué par une prétendue incompatibilité entre le métier et le mariage, qui sert les intérêts d'une logique économique des employeurs[9]. Pour celles qui aspirent à travailler, le célibat devient alors un choix subi, non personnel, qui conditionne leur avenir et « leur identité sociale ». Le modèle de l'état matrimonial légal étant centré sur le mariage, elles se trouvent en marge de l'ordre social, car ce n'est pas le travail qui intègre les femmes dans la société, mais la famille[10].

---

[4] Arlette Farge et Christiane Klapisch-Zuber, *Madame ou Mademoiselle ? Itinéraires de la solitude féminine, XVIIIe-XXe siècle*, Paris, Montalba, 1984, p. 29.
[5] *Ibid.*
[6] *Ibid.*, p. 30.
[7] Cécile Dauphin, « 16. Femmes seules », in Georges Duby, Michelle Perrot (dir.), *Histoire des femmes en Occident,* Tome 4, *Le XIXe siècle*, Paris, Plon, 1991, p.450. L'expression de « femmes seules » n'apparaît qu'après la Seconde Guerre mondiale : voir Schweitzer, *Les femmes ont toujours travaillé..., op. cit.,* p. 70.
[8] *Ibid.*
[9] *Ibid.*, p. 453.
[10] Farge et Klapisch-Zuber (dir.), *Madame ou Mademoiselle ?..., op. cit.,* p. 11.

De surcroît, les femmes non mariées font l'objet de stéréotypes qui les enserrent dans les figures honteuses de la vieille fille, de la grisette ou de la prostituée[11]. Seuls les milieux intellectuels et artistiques comptent quelques figures féminines qui rejettent publiquement le mariage devant les risques qu'il comporte, à savoir un obstacle à l'égalité et une source d'« esclavage ». Ces rares femmes choisissent délibérément le célibat, qu'elles considèrent comme étant la seule situation conjugale compatible avec une vie professionnelle[12].

2. Lois de 1881 et de 1895 sur le livret d'épargne

Depuis sa création en 1818, le livret d'épargne est accessible à tous les Français et à toutes les Françaises, même mariées. Mais ces dernières étant contraintes par le Code civil napoléonien, elles doivent présenter une autorisation maritale pour chaque opération effectuée : ouverture, dépôt, retrait des sommes déposées[13]. En 1828, 59 % des nouveaux livrets des Caisses d'Épargne sont ouverts par des femmes[14]. Un changement intervient avec la loi du 9 avril 1881, complétée par la loi du 20 juillet 1895, accordant aux épouses, quel que soit leur régime matrimonial, la possibilité d'ouvrir et d'utiliser un livret d'épargne de façon autonome, à moins que l'époux ne s'y oppose. Leur livret porte alors la mention « assistée de son mari », qui le distingue des autres, estampillés « non assistée de son mari », jusqu'à la réforme de 1965. Dans la pratique, plusieurs Caisses d'Épargne ont manifesté une certaine réserve à l'égard de ces nouvelles dispositions, alors que d'autres se sont montrées plus enclines à donner cette liberté aux femmes mariées[15]. Si ces nouvelles mesures juridiques témoignent d'un réel progrès en faveur de leur émancipation, elles ne suppriment pas pour autant l'autorité du mari qui doit valider, d'une certaine manière, la démarche de l'épouse[16].

En revanche, l'ouverture d'un compte de dépôt dans une banque reste interdite aux femmes, à l'exception de certaines catégories d'épouses : les

---

[11] *Ibid.*, p. 10.
[12] Geneviève Guilpain, *Les célibataires, des femmes singulières. Le célibat en France (XVIIe-XXIe siècle)*, Paris, L'Harmattan, 2012, p. 70.
[13] Archives de la Fédération nationale des Caisses d'Épargne (Arch. FNCE), document synthétique communiqué par la direction de valorisation du patrimoine historique : « Femme et Caisse d'Épargne ».
[14] *Ibid.*
[15] Entretien avec Laure de Llamby, responsable de la direction de valorisation du patrimoine historique de la Fédération nationale des Caisses d'Épargne. Phénomène également observé antérieurement, avant la promulgation des lois, les femmes étant reconnues économes et prévoyantes : Carole Christen-Lécuyer, *Histoire sociale et culturelle des Caisses d'Épargne en France 1818-1881*, Paris, Economica, 2004, p. 415-418.
[16] *Ibid.*, p. 425.

commerçantes[17], les femmes séparées de biens et celles qui détiennent des biens paraphernaux[18]. Alors que le Crédit Lyonnais s'interroge, en 1874, sur l'éventualité d'ouvrir des comptes de dépôts aux femmes mariées, cette possibilité ne sera globalement pas suivie, au risque de favoriser des situations préjudiciables, à savoir, « illégalité, immoralité et danger continuel »[19]. « Immoralité », car elles pourraient dérober l'argent de leur mari ; « danger continuel », car cela pourrait nuire à l'image de la banque et susciter des tensions entre les clientes. Dans la pratique, quelques exceptions localisées sont constatées, comme à l'agence de Marseille, où des femmes mariées ont été autorisées à ouvrir un compte ; mais elles répondent à des critères bien précis d'« honorabilité » et de « position incontestée de fortune »[20].

3. Loi du 13 juillet 1907 « sur le libre salaire de la femme mariée »

Au début du siècle, le nombre de travailleuses est en progression, passant de 6 800 000 en 1901 à 7 690 000 en 1906, et connaît une augmentation supérieure à celui des hommes (890 000 actives en plus, contre 120 000 actifs en plus)[21]. Dans ce contexte, la loi du 13 juillet 1907 reconnaît à la femme mariée qui exerce une profession séparée de celle de son mari la libre disposition de son salaire et la gestion des économies en provenant[22]. Or, jusqu'à présent, les fruits de son travail appartenaient à la communauté, et seul le mari pouvait administrer les acquêts et percevoir les revenus de son épouse[23]. Cependant, en dehors de ses revenus, elle n'a pas le droit de gérer ses autres biens.

Mais l'application de cette loi est peu suivie, car les banquiers et les notaires réclament aux épouses qui veulent disposer de leurs gains une autorisation maritale. Ce progrès dans le pouvoir économique des Françaises reste donc relatif[24]. Néanmoins, cette loi ouvre une brèche[25]. Soulignons son

---

[17] Les commerçantes exerçant une profession séparée de celle de leur mari peuvent disposer en toute autonomie des produits de leur travail, ouvrir un compte bancaire et gérer des actes de commerce.
[18] Arch. CASA, Courrier sur les conditions d'ouverture de comptes de dépôts des femmes mariées, Crédit Lyonnais, 1874-1875.
[19] *Ibid.*
[20] *Ibid.*
[21] Maruani, Méron (dir.), *Un siècle de travail des femmes...*, op. cit., p. 31.
[22] Jacqueline Rubellin-Devichi, « Le sort des garanties de la femme commune en biens », *in* J. Paillusseau, F. Delhay, J. Rubellin-Devichi, *Quelques aspects de la nouvelle situation de la femme mariée*, Paris, Presses universitaires de France, 1968, p. 73.
[23] Articles 1498 et 1421, 1422 du Code civil de 1804.
[24] Florence Rochefort, « À propos de la libre-disposition du salaire de la femme mariée, les ambiguïtés d'une loi (1907) », *Clio. Histoire, femmes et sociétés* (en ligne), 7/1998.

parcours particulièrement long avec une proposition déposée le 9 juillet 1894 et adoptée le 27 février 1896 par la Chambre des députés[26]. Le rapport du Sénat est rendu le 20 mars 1907, délibérant à deux reprises avant son adoption définitive en juillet de cette même année.

4. Loi du 18 février 1938 : fin de l'incapacité civile de la femme mariée

Cette réforme abroge l'incapacité juridique de la femme mariée et supprime son devoir d'obéissance envers l'époux ainsi que l'autorité maritale totale. Cependant, elle détient toujours des droits limités. Elle peut désormais disposer d'une carte d'identité et d'un passeport, et louer un coffre-fort dans une banque sans l'intervention du mari[27]. Mais ce dernier conserve les pleins pouvoirs sur les biens de la communauté et sur le patrimoine personnel de son épouse, dans le cas du régime de la communauté légale. Il peut toujours s'opposer à l'exercice de sa profession.

La sociologue Andrée Michel réfute le côté libérateur de cette loi[28]. Plus nuancée, Christine Bard considère que cette réforme pose une émancipation partielle de la femme mariée. Certes, elle détient désormais « sa pleine capacité en droit »[29], mais le mari, chef de la famille, prend les décisions importantes concernant le ménage, comme le choix du lieu de résidence, et détient seul l'autorité parentale[30].

Dans ce contexte d'un assouplissement relatif de la législation, on retrouve une résistance, dans les faits et de surcroît en temps de guerre, à attribuer aux femmes mariées des responsabilités bancaires, comme le démontre l'exemple du Crédit Agricole. En 1939, on s'accorde à donner des pouvoirs aux femmes d'agriculteurs mobilisés afin de permettre aux familles de poursuivre la gestion de leur exploitation[31]. La Caisse nationale de Crédit Agricole et les caisses régionales définissent alors un cadre précis pour éviter d'éventuelles contestations. Celui-ci consiste à présenter, pour chaque opération, un acte de procuration, éventuellement une lettre missive formelle

---

[25] *Ibid.*
[26] Archives du féminisme. [En ligne]
[27] Arch. CASA, Circulaire de la direction générale du Crédit Lyonnais, n° 1643, 28 mars 1938, p. 6.
[28] Andrée Michel et Geneviève Texier (dir.), *La condition de la Française d'aujourd'hui*, Tome 1, coll. « Femme », Genève, Éditions Gonthier, 1964, p. 78.
[29] Bard, *Les femmes dans la société française…, op. cit.*, p. 43.
[30] *Ibid.* Voir aussi Florence Rochefort, « Laïcisation des mœurs et équilibres de genre. Le débat sur la capacité civile de la femme mariée (1918-1938) », *Vingtième Siècle. Revue d'histoire*, vol. 87, n° 3, 2005, p. 129-141.
[31] Arch. CASA, CNCA, « Procès-verbal de la réunion du conseil d'administration du 30 septembre 1939 », p. 225. Voir document en annexe.

portant la signature du soldat, chef d'exploitation[32]. Mais cette délégation s'avère finalement restreinte et permet aux femmes d'assurer uniquement une continuité de l'activité, d'administrer l'exploitation familiale et non d'en disposer[33].

En effet, si certains agriculteurs consentent à transmettre leurs pouvoirs à leur épouse, d'autres, en revanche, s'abstiennent ou, le plus souvent, les restreignent à quelques opérations. En conséquence, pour ces femmes d'agriculteurs prisonniers de guerre, sans procuration, il est difficile pour la banque de leur permettre de souscrire tout crédit qui contribuerait pourtant à la bonne marche de l'exploitation, car la loi du 18 février 1938 les prive du droit d'administrer les biens de la communauté. La plupart des ménages ruraux relèvent du régime de la communauté. Cependant, vers la fin des années 1940, des moyens sont définis pour les aider à maintenir l'activité familiale, avec la possibilité de percevoir le paiement de la récolte et d'obtenir des prêts à moyen terme à condition qu'ils visent à développer le cheptel. En revanche, les prêts à long terme et les retraits d'argent sont soumis à la présentation d'une procuration maritale. Ainsi, ces femmes peuvent accéder à quelques droits bancaires, de manière temporaire, en l'absence de l'époux mobilisé et/ou prisonnier de guerre.

Au Crédit Lyonnais, les banquiers soulignent les restrictions considérables à la capacité civile de l'épouse qui limitent les effets de la réforme de 1938[34]. Aussi, la direction générale recommande à son personnel la plus grande prudence envers sa clientèle et préconise une vérification systématique du contrat de mariage pour évaluer la capacité de l'intéressée. Dans cette perspective, la banque établit plusieurs cas de figure en fonction de son régime matrimonial.

Premièrement, la femme commune en biens ou mariée sous le régime sans communauté peut se faire ouvrir un compte bancaire avec l'autorisation du mari, en respectant scrupuleusement les conditions qu'il aura stipulées quant aux opérations possibles sous la signature de son épouse. Seuls les actes courants sont pris en considération ; ceux à caractère spéculatif ainsi que les demandes de crédit et de découvert doivent être visés par l'époux[35]. Si le contrat de mariage prévoit qu'elle gère elle-même ses biens propres,

---

[32] Arch. CASA, CNCA, Rapport du conseil d'administration au comité spécial du 28 décembre 1939, p. 15-16.

[33] Arch. CASA, CNCA, « Procès-verbal de la réunion du Conseil d'Administration du 24 octobre 1940 », p. 100-102.

[34] Arch. CASA, Circulaire de la direction générale du Crédit Lyonnais, n° 1643, 28 mars 1938, p. 1-5.

[35] Arch. historiques Société Générale, Circulaire de la direction des services généraux, « Instruction générale sur les conditions juridiques d'ouverture et de fonctionnement des comptes », janvier 1956, p. 12-13.

alors la cliente peut effectuer seule toutes opérations de dépôts et de retraits des fonds et des titres[36].

Deuxièmement, la femme séparée de biens est habilitée à ouvrir un compte de dépôts ou de titres sans autorisation maritale et à effectuer toutes les opérations bancaires prévues dans le cadre du fonctionnement d'un compte sous sa seule signature, à moins que le contrat de mariage ne contienne des clauses restrictives.

Troisièmement, pour la femme mariée sous le régime dotal, les biens dotaux restent subordonnés à la permission maritale. Quant aux biens paraphernaux, la titulaire du compte peut réaliser librement des opérations courantes (dépôts et retraits de fonds et de titres) et des placements (actions et obligations), à condition qu'ils soient raisonnables. Elle dispose des pleins pouvoirs en cas de séparation de biens judiciaires.

Enfin, la femme commerçante ou exerçant une profession séparée peut ouvrir un compte (appelé comptes de biens réservés) sous réserve de présenter une lettre du mari, et non de l'employeur, qui appuie sa demande – une lettre et non une autorisation – et atteste l'exercice d'une profession distincte ou de son activité. Si ce document ne peut être obtenu, il est prévu que le compte soit quand même ouvert, mais une attention toute particulière sur son fonctionnement est recommandée. Étant donné que la capacité de la cliente est opérante uniquement sur les produits de son travail et sur ses économies, aucune opération bancaire ne doit être disproportionnée par rapport à ses ressources. Par ailleurs, une enquête doit également être menée pour vérifier de façon périodique l'activité exercée par l'intéressée.

Par conséquent, si certains régimes matrimoniaux confèrent aux épouses quelques pouvoirs, notamment pour la gestion des biens personnels, leur autonomie financière reste relative dans la mesure où le contrat de mariage peut prévoir des restrictions. Les limites de la réforme de 1938 apparaissent clairement : les femmes mariées ne peuvent agir que sous le contrôle de la banque et du mari, et dans un cadre strictement codifié. Comme le souligne Sylvie Schweitzer pour les trois premiers quarts du XXe siècle, aucune réforme profonde ne fait évoluer la condition féminine[37].

5. Lois du 22 septembre 1942 et du 1er février 1943 sur le compte ménager

Le gouvernement de Vichy poursuit l'objectif de consolider la famille et d'assurer sa bonne marche en affirmant la différence entre les sexes au sein

---

[36] *Banque*, n° 35, mai 1949, p.323, et *Banque*, n° 204, juin 1963, p.435.6
[37] Schweitzer, *Les femmes ont toujours travaillé...*, op. cit., p. 39.

du foyer[38]. Pour ce faire, il met vigoureusement en œuvre une politique nataliste assimilant la maternité « à un devoir national »[39]. Dans ce contexte favorable à « l'institution familiale », la loi du 22 septembre 1942 (abrogeant la loi de 1907) autorise la femme mariée, quel que soit son régime matrimonial, à représenter son mari pour les besoins du ménage, en son absence ou s'il est dans l'incapacité d'exercer sa fonction de « chef »[40]. Ce mandat, qui lui était donné jusqu'ici de manière tacite, devient « légal » et « exprès »[41]. Dans cette perspective, elle peut se faire ouvrir un « compte de ménage » sans son consentement et sur sa seule signature, sous réserve d'utiliser les fonds déposés au bénéfice de la famille[42]. Les opérations autorisées sont les dépôts et les retraits par chèques et ordres de virements[43]. Ces comptes ménagers procurent aux femmes mariées une certaine capacité financière pour régler les factures courantes et gérer les dépenses qui conditionnent la situation matérielle du foyer. Toutefois, en cas d'opérations déséquilibrées par rapport aux ressources financières habituelles ou qui ne s'inscriraient pas dans le fonctionnement normal du compte, le banquier doit en informer le mari ; il s'agit notamment de tout retrait, virement ou versement important réalisé au profit ou de la part d'un tiers[44]. En outre, le compte ménager reçoit exclusivement des fonds déposés par l'intéressée ou émanant du mari par chèque ou virement dans le cadre de son mandat domestique[45]. Aucune opération de crédit provenant d'autres personnes que lui ne peut être admise par le banquier[46], et le compte ne peut pas être débiteur sans son accord. Aussi, son décès ou tout acte d'opposition de sa part entraîne son blocage[47].

---

[38] Hélène Eck, « Les Françaises sous Vichy : femme du désastre – citoyenne par le désastre ? », in Georges Duby, Michelle Perrot (dir.), *Histoire des femmes en Occident*, tome V, *Le XXe siècle*, Paris, Perrin, 2002, p. 291.
[39] *Ibid.*
[40] *Journal officiel* n° 263, lundi 2 et mardi 3 novembre 1942, p. 3652. *Banque,* n° 127, janvier 1957, p. 748, et *Banque,* n° 366, octobre 1977, p. 129. L'épouse utilise ce compte « par représentation de son mari ».
[41] Arch. CASA, Circulaire de la direction générale du Crédit Lyonnais n° 1927, 16 novembre 1942. Les retraits effectués par l'intéressée sont complètement libres, mais le compte ne doit jamais être débiteur.
[42] *Banque,* n° 35, mai 1949, p. 323.
[43] *Banque,* n° 239, mai 1966, p. 383.
[44] Arch. historiques Société Générale, Circulaire de la direction des services généraux, « Instruction générale sur les conditions juridiques d'ouverture et de fonctionnement des comptes », janvier 1956, p. 12.
[45] Arch. CASA, Circulaire de la direction générale du Crédit Lyonnais n° 2542, 10 novembre 1958, p. 2.
[46] Arch. CASA, Circulaire de la direction générale du Crédit Lyonnais n° 1927, 16 novembre 1942, p. 1.
[47] *Ibid. Banque,* n° 239, mai 1966, p. 383 : le compte ménager est considéré dans le droit comme un compte du mari.

Dans un premier temps, au Crédit Lyonnais, une notification de l'ouverture d'un compte ménager par une cliente doit systématiquement être adressée à l'époux[48]. L'article 12 de la loi du 1er février 1943 assouplit certaines dispositions et la banque n'a plus à se préoccuper de l'origine des fonds laissés entre les mains de la cliente, mais son mari peut toujours demander le blocage du compte[49]. Toutefois, cette dernière modification rencontre l'opposition de la Banque de France et du Centre des chèques postaux, qui estiment ne pas être suffisamment protégés contre une éventuelle protestation de l'époux[50]. D'ailleurs, au Crédit Lyonnais, les agences exigent généralement la signature du mari pour l'ouverture d'un tel compte[51].

Ainsi, dans les faits, les femmes n'ont généralement pas la pleine capacité qui leur est reconnue par la loi, et le fonctionnement du compte de ménage reste sous le contrôle des banques[52]. Ce progrès dans l'accès aux comptes bancaires des femmes mariées n'est pas motivé par une amélioration de la condition féminine mais par la volonté du gouvernement de Vichy qui doit faire face à l'inflation, de renforcer le contrôle sur les opérations monétaires en soutenant principalement l'usage du chèque[53].

Les comptes ménagers s'adressent surtout aux femmes mariées sous le régime de la communauté de la classe moyenne, où l'épouse gère la plus grande partie du budget familial[54]. Celles qui détiennent une capacité plus grande préfèrent obtenir un compte personnel, de plein exercice[55]. Si certains régimes matrimoniaux leur confèrent quelques pouvoirs, notamment pour la gestion de leurs biens personnels, elles rencontrent des résistances à se faire ouvrir un compte. Les responsabilités que leur fonctionnement impose aux banquiers poussent même certains à les écarter par principe. Quant aux commerçantes spécifiquement, la lettre de non-opposition maritale à leur activité, exigée pour l'ouverture d'un compte personnel, place certaines d'entre elles dans une situation gênante en cas de désaccord conjugal. Devant les nombreuses plaintes déposées pour « mauvais accueil »,

---

[48] Circulaire de la direction générale du Crédit Lyonnais n° I927, précitée, p. 1.

[49] Arch. CASA, Circulaire de la direction générale du Crédit Lyonnais, n° I935, 6 février 1943, p. 4.

[50] Michel, Texier (dir.), *La condition de la Française d'aujourd'hui, op. cit.*, p. 49-54.

[51] Arch. CASA, Circulaires de la direction générale du Crédit Lyonnais n° 2542, 10 novembre 1958, p. 2.

[52] *Ibid.*, p. 50-51.

[53] Effosse, « La loi du 13 juillet 1965 et l'émancipation bancaire de la femme mariée », art. cité, p. 113. L'auteure indique que ces deux lois du 22 septembre 1942 et du 1er février 1943 viennent compléter celle du 20 octobre 1940 qui établit l'obligation de régler par chèque ou par virement certaines opérations comme le paiement des loyers.

[54] Arch. CASA, Circulaire de la direction générale du Crédit Lyonnais n° 2542, 10 novembre 1958, p. 2.

[55] Arch. CASA, Circulaire de la direction générale du Crédit Lyonnais n° I927, 16 novembre 1942, p. 2.

l'Association professionnelle des banques rappelle à l'ordre les établissements de son réseau, sans nommer ces mauvais élèves[56]. À cet effet, la direction générale du Crédit Lyonnais sensibilise ses agences sur les moyens incontestables qui doivent être accordés à cette catégorie de clientes[57]. Pour contourner les difficultés des commerçantes, un extrait de l'inscription de l'intéressée au greffe du tribunal de commerce est désormais demandé en remplacement de la lettre du mari[58]. Cependant, cette inscription nécessite la lettre de non-opposition.

Avant la réforme des régimes matrimoniaux de juillet 1965, aucune banque n'aurait tenté d'ouvrir un compte personnel à une femme mariée sous le régime de la communauté sans l'aval du mari[59]. Cette opération engageait la responsabilité du banquier non seulement envers l'époux, mais aussi envers les tiers, qui pouvaient effectivement considérer que l'autorisation maritale était acquise. De même, tout paiement d'une femme commune en biens par chèque ou par virement à un tiers mettait en jeu la responsabilité du banquier envers le mari. Cela était également le cas des clientes titulaires d'un compte ménager, étant donné les restrictions du mandat domestique[60]. De plus, celles qui exerçaient une profession séparée n'étaient généralement pas au courant de la possibilité d'ouvrir un compte de biens réservés. Souvent, les époux se mariaient sans contrat, et dans le cas contraire, la gestion par l'épouse de ses biens propres était rarement prévue[61].

En revanche, les célibataires, veuves ou divorcées, bénéficient d'une capacité totale pour la banque[62]. Elles peuvent ouvrir un compte personnel en fournissant une pièce d'identité attestant leur majorité, comme pour les hommes[63]. Les divorcées doivent justifier de leur situation actuelle, ce qui suppose que le jugement de divorce soit officiellement rendu pour les concernées et qu'elles ne soient pas remariées.

Selon une enquête de la Société Générale, réalisée en 1956 sur un échantillon de 2 557 titulaires de comptes bancaires à Paris et 2 668 en province, la proportion de comptes bancaires ouverts par des femmes mariées est très faible[64]. En effet, 11 % des comptes parisiens seulement sont

---

[56] *Banque,* n° 123, 1956, p. 576..
[57] *Ibid.* Sont citées les circulaires n° 1643, n° 1927 et n° 1935.
[58] *Ibid.,* p. 2.
[59] Francis Delhay, « Le libre exercice par la femme mariée de sa capacité bancaire », *in* J. Paillusseau, F. Delhay, J. Rubellin-Devichy, *Quelques aspects de la nouvelle situation de la femme mariée,* Paris, Presses universitaires de France, 1968, p. 49-70.
[60] *Ibid.,* p. 57.
[61] *Ibid.,* p. 50-51.
[62] *Banque,* n° 31, janvier 1949, p. 58.
[63] Arch. historiques Société Générale, Circulaire de la direction des services généraux, précitée, p. 8. Conditions valables pour les femmes de nationalité françaises et non commerçantes.
[64] *Banque,* n° 123, septembre 1956, p. 575.

ouverts par cette clientèle, dont 4,5 % par des femmes séparées de biens ou exerçant une profession séparée, 4,7 % par des clientes ayant agi au nom du mandat domestique (compte ménager) et 1,7 % avec l'autorisation maritale. En province, 3,71 % des comptes sont ouverts par des femmes mariées, dont 2,9 % sont séparées de biens ou exercent une profession séparée. Ces pourcentages, qui constituent une moyenne, pourraient se retrouver dans les autres établissements bancaires de même catégorie à cette époque, mais il ne s'agit là que d'une estimation[65]. Pour autant, cette faible représentation des femmes mariées parmi la clientèle des banques ne signifie pas un manque d'intérêt de leur part pour les questions d'argent. Nous avons vu comment celles-ci, bien présentes dans cet environnement, se heurtent aux contraintes réglementaires et aux mentalités résistantes de certains banquiers, ce qui réduit considérablement leurs possibilités d'action.

6. Loi du 13 juillet 1965 « portant réforme des régimes matrimoniaux »

En 1965, le gouvernement de Georges Pompidou, alors Premier ministre nommé par le général de Gaulle depuis 1962, dépose un projet de loi réformant les régimes matrimoniaux pour mettre fin à la tutelle de la femme mariée et l'associer à la « gestion du patrimoine familial »[66]. Au préalable, des enquêtes ont été réalisées pour évaluer notamment les pratiques en vigueur et sonder les attentes des Français et des Françaises quant aux régimes matrimoniaux[67]. La dernière, réalisée en 1963 par l'IFOP, révèle un « attachement aux principes de communauté » relativement aux acquêts, quels que soient les générations, les classes sociales et le sexe des personnes interrogées[68]. La loi du 13 juillet 1965, entrée en vigueur le 1er février 1966, modifie le régime légal des époux mariés sans contrat qui était en vigueur depuis 1804, et établit l'application automatique du régime de la communauté de biens réduite aux acquêts[69]. Chaque époux conserve ainsi la faculté d'administrer les biens qui lui étaient propres avant le mariage et peut disposer de ses revenus personnels. Les achats à crédit, la vente ou l'hypothèque du domicile conjugal doivent être faits d'un commun accord.

De plus, la réforme de 1965 reconnaît pleinement la capacité juridique des femmes mariées qui peuvent désormais ouvrir et faire fonctionner

---

[65] *Banque*, n° 155, mai 1959, p. 344.
[66] Camille Aubrun, « Le nouveau droit des conjoints. Application à la banque », *Banque*, n° 247, janvier 1967, p.175-181.
[67] Sabine Effosse (dir.), "Financial Empowerment for Married Women in France. The Matrimonial Regime Reform of 13th July 1964", *Quaderni Storici*, Fasicolo 1, avril 2021, p. 133.
[68] *Ibid.*
[69] *Journal officiel*, 14 juillet 1965, p. 6044-6056.

librement un compte de chèques et de titres en leur nom, comme les hommes, exercer une profession séparée sans le consentement de l'époux et administrer leurs biens propres[70]. Cette loi qui marque une étape majeure de l'émancipation financière des femmes est renforcée en 1967 par la possibilité d'accéder sans restriction à la Bourse de Paris et de spéculer[71].

Le mari reste cependant l'administrateur de la communauté et le chef de famille, même s'il doit rendre compte de sa gestion à son épouse. Ainsi, dans le cas où le compte de la femme est débiteur ou doit faire l'objet d'une acceptation de crédit par le banquier, celui-ci demande fréquemment à l'époux de se porter caution, car lui seul peut engager les biens communs[72]. Pourtant, paradoxalement, en cas de divorce ou de séparation de corps, l'épouse doit honorer les dettes de son mari sur la part des biens communs[73].

Au Crédit Lyonnais, tous les comptes ouverts avant le 1er février 1966 sur présentation d'une autorisation maritale, deviennent des « comptes libres ». Les nouvelles mesures sont portées à la connaissance des clientes concernées, et un nouveau numéro de compte leur est attribué ainsi que de nouveaux chéquiers[74]. L'existence d'une telle démarche pour le Crédit Agricole et les caisses régionales n'est pas connue.

Il faut attendre le 4 juin 1970 pour que la notion de chef de famille soit supprimée et que l'autorité parentale soit introduite dans la loi[75]. Pourtant, le mari reste l'administrateur référent de la famille dans le Code général des impôts, jusqu'au vote de la loi du 29 décembre 1982. La signature de l'épouse devient alors obligatoire sur la déclaration fiscale, même si, depuis 1974, cette dernière peut déjà, théoriquement, signer conjointement la déclaration de revenus du ménage. Avant cette date, la double signature restait toutefois facultative et dépendait des intentions de l'époux[76]. Ce n'est qu'en 1985 que l'égalité totale des conjoints dans la gestion du patrimoine commun et dans le cadre du régime matrimonial légal est enfin instaurée par la loi du 23 décembre de cette même année.

---

[70] Aubrun, « Le nouveau droit des conjoints. Application à la banque », article cité, p. 177.
[71] « L'argent dans le couple. Le pouvoir des femmes », revue interne CNCA, n° 82, avril-mai 1987, p. 1.
[72] « Les Français et l'argent », *Les cahiers du Crédit Mutuel,* n° 15, juin 1978, p. 20.
[73] *Ibid.*
[74] Arch. CASA, Note de service de la direction des agences de province et d'Afrique du Crédit Lyonnais n° 2649, 26 janvier 1966.
[75] Schweitzer, *Les femmes ont toujours travaillé, op. cit.,* p. 48-50.
[76] Loi n° 82-1126 du 29 décembre 1982 de finances pour 1983, article 2. Claire Aubin et Hélène Gisserot (dir.), « Les femmes en France, un chemin, deux étapes, 1975-1985 », rapport présenté par la France à l'occasion de la Conférence internationale de l'ONU (Nairobi). Ministère des Droits de la femme, Paris, La Documentation française, 1985.

Afin d'évaluer la portée de la réforme de 1965, interrogeons-nous sur la proportion de femmes concernées par les nouvelles mesures, au niveau national et à l'échelle de la Franche-Comté. À cette fin, les femmes âgées de 15 à 64 ans ont été considérées, c'est-à-dire la tranche d'âge de la population potentiellement en âge de travailler.

Tableau 3 : Population féminine nationale[77] et franc-comtoise[78] âgée de 15 à 64 ans, 1962

Population féminine française	Nombre	Population féminine de Franche-Comté	Nombre
Totale (15-64 ans)	14 563 630	Totale (15-64 ans)	280 860
Active	6 184 920	Active	119 840
Mariée	9 644 120	Mariée	182 700
Active mariée	3 382 280	Active mariée	64 500
Inactive mariée	6 261 840	Inactive mariée	118 200

En 1962, la part des actives parmi les femmes âgées de 15 à 64 ans est de 42,4 %. Les mariées actives représentent 23,2 % de la population totale féminine et les mariées non actives 42,9 %. Nous savons que 66,2 % des femmes sont mariées. La proportion en Franche-Comté est cohérente avec la proportion nationale. Il n'y a pas de différence notable, puisque parmi les femmes de 15 à 64 ans, 42,6 % sont déclarées actives. Les mariées actives représentent 22,9 % de la population féminine totale et les mariées non actives 42 %, sachant que 65 % des femmes sont mariées.

Par conséquent, à l'échelle nationale, il semble que la réforme de 1965 concerne potentiellement environ 43 % des femmes âgées de 15 à 64 ans, soit principalement les mariées non actives. Ainsi, comme le souligne Michelle Perrot, « les mœurs étaient, comme souvent, en avance sur la loi »[79].

---

[77] INSEE, « Recensement général de la population de 1962 – Résultat du sondage au 1/20 – Population active », Paris, Direction des journaux officiels, 1964.

[78] Marie-Geneviève Michal, « L'emploi féminin en 1968, rappel des résultats de 1962 », Collections de l'INSEE, série D, n° 25, novembre 1973, p. 46.

[79] F.D., « Les célibataires avaient plus de droits que les mariées ! », *Le Parisien*, 13 juillet 2015.

CHAPITRE II
DIVERSIFICATION DE LA COLLECTE ET DÉMARCHE MARKETING DU CRÉDIT AGRICOLE

1. La lente bancarisation de la société française au XXe siècle

La rationalisation du travail dans les banques et l'extension des réseaux, qui marquent l'entre-deux-guerres, ne sont pas suivies d'une forte bancarisation, malgré une accélération de la concurrence bancaire par rapport à la période d'avant-guerre[1]. C'est après la Seconde Guerre mondiale que les Français ouvrent véritablement des comptes[2]. Les établissements les plus importants (Crédit Lyonnais, Société Générale, Comptoir national d'escompte de Paris et BNCI) sont nationalisés en décembre 1945.

Les premiers titulaires sont des personnes ou des ménages qui détiennent une épargne relativement importante. Les plus modestes ouvrent généralement un livret à La Poste ou à la Caisse d'Épargne lorsqu'ils sont attachés à un organisme financier[3]. Pour se prémunir des chèques sans provision, les banques pratiquent une sélection importante de leurs clients, et l'ouverture d'un compte repose sur leurs appréciations à la suite d'une enquête de moralité. Aussi, détenir un compte en banque est un signe de prestige.

La monétarisation, qui a commencé au XXe siècle, se développe en France pendant les « Trente Glorieuses » avec l'amélioration du niveau de vie des ménages. Mais c'est principalement l'extension du travail des femmes, dans les années 1950 et 1960, qui renforce leur confort matériel et dynamise la circulation de la monnaie dans les foyers par l'utilisation accrue de services domestiques marchands. Néanmoins, en 1965, une grande partie de la population française reste encore sur la réserve à l'égard des banques, perçues comme élitistes, et de la possibilité d'utiliser un compte comme moyen de paiement. En 1964, plus de 75 % des Français ne savent pas comment ouvrir un compte[4]. En 1966, peu de ménages sont bancarisés (18 %), c'est-à-dire en possession d'un compte-chèques ou d'un livret bancaire[5], contre 62 % en 1972[6] et 92 % en 1984[7]. En 1967, le profil du

---

[1] Georges Gloukoviezoff, Jeanne Lazarus, « La relation bancaire avec la clientèle des particuliers : revue de la littérature, Volet 1 : la relation de service dans la banque », *Mission de la Recherche*, Collection des rapports, octobre 2005, p. 6.
[2] *Ibid.*
[3] Jeanne Lazarus, *L'épreuve de l'argent, Banque, banquiers, clients*, Paris, Calmann-Lévy, 2012, p.22-24.
[4] *Ibid.*
[5] *Ibid.*, p. 28.
[6] Arch. de la Caisse des dépôts, « Le livret A : une histoire de l'épargne populaire », document précité, p. 240.

titulaire d'un compte-chèques est jeune, urbain et plutôt aisé, ayant un haut niveau de rémunération : les chefs des ménages dont le revenu est supérieur à 15 000 francs représentent 58 % des comptes-chèques détenus[8]. Sa diffusion progresse ensuite avec néanmoins des disparités entre les hommes et les femmes. Toutefois, une large partie de la clientèle n'utilise pas tous les avantages proposés par leur banque et manque d'initiation aux opérations de caisse. Aussi les particuliers conservent-ils d'importantes sommes d'argent liquide chez eux au lieu de les déposer sur leur compte ou d'envisager des placements fructueux[9].

Entre la fin des années 1960 et le début des années 1970, la bancarisation de la société française s'accélère. Le nombre de guichets bancaires s'accroît fortement, et les ouvertures de comptes se développent considérablement. Au Crédit Lyonnais, on observe une hausse de 1,2 million entre 1966 et 1972, et le nombre de comptes-chèques a presque doublé, connaissant la plus forte progression[10]. Au début de l'année 1967, les femmes constituent près de 25 % de sa clientèle ayant un compte de dépôt et, depuis février 1966, celle-ci augmente de 10 points de %[11]. Dans les agences parisiennes, parmi les services proposés, ceux que les femmes utilisent le plus sont le dépôt de titres et les coffres[12]. Dès lors, la réforme de 1965 sur les régimes matrimoniaux a bien participé à accroître la clientèle féminine de cette banque. En 1974, parmi les personnes bancarisées, on compte néanmoins une majorité d'hommes, avec 53 %, contre 47 % de femmes[13]. Au sein de la population totale, un peu plus de 28 % des femmes sont bancarisées, et 32 % des hommes environ[14]. Les décrets Debré-Haberer de 1966 et 1967 – des noms du ministre de l'Économie et des Finances, Michel Debré, et de son conseiller technique, Jean-Yves Haberer – ont également favorisé l'accélération de la bancarisation[15]. Ils suppriment la spécialisation bancaire et décloisonnent les activités entre les banques de dépôts et les banques d'affaires[16]. Surtout, ils apportent un assouplissement administratif à la réglementation bancaire, facilitant l'ouverture des

---

[7] Bonin, *La banque et les banquiers en France…, op. cit.*, p. 221.
[8] *Les cahiers du Crédit Mutuel*, n° 41, septembre-octobre 1969, p. 453.
[9] Arch. CASA, Circulaire de la direction des agences de province et d'Afrique du Crédit Lyonnais, n° 153, 1er août 1967.
[10] Olivier Feiertag, « La bancarisation de la société française dans les années 1960 », in Olivier Feiertag, Yannick Marec (dir.), *Les Français et l'argent entre fantasmes et réalités*, Rennes, Presses universitaires de Rennes, coll. « Histoire », 2011, p. 163-175.
[11] Arch. CASA, « Place des femmes dans la clientèle du Crédit Lyonnais », *Jeux d'écriture*, n° 7, juillet 1967, p. 27.
[12] *Ibid.*
[13] Arch. CASA, CNCA, Études et plan marketing, Opérations SIGMA, 1976, p.3. Ce document n'indique pas la situation familiale des femmes.
[14] *Ibid.*
[15] Feiertag, « La bancarisation de la société française… », art. cité, p. 167.
[16] Décrets du 25 janvier et du 23 décembre 1966, décret du 1er septembre 1967.

guichets[17], ce qui dynamise la concurrence entre les établissements. Le nombre d'agences a doublé entre 1968 et 1973 et la collecte des dépôts s'est intensifiée : la « course au guichet » s'accompagne de la « course aux clients »[18].

C'est surtout l'accord du 10 juillet 1970 sur la mensualisation du personnel ouvrier, entre le Conseil national du patronat français et les organisations syndicales de salariés, qui marque l'évolution de la bancarisation, supprimant la distinction entre les « mensuels » et les « horaires »[19]. Toutefois, la loi du 22 octobre 1940 portant sur le règlement par chèque ou le virement des salaires à partir de 3 000 francs compris est toujours en vigueur. Aussi, à partir de 1972, 75 % des salariés sont mensualisés, contre 10 % en 1969[20]. Les effets de la mensualisation n'ont pas échappé aux banques. Pour le Crédit Lyonnais, ces accords se traduisent par des changements importants envers sa clientèle d'ouvriers, à savoir un versement du salaire en fin de mois au lieu du « paiement fractionné par quinzaine », une augmentation sensible du salaire avec le versement de primes et d'indemnités, et une certaine sécurité de l'emploi[21]. Cette situation nouvelle, proche de celle de l'employé, nécessite probablement un ajustement du rythme des dépenses de l'ouvrier à la fréquence de versement de son salaire. Cette catégorie socioprofessionnelle constitue un marché potentiel important qui est évalué à 7 700 000 ouvriers, dont 4 millions non encore titulaires d'un compte bancaire, d'un CCP ou d'un livret de Caisse d'Épargne. La banque estime ce nouveau marché à 400 000 clients. Si le solde moyen du compte de dépôt au Crédit Lyonnais est de 3 180 francs, contre 2 910 francs pour un employé, il est de 1 900 francs pour un ouvrier[22]. Mais c'est surtout l'obligation, dès 1972, de verser par chèque ou virement tout salaire supérieur à 1 500 francs qui favorise l'intégration de cette catégorie socioprofessionnelle dans les banques[23]. Cette pratique commence à s'inscrire dans les habitudes des entreprises et détenir un compte bancaire devient donc indispensable pour percevoir son salaire. Ainsi, 87 % des ménages détiennent un compte de chèques en 1976. Si, en 1966, l'ouverture d'un compte bancaire concernait surtout des ménages « aisés, urbains et actifs », cette pratique touche désormais les ménages « moyens et modestes »[24]. Le rôle des banques mutualistes dans la bancarisation de la population française est incontestable, à l'exemple du Crédit Agricole qui

---

[17] Décision du Conseil national du crédit, 10 janvier 1967.
[18] Lazarus, *L'épreuve de l'argent...*, op.cit., p.31.
[19] Feiertag, « La bancarisation de la société française... », art. cité, p. 167.
[20] *Ibid.*
[21] Arch. CASA, Circulaire du département « commerçants et particuliers » du Crédit Lyonnais, mars 1971.
[22] *Ibid.*
[23] Lazarus, *L'épreuve de l'argent...*, op.cit., p. 32.
[24] *Ibid.*

élargit sa clientèle hors de la ruralité[25]. Ces établissements bancaires se présentent comme « les banques des familles » avec des valeurs morales fortes, tel le Crédit Mutuel de Bretagne qui refuse toujours d'accorder des prêts aux divorcés dans les années 1960-1970[26].

En 1975, l'adhésion au compte-chèques reste corrélée au niveau de revenus, mais aussi à l'âge des individus. Les titulaires ayant un bas revenu affichent un taux de détention de comptes-chèques moins important. Pour les ménages dont le chef a plus de 65 ans, ce taux est de 77 %, alors qu'il est de presque 90 % dans toutes les autres tranches d'âge[27].

Les données statistiques sur le taux de détention de comptes-chèques bancaires et des outils associés sont communiquées à l'échelle du ménage et non par sexe. Toutefois, quelques chiffres permettent de suivre l'évolution de la proportion de femmes, tous états matrimoniaux confondus, détenant un compte bancaire, un compte personnel et/ou joint, entre 1971 et 1980 : 27 % en 1971[28], 54,4 % en 1974[29], 63,3 % en 1976[30] et 77 % en 1980[31]. On peut alors supposer que la période d'accélération de la bancarisation de la population féminine se situerait entre 1971 et 1976, ce qui vient nuancer l'idée selon laquelle il s'agit, au début des années 1980, d'un phénomène récent[32]. La grande majorité des épouses (actives et inactives) détiennent un compte joint[33]. Cependant, à la BNP, par exemple, une tendance se dessine avec une progression de 36 % de la possession de comptes séparés dans le couple, une croissance jugée prometteuse et qui peut laisser supposer alors une possible disparition, à terme, du compte joint. On peut néanmoins se demander si les banques encouragent les femmes mariées à ouvrir un compte personnel ou un compte joint. La dynamique de conquête du Crédit Agricole permet d'éclairer cette question au niveau de la politique marketing, selon une approche théorique, et des campagnes publicitaires qui ont été menées.

Avec les générations plus jeunes, habituées à l'utilisation du compte-chèques, une évolution des pratiques est constatée durant la période 1980-

---

[25] *Ibid.*, p. 34.
[26] *Ibid.*, p. 33.
[27] Arch. de la Caisse des dépôts, « Données sur l'épargne des ménages », *Panorama CDC*, n° spécial, mai 1977, p. 43.
[28] Arch. CASA, Daphné de Saint-Sauveur, « L'argent du jour, le jour », *Le Figaro*, 26 avril 1977, et « Les femmes et l'argent : plus de fourmis que de cigales », *La Croix*, 12 juillet 1977.
[29] Arch. CASA, CNCA, Études internes sur la clientèle du Crédit Agricole, Opérations SIGMA, 1976, p.3. CNCA, Plan marketing, septembre 1975.
[30] De Saint-Sauveur, « L'argent du jour, le jour », art. cité, et « Les femmes et l'argent : plus de fourmis que de cigales », art. cité.
[31] Arch. historiques BNP Paribas, journal interne *Dialogue*, 1982, p. 8-9.
[32] *Ibid.*
[33] Claude Bonjean, « Couples : la discorde par l'argent », *Le Point,* n° 324, 4 décembre 1978, p. 1-3.

1984, avec la multi détention de compte-chèques par un même ménage[34]. Après une période d'expansion de la clientèle, le nouvel objectif des banques se recentre plus sur une logique de rentabilité et de fidélisation des clients que sur une conquête de nouveaux clients[35].

Jusqu'au début des années 1950, les crédits distribués par les banques sont surtout destinés à l'activité agricole ou industrielle. Puis, des sociétés financières spécialisées dans le crédit voient le jour, comme la Sofinco en 1951 et Cetelem en 1953. Alors que les banques américaines pratiquent le crédit à la consommation, les banques françaises montrent d'abord une certaine réserve envers ce produit. Mais la progression de la classe moyenne et du salariat ainsi que l'évolution du taux d'équipement des ménages au cours des « Trente Glorieuses » ont favorisé le développement d'une offre de service spécifique qui vise un public salarié stable, surtout les cadres, et se présente sous la forme d'un « prêt personnel »[36]. Ce type de crédit à la consommation s'est développé à partir des années 1970, en même temps que la consommation de masse[37].

2. Les caractéristiques du Crédit Agricole

Le Crédit Agricole accompagne la bancarisation de la société française d'abord auprès des ménages en milieu rural puis dans les villes[38]. Sa situation est certes différente de celle des autres banques de dépôt. À l'origine, la vocation du Crédit Agricole consiste à prêter de l'argent aux paysans pour le développement et/ou la consolidation de leur exploitation. Il s'agit surtout de petites exploitations, et la société paysanne de cette époque est davantage disposée à épargner qu'à emprunter[39]. Dès la Seconde Guerre mondiale, l'agriculture connaît une période de modernisation et nécessite d'importants capitaux, ce qui conduit les caisses régionales du Crédit

---

[34] Arch. de la Caisse des dépôts, SEDES, « L'épargne des ménages de 1975 à 1985 : données statistiques », Association d'économie financière-PUF, 1987, p. 73.

[35] Jeanne Lazarus, Georges Gloukoviezoff, « La relation bancaire avec la clientèle des particuliers », *Revue de Littérature*, Volet 1 : « La relation de service dans la banque », octobre 2005, p.7.

[36] *Ibid.*, p.27.

[37] Damien de Blic et Jeanne Lazarus, *Sociologie de l'argent*, Paris, La Découverte, 2007, p.6. Voir aussi Chessel, *Histoire de la consommation*, …, op. cit. p. 23-44. Daumas, *La révolution matérielle…*, *op. cit.*, p.307-496. Des changements profonds sont observés par l'auteur qui touchent la consommation depuis les années 1970-1980 et se manifestent par un morcellement sans précédent et croissant des modes de consommation. *Ibid.* p. 507.

[38] Arch. CASA, Roger Nougaret, « De la banque rurale à la banque universelle », *in La Banque verte s'affiche au conservatoire de l'agriculture à Chartres. Un siècle de publicité*, Chartres, Compa et Crédit Agricole, catalogue d'exposition, 2007, p. 9-17.

[39] Arch. CASA, exposé de Jean-Claude Seys, « Le Crédit Agricole, banque des ménages », Assemblée annuelle de la CNCA, 1978-1982, p. 38.

Agricole, à partir des années 1960, à conquérir des dépôts et de l'épargne des ménages pour aider ce secteur qui manque de ressources.

Le décret du 8 juin 1959 marque une étape importante car la « banque verte » reçoit l'autorisation de financer les résidences principales des propriétaires ruraux non agricoles dans des communes de moins de 2 000 habitants[40]. Mais la part du Crédit Agricole sur le marché du logement des particuliers reste marginale, avec 1,5 %. La législation élargit la ruralité aux communes de 5 000 habitants en 1969, puis de moins de 7 500 habitants en 1976 et de 12 000 habitants en 1979. La banque peut alors proposer des prêts à tout bénéficiaire, sans obligation de souscrire à des parts sociales ni de contribuer à la gestion des caisses locales[41]. À mesure que son champ de compétences s'étend, il s'affirme comme la banque du logement. En effet, bénéficiant parallèlement, comme les autres banques, de la réforme bancaire de 1966 initiée par Michel Debré, alors ministre des Finances, le Crédit Agricole collecte de l'épargne sous la forme de comptes sur livret et surtout de comptes d'épargne logement qui constituent le point de départ de la conquête du marché des particuliers.

Les caisses régionales, qui comptaient jusqu'ici un nombre limité d'agents, développent leurs bureaux permanents et périodiques[42]. Quasiment inexistant en 1945, ce réseau compte 8 500 bureaux en 1972, et des démarcheurs prospectent les campagnes jusqu'aux plus petits villages. L'évolution progressive de l'espace urbain, avec notamment la migration des citadins vers les campagnes et la naissance de petites villes (de 2 000 à 20 000 habitants) dans des territoires ruraux, lui permet aussi de diversifier sa clientèle en direction d'une catégorie « rurbaine », d'individus salariés avec un « comportement d'urbain »[43].

Au demeurant, ce qui différencie le Crédit Agricole des autres banques, c'est avant tout la « proximité physique » avec ses clients au moyen des caisses locales[44]. La caisse locale est aussi proche « humainement » car le secrétaire et le président se rendent directement au domicile du sociétaire pour échanger sur son projet financier[45]. Le secrétaire est muni de la fameuse sacoche qui contient « les documents officiels, le chéquier du Crédit Agricole et des billets de banque »[46]. Cette relation de proximité et humaine est renforcée dans les années 1950-1970 avec le passage du camion-banque

---

[40] Guide de l'administrateur, *L'histoire du Crédit Agricole*, vol. 3, p. 20.
[41] *Ibid.*
[42] Arch. CASA, CNCA et Mission Archives-Histoire, avec le concours d'André Gueslin, « La Caisse nationale dans le Crédit Agricole… Une histoire dans l'histoire », 1991, p. 22-28.
[43] *Ibid.*
[44] Hubert Bonin, « Une banque attachée aux territoires », *in La Banque verte s'affiche au conservatoire de l'agriculture à Chartres. Un siècle de publicité*, Chartres, Compa et Crédit Agricole, catalogue d'exposition, 2007, p. 35-42.
[45] *Ibid.*
[46] *Ibid.*

dans les villages, à l'initiative des caisses régionales, pour permettre à leur clientèle d'effectuer des opérations bancaires courantes. L'ouverture des bureaux auxiliaires dans les années 1940 à 1970 resserre encore le rapprochement du Crédit Agricole avec le monde paysan. Ces bureaux des caisses locales prennent le statut d'agences dès lors qu'ils ouvrent plusieurs jours par semaine : celles-ci sont au nombre de 2 259 en 1967[47].

3. La clientèle féminine de la « banque verte »

L'entrée dans l'ère de la communication publicitaire en 1966

Jusqu'en 1966, les actions publicitaires du Crédit Agricole visent à promouvoir les bons à cinq ans et les emprunts proposés par la Caisse nationale de Crédit Agricole[48]. Les caisses régionales diffusent quelques affiches et remettent gratuitement des objets publicitaires édités par la FNCA à leurs clients, en priorité aux agriculteurs : calendriers, protège-cahiers et buvards, porteurs du message « Aide le Crédit Agricole, le Crédit Agricole t'aidera »[49]. Un service publicitaire voit le jour dès 1966[50] afin d'amener la banque à émerger sur le marché fortement concurrentiel des particuliers, doté d'un budget commun entre les caisses régionales et la Caisse nationale qui en est le gestionnaire[51]. À caractère institutionnel, sa stratégie consiste d'abord à affirmer l'identité du Crédit Agricole et à étendre sa notoriété[52]. Les premières campagnes sont en effet porteuses du message : « Le Crédit Agricole, cela existe et c'est ouvert à tout le monde », et les premiers canaux de diffusion sont la presse magazine, la radio et la télévision[53]. Les publicitaires ont bien compris que la radio est un média écouté par toute la famille, y compris par la femme à la campagne durant la journée[54]. De même, la télévision permet de sensibiliser les femmes pendant leurs activités domestiques, car elles l'écoutent plus qu'elles ne la regardent[55]. L'impact des messages publicitaires est jugé incontestable. Dans cette perspective, après des négociations menées avec l'ORTF, en janvier 1968, le feuilleton *Sylvie des Trois Ormes* entre dans les foyers, chez « des milliers de familles françaises », en montrant un visage différent du monde paysan, en pleine

---

[47] Bonin, « Une banque attachée aux territoires », art. cité, p. 38.
[48] Nougaret, « De la banque rurale à la banque universelle », art. cité, p. 9-17.
[49] Mission Archives-Histoire de la CNCA, *Crédit Agricole, un siècle au présent*, Tome 1, *Des origines aux années cinquante*, Paris, Hervas, 1994, p.148.
[50] Gueslin, *Histoire des Crédits Agricoles...*, op. cit. p. 94.
[51] Mission Archives-Histoire de la CNCA, *Crédit Agricole...*, op. cit.
[52] Gueslin, *Histoire des Crédits Agricoles...*, op. cit., p. 94.
[53] *Ibid.*
[54] Gaston Martineau, *La publicité arme de l'assurance,* Paris, Éditions Cadrat, 1978, p. 138.
[55] *Ibid.*

évolution et au mode de vie moderne[56]. L'accroissement des dépenses publicitaires du Crédit Agricole entre 1970 et 1972, lui vaut d'être classé parmi les principaux annonceurs du secteur de la banque avec plus de 19 millions de francs, avant le Crédit Lyonnais avec un peu plus de 18 millions de francs et les Caisses d'Épargne avec presque 18 millions de francs.

En 1975, la Caisse nationale lance le premier plan marketing du groupe, puis, en 1976, la signature « le bon sens près de chez vous », qui exprime la proximité géographique et traduit l'aspect pragmatique de la banque envers ses clients[57].

À la conquête d'une clientèle prometteuse

Au début des années 1970, le Crédit Agricole souhaite rajeunir et dynamiser son image encore fortement marquée par son caractère rural et populaire[58]. Il mène chaque année deux types de campagnes publicitaires avec un ciblage orienté surtout vers le couple ou la famille, et les femmes en tant que responsables de l'argent du ménage[59]. À côté d'une segmentation selon le sexe, la direction marketing vise également certaines catégories socioprofessionnelles, aisées, urbaines et actives. Les ouvriers de moins de 35 ans, les hommes d'affaires et les cadres supérieurs font partie de ses publics cibles. Les canaux de diffusion choisis sont la presse magazine nationale pour toucher les urbains, la radio pour capter surtout la clientèle féminine, et la télévision pour son large spectre[60]. Malgré l'ampleur de ses actions de communication, en 1972, l'institution reste toujours fortement associée au monde rural et draine difficilement les gros épargnants, les actifs et les urbains[61]. Sa clientèle d'emprunteurs est essentiellement populaire comme sa clientèle de déposants qu'il développe dans les catégories sociales les plus modestes, à savoir les ouvriers, les employés, les retraités et les ruraux[62]. C'est un des rares établissements bancaires à accepter dans son portefeuille ces clients souvent délaissés par les autres banques.

Aussi, pour attirer les catégories qui lui font défaut, les opérations envisagées ont pour objectif d'« urbaniser la collecte des ressources », de rassurer les épargnants sur l'utilisation de leur argent et de montrer la

---

[56] Gueslin, *Histoire des Crédits Agricoles...*, op. cit., p. 95.
[57] Nougaret, « De la banque rurale à la banque universelle », art. cité, p. 9-17.
[58] Arch. CASA, « Le Crédit Agricole : campagne publicitaire 1972, stratégie et protocole de diffusion », p. 4 et suivantes.
[59] Arch. CASA, message publicitaire, campagne radio de juin 1970.
[60] « Le Crédit Agricole : campagne publicitaire 1972, stratégie et protocole de diffusion », précité, p. 2-4.
[61] *Ibid.*, p. 9
[62] Arch. CASA, Intervention de Jean-Claude Seys, « Le Crédit Agricole, banque des ménages 1978-1982 », Assemblée annuelle de la CNCA (s.d.), p. 40-41.

contribution de la banque dans l'essor d'un territoire régional[63]. En outre, sa clientèle reste fortement masculine, avec 83 % d'hommes et 17 % de femmes[64], alors qu'au Crédit Lyonnais, en 1967, elles représentaient déjà 26 % de sa clientèle en compte de dépôt. Compte tenu de cette persistance, les femmes restent une cible prioritaire[65]. L'action publicitaire engagée dès 1975 s'adresse à nouveau aux gestionnaires du budget familial, en leur présentant les services liés au compte-chèques. L'orientation retenue est l'ouverture d'un compte personnel auprès de celles dont le mari détient déjà un compte-chèques à la concurrence, et l'ouverture d'un deuxième compte vers les couples titulaires d'un compte joint au Crédit Agricole[66].

Si la clientèle connaît alors une forte féminisation avec 40,5 % de femmes[67], leur part reste minoritaire et demeurent moins bien représentées par rapport aux autres banques, qui enregistrent une part de 43,8 % de femmes[68]. Leur sous-représentation s'explique, selon la direction marketing, par la forte proportion de comptes joints (34,3 % des comptes de dépôts). Aussi dès 1976, le Crédit Agricole souhaite concentrer ses actions publicitaires sur les actives et les veuves ayant des ressources propres pour l'ouverture d'un compte personnel[69]. Mais cet objectif se heurte à une certaine réserve, car la banque estime que le taux d'activité des femmes décroît à partir de 24 ans. Ce raisonnement ne manque pas de susciter l'étonnement, car une photographie de cette mesure sur une année ne saurait suffire à observer le mouvement de l'activité féminine. En effet, entre 1962 et 1975, le taux d'activité des femmes de 25 à 49 ans s'élève, passant de 41,5 % à 53,9 %, et cela, de manière durable[70].

Alors que le nombre de clients est passé de 5 millions en 1970 à 9,6 millions en 1978[71], sa clientèle progresse en milieu urbain, surtout dans les villes moyennes et à la périphérie des grandes villes. Mais vers le milieu des années 1980, une différence de bancarisation entre les hommes et les femmes perdure sur le marché des particuliers en défaveur de ces dernières[72]. La majorité des femmes mariées sont équipées d'un compte joint

---

[63] « Le Crédit Agricole : campagne publicitaire 1972, stratégie et protocole de diffusion », précité, p. 11.
[64] *Ibid.*, p. 5.
[65] Arch. FNCA, « Procès-verbal de la séance du Comité Central du 22 janvier 1975 », p. 14.
[66] Arch. CASA, CNCA, Plan marketing, septembre 1975, p. 14.
[67] *Ibid.*, p. 3.
[68] Arch. CASA, CNCA, Étude interne sur la clientèle du Crédit Agricole, document précité, p.3.
[69] Arch. CASA, CNCA, Plan marketing, septembre 1975, p. 2. Cette étude se base sur les chiffres communiqués par le Centre d'étude des supports de publicité (CESP) en 1974.
[70] Maruani, *Travail et emploi des femmes...*, *op. cit.*, p. 15 et suivantes.
[71] Arch. CASA, Exposé de Louis-Noël Joly, « L'organisation de 1970 à 1980 », Assemblée générale de la CNCA, 20 mai 1980, p.70 : une adaptation permanente.
[72] Arch. CASA, CNCA, « Orientations marketing à moyen terme : diagnostic général 1984-1986 », Département du développement, p.37.

avec l'époux. Une « rebancarisation » de cette population est cette fois-ci engagée en les encourageant à ouvrir un compte-chèques individuel ou un deuxième compte joint. Toutes les catégories socioprofessionnelles sont considérées, bien que les segments les plus porteurs identifiés soient les agriculteurs et les indépendants. Dans ces milieux, les femmes interviennent amplement dans la gestion financière ; le budget professionnel et le budget familial font souvent l'objet d'un seul et même compte.

CHAPITRE III
UN CARNET DE CHÈQUES POUR LA « MÉNAGÈRE » ?

Le maillage du territoire par les banques est suivi de campagnes publicitaires pour promouvoir le compte-chèques et la diffusion du chèque. De plus, les établissements doivent trouver de nouveaux clients chaque année pour compenser les insatisfaits qui sont passés à la concurrence et attirer la nouvelle génération qui arrive sur le marché. Ainsi, au Crédit Lyonnais, s'agit-il de gagner 300 000 nouveaux comptes par an pour assurer l'avenir de l'entreprise, sachant que 20 % environ seront rentables à terme. Bien que la capacité juridique de l'épouse ne soit pas encore levée, les femmes deviennent un public cible pour les banques. À quelle(s) typologie(s) de clientes s'intéressent-elles précisément, et comment cherchent-elles à mobiliser leurs ressources matérielles sur un compte bancaire ? L'émancipation économique et professionnelle des femmes est-elle prise en compte dans la publicité bancaire ? Pour éclairer ce point fondamental, le discours publicitaire a été confronté avec la réalité du travail des femmes, sans perdre de vue les évolutions pour saisir comment la banque avance sur ces questions. Les représentations publicitaires ont été considérées comme un indicateur de la place attribuée aux femmes dans et par la société[1].

---

[1] Valérie Sacriste, « Communication publicitaire et consommation d'objet dans la société moderne », *Cahiers internationaux de sociologie*, vol. 112, n° 1, 2002, p. 123-150.

Méthodologie
Les sources d'archives constituées par les documents publicitaires et iconographiques[2] du Crédit Agricole ont été utilisées. Dans une perspective comparative, les fonds d'autres établissements bancaires viennent enrichir l'analyse, dont celui du Crédit Lyonnais, principalement, puis de la Société Générale, de BNP Paribas, de la Banque Populaire et de la Banque de Bilbao. Pour le Crédit Agricole et le Crédit Lyonnais, l'ensemble des documents disponibles ont été examinés, dans les autres cas leur collecte a été tributaire des supports communiqués par les archivistes.

Ont été retenus les supports publicitaires qui promeuvent le chèque qui était de nature à encourager l'ouverture d'un compte bancaire au plus grand nombre, ainsi que les documents qui représentent et s'adressent explicitement aux femmes. Tous les cas où leur présence a été considérée comme marginale ont été éliminés pour se concentrer sur les contenus où elles sont prépondérantes, selon la volonté des banques[3]. Ensuite, une communication équivalente pour le même produit et à la même période à destination des hommes a été observée.

Malgré la concurrence, l'affiche reste un support de communication qui compte dans le paysage publicitaire entre 1950 et le début des années 1970[4] en France : c'est pourquoi elle a été privilégiée. Si pour le Crédit Lyonnais, ces supports ont bien été archivés, ils ont fait défaut pour le Crédit Agricole. Aussi, l'observation s'est appuyée sur ses annonces dans la presse féminine, et en second choix, sur ses films promotionnels.

Un corpus de 66 documents a été constitué : 29 affiches (46%), 31 annonces presse (49%), deux films publicitaires et quatre brochures. La nature du corpus est présentée en annexe.

L'étude commence en 1959 car les années cinquante constituent une période importante pour le Crédit Lyonnais qui s'est lancé dans une phase de transformation de son activité[5]. De surcroît, les avancées du droit dans les années 1960 facilitent l'ouverture d'un compte bancaire par les femmes et l'usage libre des outils associés. Aussi, les banques vont s'adresser de plus en plus au segment féminin. Cette étude s'achève en 1985, car le début des années 1980 marque la fin de la période d'accélération de la bancarisation des Français[6].

---

[2] Hubert Bonin, *Banque et identité commerciale. La Société Générale 1864-2014*, Presses universitaires du Septentrion, 2014, p. 13-14.
[3] Nous savons qu'il y a un biais dans notre échantillon qui survalorise la communication volontaire des banques sur ce sujet. Mais cela souligne néanmoins leur choix de les prendre en compte comme nouvelles clientes.
[4] « La continuité de l'importance de l'affiche », in Marc Martin, *Trois siècles de publicité en France*, Paris, Odile Jacob, 1992, p. 337-339.
[5] Martin, « Stratégie et structure du Crédit Lyonnais... », thèse précitée, p. 35 et suivantes.
[6] Georges Gloukoviezoff « 2. L'État architecte de la financiarisation », *L'exclusion bancaire*, Georges Gloukoviezoff (dir.), Paris, Presses universitaires de France, 2010, p. 39-69.

1. La femme au foyer, première clientèle pressentie par les banques dès la fin des années 1950

L'utilité de la « ménagère »

Les banques ont bien compris que les femmes, la « ménagère » en milieu populaire urbain ou la « maîtresse de maison » dans la classe bourgeoise, tiennent les cordons de la bourse et/ou la comptabilité familiale[7]. C'est aussi le cas en territoire rural où elles s'occupent de la gestion de l'argent[8]. Historiens, anthropologues, sociologues ont en effet montré que les femmes sont gestionnaires du budget familial, et seules responsables des dépenses quotidiennes[9]. Par conséquent, nous entendons par ménagère la femme qui gère le budget avec économie[10].

Identifiée comme une cliente influente dans son foyer dès la fin des années 1950, elle est aussi présentée dans sa fonction utile d'administratrice des ressources matérielles du ménage sur les affiches publicitaires du Crédit Lyonnais et dans les outils de prospection des caisses régionales du Crédit Agricole.

---

[7] Michelle Perrot, « 2. Drames et conflits familiaux », in Philippe Ariès et Georges Duby (dir.), *Histoire de la vie privée*, Tome 4, *De la Révolution à la Grande Guerre*, volume dirigé par Michelle Perrot, Paris, Seuil, 1999, p. 246.
[8] Susan Carol Rogers, « Les femmes et le pouvoir », in Hugues Lamarche, Susan Carol Rogers, Claude Karnoouh (dir.), *Paysans, femmes et citoyens, luttes pour le pouvoir dans un village lorrain*, Paris, Actes Sud, 1980, p. 61-137. Anne Guillou, *Les Femmes, la Terre, l'Argent, Guiclan en Léon*, Éditions Beltan, 1990, p. 100.
[9] Ariès, Duby (dir.), *Histoire de la vie privée*, op. cit., p. 66-241 et p. 246.
[10] Sabine Effosse, « La loi du 13 juillet 1965 et l'émancipation bancaire de la femme mariée », *Cahiers français*, n° 414, janvier-février 2020, p. 110-111.

Document 1   Document 2

Illustration 2 : affiches publicitaires du Crédit Lyonnais, 1959. Archives historiques de Crédit Agricole S.A.

En 1959, le Crédit Lyonnais présente la femme mariée comme le « ministre des finances » du foyer (illustration 2, document 1) dont la mission est de gérer le budget familial qui comprend les dépenses courantes composées des frais de nourriture, d'habillement et d'entretien du logement. Maîtresse de maison avisée, elle doit assurer la bonne tenue des comptes pour maintenir le niveau de vie du ménage et améliorer le confort de la famille[11]. Pour la soulager dans cette responsabilité domestique, la banque l'incite à se faire ouvrir un compte bancaire au Crédit Lyonnais et à avoir un carnet de chèques ou à utiliser les chèques remis par son mari. Grâce aux nombreux services auxquels il donne accès (moyen de paiement, virement automatique pour régler les factures, relevés de compte, réserve d'argent à disposition…), le compte de chèques est assimilé à un « serviteur » qui l'accompagne gratuitement au quotidien pour les besoins de son foyer.

Sur cette première affiche, on voit une jeune femme, installée à son bureau, dans un espace de travail individuel et ordonné qui traduit sa position de dirigeante de la maison. Cet équipement n'est pas sans rappeler la méthode de Paulette Bernège, pour qui la femme au foyer tient un rôle professionnel en exerçant le métier de ménagère[12]. Aussi, elle lui conseille, entre autres, d'acquérir son propre bureau pour valoriser sa fonction et l'envisager au rang du chef qui conduit le ménage : « À la fonction de chef,

---

[11] Perrot, *Histoire de la vie privée…*, *op. cit.*, p. 133.
[12] Paulette Bernège, *De la méthode ménagère*, Paris, Mon chez moi et Dunod, 1928, p. 86.

il faut un organe matériel. »[13] Il lui permet non seulement de ranger ses outils de travail (papiers, comptes, tableaux, documentation), mais aussi de prendre le temps de réfléchir pour planifier et organiser ses activités. Sans cela, elle ne serait qu'une exécutante qui accomplit des tâches mécaniques.

Les prémices d'une segmentation de la clientèle féminine apparaissent sur une seconde affiche (document 2) avec trois profils-types de clientes qui représentent l'idéal féminin pour la banque. Martine, Françoise et Simone sont des clientes parmi tant d'autres du Crédit Lyonnais. Pour les représenter, le publicitaire a utilisé des illustrations, probablement pour créer un attachement avec les personnages, ce qui est aussi le cas de « la ministre des finances » (document 1). Le trait est simple, figuratif, épuré, quasi enfantin ce qui rend les personnages accessibles et « passe-partout ». Aussi une femme peut-elle facilement s'identifier à l'une de ces trois clientes selon sa situation : célibataire, femme au foyer, mère de famille qui reprend un emploi. Ce choix graphique peut aussi traduire une volonté de s'adresser à la part enfantine des clientes. Les illustrations proposent des archétypes, marqueurs des étapes de la vie d'une femme et associés à l'expression d'une évolution sociale et personnelle.

Ainsi, Martine, la célibataire, est une femme active qui exerce la profession de secrétaire de direction, l'épouse, Françoise, est une femme au foyer qui tient la maison et s'occupe de ses enfants, et la quadragénaire, Simone, reprend une activité professionnelle après avoir élevé les siens. Toutes les trois incarnent des modèles de réussite. Martine est certes employée, mais d'une direction. Françoise arrive à la phase cruciale de sa vie, élever des enfants, tout en restant épanouie et élégante. Simone se distingue par son collier de perles, des boucles d'oreilles et un chemisier foncé qui lui confèrent une élégance plus ostentatoire et liée à une maturité intellectuelle exprimée par le livre. Ces signes traduisent qu'elle a atteint une catégorie socioprofessionnelle supérieure et bénéficie d'une reconnaissance.

Dans la première image consacrée à la célibataire, le compte bancaire et le chéquier sont présentés comme un équipement pratique, indispensable à « une femme moderne » qui ne peut plus se contenter du seul porte-monnaie, étant donné ses nombreuses activités professionnelles et domestiques. Ce personnage est en adéquation avec la société moderne telle que décrite par Georges Perec[14], à savoir une société de consommation où les archétypes, souvent hors de portée, illustrés par le luxe, le confort, le mode de vie, l'impression d'abondance, suscitent à la fois des désirs et des frustrations.

Quant à la mère de famille (deuxième dessin du document 2), elle est invitée à se familiariser avec l'outil bancaire pour faciliter son quotidien et rendre service à son « gentil » époux qui peut lui donner procuration sur son compte, sans remettre en cause l'organisation des rôles traditionnels dans le

---

[13] *Ibid.*, p. 86-87
[14] Georges Perec, *Les choses*, Paris, René Julliard, 1965, p. 55 et suivantes.

couple. En tant que chef du ménage, il exerce une activité professionnelle et prend en charge le règlement des factures par chèques et les remboursements. L'épouse qui gère le quotidien doit pouvoir retirer facilement l'argent nécessaire sur le compte, pour le bon fonctionnement du foyer. Son domaine d'intervention est par conséquent extrêmement limité car elle n'a pas encore acquis la capacité juridique totale.

La quadragénaire (troisième dessin du document 2), libérée de ses charges familiales, retrouve sa profession de journaliste pour compléter les ressources financières du ménage. Elle a donc besoin d'un compte bancaire. Par cette représentation, la publicité met en avant le modèle de l'activité et du salaire d'appoint féminin ainsi que la priorité de la maternité dans la vie d'une femme. L'idée du travail d'appoint qui revient assez régulièrement dans ces messages publicitaires sera abordée plus loin.

Ces deux affiches comportent beaucoup de texte, aussi peut-on supposer qu'elles sont destinées à être diffusées dans les agences, devant les guichets où les clientes, et les clients, pourront prendre le temps de lire les messages. Elles visent donc la clientèle acquise pour la fidéliser tout au long de sa vie et de son évolution, et non la clientèle potentielle. Ainsi, ces documents publicitaires projettent et normalisent l'image de la femme au foyer et soutiennent le modèle traditionnel de la famille où le mari est pourvoyeur des ressources matérielles du ménage et où l'épouse assure l'entretien du logement, l'éducation des enfants[15] et gère le budget familial. La publicité conforte l'image de la gardienne du foyer tout en affirmant le pouvoir de consommation des femmes[16].

Dans les faits, les femmes travailleraient-elles seulement lorsqu'elles sont jeunes célibataires et/ou après avoir élevé leurs enfants, pour compléter le revenu familial ? Les épouses ont toujours travaillé, puisqu'elles constituent 50 % des actives en 1920, 55 % en 1936 et 52 % en 1970[17]. Les taux d'activité par tranche d'âge confirment cette réalité. Pour les 15- 24 ans, il est très élevé en 1936, avec 60 %, puis il est de 47,2 % en 1954 ; pour les 25- 54 ans, il passe de 40,8 % en 1936 à 43,1 % en 1954. Dès lors, le discours qui reste attaché au Code civil de Napoléon en les cantonnant à leur famille[18] ne reflète pas la réalité de la vie des épouses durant la première moitié du XXe siècle. De plus, les plus concernées par la discontinuité de la vie active sont celles dont les conditions de travail sont les plus pénibles[19].

En outre, la deuxième affiche publicitaire envisage une reprise de l'activité des femmes mariées dans le cadre d'un métier plutôt élitiste ou qui fait partie des professions intellectuelles et dans un milieu assez privilégié. Autrement

---

[15] Bard, *Les femmes dans la société française…, op. cit.*, p. 185.
[16] Rebecca J. Pulju, *Women and Mass Consumer Society in Postwar France*, Cambridge, Cambridge University Press, 2011, p. 27-58.
[17] *Ibid.*, p. 83-84.
[18] Schweitzer, *Les femmes ont toujours travaillé…, op. cit.*, p. 63.
[19] *Ibid.* p. 86.

dit, le monde du travail serait accessible aux femmes hors du commun[20]. Cette approche vient soutenir le discours normatif et restrictif de la place des femmes dans le monde professionnel et dans la société. Le problème majeur que pose le travail salarié féminin remonte effectivement à la première révolution industrielle en France, avec l'accroissement de la part des femmes dans une population active alors en forte croissance[21]. Dès lors, on se demande si le fait de gagner de l'argent en dehors du foyer est conciliable avec la fonction de mère et d'épouse et par conséquent, avec l'équilibre familial. Pendant qu'une partie de la société met en question la contribution de la main-d'œuvre féminine à l'économie de la nation, les femmes, elles, ont tranché en restant dans le monde professionnel et en devenant salariées.

Dans le même temps, alors que le Crédit Agricole se consacre, au fil des années 1950, à bancariser un monde agricole jusque-là réticent, et se soucie du phénomène de la « désertification des campagnes »[22], en 1959, la Caisse régionale de l'Orne produit le film d'entreprise *Un bon compte,* qui montre comment un couple d'agriculteurs s'est décidé à y ouvrir son premier compte. Bernard Dromigny, alors sous-directeur de la Caisse régionale du Crédit Agricole Mutuel de l'Orne, est à l'origine de cette initiative cinématographique dont il a écrit le scénario et a confié la réalisation à Sidney Jézéquel[23]. Le cinéma est employé pour développer la bancarisation des campagnes et convaincre les agriculteurs de rejoindre la banque. Largement diffusée dans le département de l'Orne, dans les foyers ruraux, dans les cafés, la séance de cinéma est suivie d'un jeu basé sur l'apprentissage de l'usage du chèque, alors nouveau moyen de paiement[24]. Une adaptation du film est conçue pour la Caisse régionale du Crédit Agricole des Pyrénées-Orientales, intitulée *Un homme tranquille* et diffusée selon les mêmes modalités en 1962 qui met en scène un couple de viticulteurs. Dans cette opération, la fiction utilise la femme d'agriculteur comme médiatrice pour s'adresser au mari et lui proposer de nouveaux outils : le compte bancaire et le chéquier, avec la promesse de les protéger contre le vol.

Les premières images du film *Un bon compte* font entrer le spectateur dans le quotidien du monde paysan de façon progressive, d'abord par le

---

[20] Claire Blandin, « *Elle* et le travail des femmes », *Sciences de la société,* n° 83, Presses universitaires du Mirail, 2012, p. 118-135.
[21] Thierry Blöss et Alain Frickey, *La femme dans la société française*, Paris, Presses universitaires de France, Coll. « Que sais-je ? », 1994, p. 31 et p. 94. Les femmes intègrent les métiers de l'industrie textile et constituent une main-d'œuvre encore nombreuse dans le secteur agricole.
[22] André Gueslin, *Le Crédit Agricole*, Paris, La Découverte, 1985, p.79.
[23] Fils de l'écrivain Roger Breuil, Sidney Jézéquel est un réalisateur français né le 23 mai 1931. Il a réalisé de nombreux courts métrages à partir de 1958 et a collaboré avec Roger Leenhardt, défenseur du cinéma d'auteur qui a inspiré la Nouvelle Vague, mouvement du cinéma français de la fin des années 1950 à la fin des années 1960.
[24] Arch. CASA, Manuscrit d'un ouvrage non publié sur l'histoire du Crédit Agricole à partir de 1950.

bourg un jour de marché aux bestiaux, temps forts de sa vie économique, ensuite par le café, lieu où les agriculteurs se retrouvent et échangent. L'histoire a recours au témoignage d'un paysan à un autre afin que le public visé puisse facilement s'identifier aux situations vécues et racontées. Les deux fictions s'appuient sur le fait divers d'un vol pour introduire un argument de sécurité et amener les cultivateurs à pousser les portes du Crédit Agricole. À la suite d'un cambriolage dans le voisinage, le couple décide de déposer son argent dans un compte.

Avant l'ouverture du compte bancaire, l'épouse administre la paie du lait, conserve ses sous dans une boîte ou un porte-monnaie pour « faire bouillir la marmite » et tient les comptes du quotidien. Le rôle de l'épouse est similaire dans le second film où ses économies proviennent de la vente de ses fruits et légumes. Avec ses sous, elle prend en charge la rentrée des classes des enfants, les courses quotidiennes et l'entretien de la maison. Le fermier s'occupe de l'exploitation et utilise ses gains au fil des besoins pour son entretien et son développement. Martine Segalen et Anne Guillou ont effectivement démontré la complémentarité des tâches entre les époux dans la société paysanne et souligné le pouvoir économique et financier des femmes qui exercent une autorité incontestée dans la sphère familiale[25]. Comme dans ces films, elles ont leur mot à dire.

L'influence de l'épouse dans les pratiques financières du ménage s'affirme après l'ouverture du compte bancaire face à un mari plus conservateur qui préfère garder ses habitudes. À cette occasion, cette dernière montre aussi sa capacité d'autonomie en détenant un compte-chèques personnel, ouvert avec l'autorisation du mari, son efficacité et son sens de l'initiative. En effet, si le mari se montre réticent vis-à-vis de l'utilisation du chéquier, sa femme perçoit très vite les bénéfices des services proposés liés à un compte-chèques et surtout de ce nouveau moyen de paiement. Elle voit aussi dans les talons des chèques un moyen fiable de tenir plus facilement les comptes. Elle règle les achats courants par chèque et introduit un changement dans la gestion financière du couple en passant aisément du bas de laine à l'ouverture d'un compte bancaire personnel et des espèces au chèque. Elle tient un rôle moteur en participant à la bancarisation du ménage et ainsi à celle de la société rurale.

Ici non plus, le message publicitaire ne remet pas en cause les rôles traditionnels dans le couple, ancrés dans le monde agricole. Alors que la

---

[25] Martine Segalen, *Mari et femme dans la société paysanne*, Paris, Flammarion, 2002, p. 130-131. Le pouvoir économique et financier de la femme dans le ménage place souvent le mari en situation de dépendance pour obtenir les sous dont il a besoin pour boire au café avec ses camarades ou payer son tabac. Comme dans les films du Crédit Agricole, une partie de l'activité féminine permet de couvrir les dépenses quotidiennes, car les produits de la basse-cour et de l'étable sont les fruits de son travail. Par ailleurs, sa capacité à l'économie est une qualité reconnue et valorisée. (Guillou, *Les Femmes, la Terre, l'Argent, Guiclan en Léon, op. cit.*, p. 100 et 161).

femme d'agriculteur gagne en compétences comme gestionnaire en matière bancaire, elle reste perçue comme une collaboratrice efficace pour aider le mari. Ces aptitudes nouvelles ne sont pas pour autant reconnues par un statut professionnel. Selon un code moral qui lui est propre, de son influence et de son travail dépendent le bien-être de la famille et l'avenir de l'exploitation[26]. Les femmes ne sont pas alors considérées comme des travailleuses professionnelles mais comme des aides[27].

Dans le contexte de développement de la collecte des dépôts, les banques envisagent donc les femmes comme des prescriptrices dans l'utilisation des services bancaires et du chèque. En fonction de la clientèle visée – milieu rural ou urbain, classe populaire ou aisée –, les supports analysés ne font pas apparaître les mêmes arguments et le discours ne reflète pas la vie réelle des femmes.

Les annonces dans la presse n'ont pas la même fonction que l'affiche et, le plus souvent, elles ne véhiculent pas non plus le même type d'informations. Elles mettent en avant des moments spécifiques du quotidien, mais surtout, « elles veulent exalter ce qui est susceptible de sortir de l'ordinaire »[28]. Ce média favorise aussi le ciblage par centre d'intérêt et par segment de clientèle. L'affichage est avant tout un média de masse et urbain, présent dans des espaces à forte fréquentation[29]. Ces supports sont généralement complémentaires et les insertions dans la presse viennent le plus souvent appuyer le message générique porté par l'affiche.

Dans le corpus d'annonces publicitaires examiné pour l'année 1960, le visuel, qui est une photo, constitue le composant principal et traduit une intention de réalisme. Il couvre une grande partie de la page et se trouve au centre de sorte que la lectrice identifie rapidement l'idée principale du discours. Les femmes sont invitées à se projeter dans des situations courantes et/ou qui résonnent dans la mémoire[30] : se faire belle et soigner son apparence, faire « du shopping », se marier, moments qui s'inscrivent dans la norme

---

[26] Arch. CASA, Annales de la mutualité et de la coopération agricoles, Discours de M. Riverain, président du syndicat des agriculteurs de Loir-et-Cher, 5e année, n° 12, décembre 1912, p. 365-367. La femme d'agriculteur doit être capable de remplacer son mari avec docilité, sans négliger ses tâches habituelles. À côté de son activité productrice, elle tient un rôle de reproductrice pour assurer l'arrivée des nombreux futurs auxiliaires auxquels il convient de transmettre l'esprit de famille pour qu'ils restent attachés à la terre. S'imposer des privations fait partie du parcours de cette vaillante mère de famille laissée dans l'ombre mais récompensée par la satisfaction du devoir accompli.

[27] Mickaël Ramseyer et Hélène Guétat-Bernard, « Égalité de genre en agriculture et logiques familiales », *Pour*, vol. 222, n° 2, 2014, p. 101-106.

[28] Alain Joannès, *Communiquer par l'image. Utiliser la dimension visuelle pour valoriser sa communication*, Paris, Dunod, 2005, p. 135.

[29] Servanne Barre et Anne-Marie Gayrard-Carrera, *La boîte à outils de la publicité*, Paris, Dunod, 2015, p. 97, p. 102-103.

[30] Joannès, *Communiquer par l'image…*, op. cit., p. 5.

sociale. À cet égard, la dimension actuelle et esthétique du chéquier est soulignée, présenté comme un accessoire de mode, distingué et citadin, voire prestigieux. Affiché comme le moyen de paiement moderne en toutes circonstances, cet outil signe l'appartenance à une classe sociale reconnue et valorisée. Pour Sabine Effosse, ce ciblage s'explique par le fait qu'avant la libération du système bancaire et l'obligation de verser mensuellement les salaires, les catégories socioprofessionnelles qui possédaient un compte bancaire appartenaient aux classes moyennes supérieures[31]. Selon Jean-Claude Daumas, les catégories socioprofessionnelles supérieures créent une dynamique dans l'expansion de la consommation et leur mode de vie constitue un idéal à atteindre dessiné par les publicités[32].

Le message publicitaire prend pour cible la « ménagère consommatrice »[33] (« payez vos achats ») qui détient son propre argent (« votre argent est en sécurité ») et peut avoir son compte-chèques (« faites-vous donc ouvrir, gratuitement, un compte au Crédit Lyonnais ») qui détient une valeur pratique (« un serviteur gratuit »). Mais d'où vient son argent ?

Illustration 3 : annonce de presse du Crédit Lyonnais, *Elle*, 27 mai et 18 octobre 1960, *Marie Claire*, octobre 1960. Archives historiques de Crédit Agricole S.A.

---

[31] Effosse (dir.), « Financial Empowerment for Married Women *in* France… », art. cité, p. 135.
[32] Daumas, *La révolution matérielle…, op. cit.*, p. 360-361.
[33] Evelyne Sullerot, *La presse féminine*, Paris, Armand Colin, 1966, p. 56.

Alors que le magazine est un support que l'on feuillète, l'utilisation du monochrome (monochromes bleus dans la version originale de l'affiche) attire le regard et retient l'attention sans surcharger l'image, il favorise la lecture des différentes informations, ce qui crée une composition (visuel et contenu textuel) claire, homogène et harmonieuse qui n'encombre pas l'esprit, bien que le décor soit riche d'informations et le contenu textuel très fourni. Mais il y a peut-être aussi un aspect économique qui entre en ligne de compte car l'impression monochrome est moins coûteuse qu'en quadrichromie. Ici les informations sont implicites. L'image plante le décor et le texte vient éclairer la situation. Le photographe oriente le regard du lecteur en faisant le lien entre le logo de la banque et les mariés révélant l'information capitale en avant-première : la naissance du nouveau ministre des finances (illustration 3). Ainsi, une fois mariée, la femme détient la responsabilité du budget familial. La publicitaire promet de lui rendre la vie plus facile en l'aidant à tenir la comptabilité familiale, en simplifiant les paiements avec des chèques, en lui faisant percevoir ses remboursements de la Sécurité Sociale. Mais dans cette liste, quand est-il de son salaire ?

Aucune référence explicite à une activité professionnelle n'apparaît dans ces annonces, comme si le monde du travail des femmes en tant que tel n'existait pas. Est-ce que cela signifie que leurs ressources financières proviendraient de la seule allocation du mari ? Élucidons les faits. Premièrement, le modèle de la femme au foyer, épouse et mère qui ne travaille jamais, valorisé par la société, est très faiblement représenté en France[34]. Deuxièmement, le poids des femmes dans la population active est toujours supérieur à 33 % depuis le début du XXe siècle jusqu'en 1962[35]. Comme clarifié par la sociologue Margaret Maruani : « Le travail, ce n'est pas toujours mâle. »[36] Au cours de la seconde moitié du XXe siècle, les jeunes adultes, de 25 à 29 ans, catégorie la plus ciblée par ces publicités, sont les plus actives[37]. Troisièmement, l'année 1962 signe « le début de la remontée spectaculaire de l'emploi féminin »[38]. Enfin, pour cette même année, le salaire annuel net moyen des femmes est de 6 170 francs, contre 9 579 francs pour les hommes[39]. En dépit d'un écart de salaire notable, ces chiffres montrent bien que les travailleuses détiennent des revenus propres

---

[34] Schweitzer, *Les femmes ont toujours travaillé...,op. cit.*, 2002, p. 88.
[35] Maruani, *Mais qui a peur du travail des femmes..., op. cit.*, p. 16. La baisse ponctuelle du nombre des femmes au travail à partir de 1921 jusqu'en 1962 s'explique par l'affaiblissement du secteur de l'agriculture qui est délaissé par la main-d'œuvre féminine. Ce déclin n'est pas compensé par la progression d'autres secteurs jusqu'aux années 1960, où les femmes investissent le tertiaire sans négliger l'industrie. Maruani, Méron (dir.), *Un siècle de travail des femmes... op. cit.*, p. 30.
[36] *Ibid.*, p. 8.
[37] Maruani, Méron (dir.), *Un siècle de travail des femmes...,op. cit.*, p.51 et p. 80-81.
[38] Maruani, *Mais qui a peur du travail des femmes..., op. cit.*, p. 16.
[39] Maruani, *Travail et emploi des femmes..., op. cit.*, p. 51..

qui, potentiellement, peuvent être versés sur un compte bancaire. Mais rien ne les encourage ici à venir mettre en dépôt leurs finances personnelles.

Illustration 4 : annonce de presse du Crédit Lyonnais, *Elle*, 28 avril 1960, *Marie Claire*, juin 1960. Archives historiques de Crédit Agricole S.A.

Cette publicité raconte une autre histoire pour vanter les bénéfices du chéquier. Une jeune femme se trouve encombrée par toutes ses emplettes et ses billets de banque, créant un inconfort pour elle et le caissier ainsi qu'une situation ridicule qui va à l'encontre de sa quête de l'élégance. Elle demande de l'aide par son regard au bout duquel se trouve le chéquier : c'est la réponse idéale. Un autre argument utilisé par la banque pour s'adresser à la clientèle féminine est l'aspect sécuritaire. Elle n'a plus besoin d'avoir des espèces sur elle. Son argent est à sa disposition tout en restant en sûreté à la banque, et le chéquier lui permet de faire ses achats sereinement. Certes, l'argument qui consiste à se prémunir contre le vol a aussi été utilisé pour les hommes qui se voyaient offrir ce moyen de paiement[40]. Mais ici, il vient renforcer le côté frivole de la cliente et lui évite d'être prise de court chez les commerçants. On retrouve dans cette image la perception commune de la dépensière, induite en tentation imprévisible[41].

---

[40] Effosse (dir.), « Financial Empowerment for Married Women in France… », art. cité, p. 135.
[41] Guy Thuillier, *Pour une histoire du quotidien au XIXe siècle en Nirvanais*, Paris, École des hautes études en sciences sociales, 1977, p. 140 et 152.

Pourtant, paradoxalement, au début des années 1960, pour promouvoir le compte spécial sur carnet, la banque s'adresse aux jeunes citadines en mobilisant leurs qualités rationnelles de gestionnaires, avec la promesse de faire fructifier leurs disponibilités. Les femmes sont effectivement davantage portées à épargner que leur mari, car plus attentives à l'administration du ménage et à l'avenir des enfants[42].

Tout en présentant le compte bancaire et le chéquier comme un symbole d'émancipation des femmes[43], la banque veille à ne pas amoindrir pour autant l'autorité du mari. Il doit fournir, en effet, une autorisation à l'épouse pour l'ouverture du compte ou lui donner une procuration sur son compte. Il s'agit donc d'une émancipation bancaire partielle.

En outre, lorsqu'elle s'adresse aux hommes, la publicité propose une gamme de produits plus élargie qui fait appel à une connaissance plus approfondie du monde bancaire avec le placement, la gestion de titres, le prêt personnel et professionnel. Elle leur recommande des produits plus spécifiques comme le bon de caisse, le compte à terme, le compte de titres, les titres collectifs et la gestion de portefeuille[44].

---

[42] Carole Christen-Lécuyer, *Histoire sociale et culturelle des Caisses d'Épargne en France, 1818-1881*, Paris, Economica, 2004, p. 411-426.

[43] Sabine Effosse, « Les banques et les femmes : d'une relation par procuration à l'affirmation de la « femme qui compte » dans les années 1950-1970 » *in* Explorer les archives et écrire l'Histoire : autour de Roger Nougaret, Hubert Bonin et Laure Quenouëlle-Corre (dir.), Librairie Droz SA, p. 531

[44] Arch. CASA, Collection d'insertions publicitaires pour la presse des années 1970 : objectifs de l'action clientèle et répartition du budget prévisionnel par support.

Illustration 5 : annonce de presse du Crédit Lyonnais, *Paris Match*, juin, septembre 1960, *Jours de France*, octobre 1960. Archives historiques de Crédit Agricole S.A.

De plus, contrairement aux femmes, les hommes sont présentés en situation professionnelle et surtout de réussite, comme dans cette annonce (illustrations 5) où le port du costume signifie qu'il s'agit d'un homme d'affaires, d'un cadre ou d'un chef d'entreprise. Ils sont invités à venir ouvrir facilement, même entre deux rendez-vous, leur compte au Crédit Lyonnais[45]. Ces hommes modèles et modernes peuvent faire confiance à leur banquier qui, lui aussi, a les mêmes préoccupations dans la vie. Cette identification entre le client et son banquier est parfaitement illustrée ici. Le visuel, surprenant, attire l'attention. Deux hommes apparemment identiques se font face comme devant un miroir mais ils n'ont pas la même posture. La mise en scène stimule la curiosité et l'effet produit en est que plus efficace, autrement dit, entre hommes, on se comprend, on peut se parler d'égal à égal et sans détour.

On peut voir aussi que le guichetier ou le banquier est encore associé à un métier masculin et que la publicité ne met pas encore en scène des guichetières ou des banquières.

---

[45] L'échantillon présente aussi des métiers masculins variés comme le boulanger, l'agriculteur, le médecin, l'agent de la fonction publique.

Professionnalisation de la femme moderne

La gestionnaire technicienne

La période de bancarisation de la population française implique un « apprentissage technique » des nouveaux moyens de paiement ainsi qu'une nouvelle organisation dans la gestion de l'argent du ménage, avec la rémunération mensuelle notamment[46]. Le chèque, les prélèvements, les virements, presque immatériels, sont aussi moins concrets que les pièces et les billets[47]. D'ailleurs, les premières utilisations des nouveaux moyens de paiement posent, dès le début des années 1950, le problème des chèques sans provision, si bien qu'une démarche éducative envers les Français est envisagée par des commerçants[48].

Afin de guider sa clientèle dans cet univers nouveau qui nécessite un changement radical des pratiques en même temps que l'abandon d'anciennes habitudes (bas de laine) pour se familiariser avec d'autres, des banques ont recours à la communication explicative, voire pédagogique parfois, qui pourrait passer pour une mission de service public[49]. Certains établissements proposent de véritables supports de formation pratique pour habituer la mère de famille à gérer les finances du ménage et aider ainsi son mari. D'autres éditent des brochures de sensibilisation aux nouveaux services bancaires et à la bonne gestion de l'argent de la famille. Toutes ces publications sont remises gratuitement, et ce sont les femmes, cigale ou cheval de Troie, les principales visées par cette démarche de communication.

Précurseur de ce mouvement, la BNCI édite en 1957 un livret intitulé « La femme moderne et les questions d'argent ». Il a vocation à informer, de manière rapide et globale. Pour promouvoir le compte bancaire et ses services associés, le discours agit sur la recherche de la modernité, de la tranquillité d'esprit et sur la volonté de simplifier son quotidien de manière avisée[50]. Presque trente ans plus tôt, ces arguments étaient employés par Paulette Bernège pour convaincre la ménagère professionnelle (et moderne) de se faire ouvrir un compte bancaire[51].

---

[46] Pascal Lebée, « Banques et Public-Relations », *Banque*, n° 59, mai 1951, p. 284-286, cité par Jeanne Lazarus, *L'épreuve de l'argent. Banques, banquiers, clients*, Paris, Calmann-Lévy, 2012, p. 21.
[47] *Ibid.*
[48] Yves Grafmeyer, *Les gens de la banque*, Paris, PUF, 1992. Cité par Lazarus, *L'épreuve de l'argent. Banques, banquiers, clients*, *op. cit.*, p.21.
[49] Jeanne Lazarus, *ibid.*, p.49.
[50] Cette démarche est proche de celle des publicités pour l'électroménager décrites par Jean-Claude Daumas pour les années 1950 et 1960. Daumas, *La révolution matérielle...*, *op. cit.*, p. 354.
[51] Bernège, *De la méthode ménagère...*, *op. cit.*, p. 105-106.

Dans son support, la BNCI s'adresse à toutes les femmes mais en précisant, dès l'abord, que leur situation matrimoniale conditionne la nature du compte. De cette façon, la célibataire, la veuve, la divorcée et la séparée de biens peuvent bénéficier d'un fonctionnement sans restriction[52]. Dans les faits, comme indiqué précédemment, des nuances doivent être apportées pour la femme séparée de biens. Les services associés sont mis en avant, comme le règlement automatique, qui simplifient la vie de la maîtresse de maison, gestionnaire et comptable du foyer.

En effet, depuis 1956, le montant des factures EDF et GDF peut être prélevé directement sur le compte bancaire moyennant, pour son titulaire, le remplissage d'un bordereau spécifique[53]. C'est le premier prélèvement automatique.

Document 1

---

[52] Il est précisé que ce compte fonctionne par dépôts de fonds et retraits par chèques ou virements.
[53] Lazarus, *L'épreuve de l'argent…*, op. cit., p. 22-23.

Document 2
Illustration 6 : livrets publicitaires du Crédit Lyonnais, année 1960, Archives historiques de Crédit Agricole S.A.

Comme dans ses annonces dans la presse, on retrouve dans ses livrets l'utilisation d'une seule couleur, le bleu, souligné et renforcé par quelques traits noirs structurant la lecture des images et du texte. Il s'agit vraisemblablement d'un parti pris du publicitaire qui souhaite garder une cohérence graphique entre tous les supports afin que l'on puisse identifier facilement l'entreprise. Ces signes distinctifs, la couleur mais aussi la typographie, le format, participent à son identité. L'usage d'une seule couleur peut aussi trouver une explication dans le courant artistique en vogue dans les années 1950 et 1960 où la monochromie, une voie que Pierre Soulages a par ailleurs explorée, s'intensifie dans la peinture contemporaine.

Pour familiariser les clientes à la gestion des finances du ménage et les aider à acquérir des compétences techniques, le Crédit Lyonnais renouvelle, d'une certaine manière, l'enseignement ménager. L'éducation domestique soutient en effet la bonne tenue des comptes et l'apprentissage de l'épargne. Cet établissement édite un livret d'aide à l'apprentissage de la gestion des comptes en proposant une version pour les hommes et pour les femmes (illustrations 6), mais seules la première de couverture et la première page sont personnalisées. En pages intérieures, les contenus sont identiques et s'adressent bien à l'épouse. On peut supposer que le mari, placé comme gestionnaire en chef des finances du foyer, ne doit pas être négligé dans cette communication. De son côté, comme elle est représentée au service d'un patron en qualité de secrétaire ou de dactylographe, dans la sphère privée, l'épouse doit être opérationnelle et dévouée au chef de famille afin de le seconder dans la bonne gestion du budget familial, tel qu'indiqué dans l'édito :

> « Chacun sait qu'une mère de famille doit aider son mari à bien gérer les finances du ménage [...] mais chacun sait aussi que ce n'est pas toujours chose aisée, surtout quand, étant jeune fille, elle n'y a pas été préparée. »

Si la femme active qui contribue, par son labeur, à l'argent du ménage est bien identifiée ici, en revanche, seule sa fonction de ménagère est sollicitée dans cette communication. La banque lui propose une petite formation en économie domestique centrée sur l'argent : comprendre la constitution d'un budget et son fonctionnement, équilibrer les comptes, rationaliser et anticiper les dépenses. Par exemple, elle y apprend à diviser les ressources financières du ménage en deux parts. La première est une sorte de « porte-monnaie » (soit un tiers du budget) contenant des liquidités à conserver chez soi pour les dépenses courantes. La seconde (les deux tiers du budget) doit être déposée sur un compte personnel pour le règlement des charges fixes ou d'équipement. Pour affronter sereinement ce type de dépenses souvent importantes, cette somme sera anticipée chaque mois et placée à la banque pour la faire fructifier. C'est avant tout une sorte de réserve de sécurité. Comme une bonne ménagère doit de surcroît savoir bien acheter, l'utilisation d'un carnet de comptes est préconisée afin qu'elle puisse noter toutes les dépenses courantes qui seront totalisées d'abord chaque semaine, puis de façon mensuelle, par poste budgétaire.

Ainsi, la banque s'introduit dans le ménage par la publicité, en reprenant les grands principes de l'éducation ménagère sur la tenue des comptes[54] afin d'aider les femmes à s'approprier les nouveaux outils bancaires et à acquérir les compétences techniques de la gestionnaire qualifiée.

---

[54] Augusta Moll-Weiss, *Le livre du foyer*, Paris, Armand Colin, 1912, p. 365-381. En dépit de la diversité des contenus de cet enseignement, la gestion du budget familial est un point fondamental pour cette fondatrice d'une école ménagère en 1897, qui envisage l'économie domestique comme une science de la vie matérielle.

La collaboratrice du mari, discrète et dévouée

Illustration 7 : Brochure publicitaire de la Société Générale, « SG Madame », Paris, Imprimerie Firmin-Didot, 1967 ©Archives historiques Société Générale.

La Société Générale édite en 1967 un livret rose à l'attention des femmes, à la suite de la réforme du 13 juillet 1965 (illustration 7). Sa ligne éditoriale est différente de celle des supports de communication du Crédit Lyonnais et se veut plus informative et sensibilisatrice à un nouveau mode de vie que didactique. La quadrichromie est volontairement centrée autour d'une couleur dominante. Chaque photographie est construite comme une œuvre d'art moderne qui se traduit par des teintes lumineuses et saturées, avec un jeu de lumière affirmé de sorte que le livret affiche une véritable ambition artistique. Ce choix graphique crée un ensemble esthétique et original qui s'inscrit dans l'air du temps.

La brochure était probablement diffusée dans les agences de la Société Générale en 1967 et remise en main propre à une clientèle sélectionnée. Mais s'il y a plus de modernité dans cette brochure que dans les précédentes, plus anciennes, les stéréotypes féminins demeurent. Par exemple, la jeune femme installée dans son fauteuil pose son regard ailleurs avec un air absent, une boite à couture est posée à ses côtés avec ses ustensiles (bobines de fils, mètre ruban…).

Toutefois, cet établissement a bien saisi les implications de la nouvelle loi sur les responsabilités des femmes dans la gestion du foyer. Avec cet outil, il vise à les sensibiliser « sans distinction » au vaste univers bancaire qui s'ouvre à elles et à les guider dans l'utilisation des services proposés, accessibles désormais sans fournir de justification particulière. Ce support de communication s'adresse aux mères de famille, aux femmes au foyer et aux actives, dont les salariées et les professions libérales. Une nouveauté se dessine. Les femmes qui exercent un métier sont désormais prises en compte explicitement dans la publicité : elles peuvent bénéficier du virement automatique ou de la procédure de remise de chèques pour le versement du salaire. Cependant, c'est avant tout leur fonction de maîtresse de maison gestionnaire des dépenses du ménage qui est à nouveau largement sollicitée dans l'ensemble du livret. On retrouve dans ce discours la quête de la modernité qui passe par la détention d'un compte bancaire et d'un chéquier.

Un autre argument apparaît pour vanter les avantages des services associés : la possibilité pour les femmes de dégager pour elles un temps personnel (illustration n° 8, dernière image). Cependant, on attend d'elles de prendre les bonnes décisions en l'absence du chef de famille, qui doit continuer à se consacrer pleinement à son métier, et de trouver des solutions à tous les tracas qui encombrent la vie du ménage. Ainsi, pour la banque, permettre aux femmes de se professionnaliser dans la gestion du compte, c'est les amener à élargir leur périmètre de responsabilités relié au foyer, en restant les auxiliaires de leur mari. Elles sont donc placées comme des remplaçantes, ce qui sous-entend à nouveau l'idée de l'activité et du salaire d'appoint féminin.

On retrouve souvent, dans ces publicités, l'image selon laquelle le travail des hommes serait capital, tandis que celui des femmes serait secondaire et ses revenus complémentaires. Pour Rachel Silvera, ce stéréotype tenace repose sur le modèle de « Monsieur gagne-pain et Madame gagne-miettes »[55]. Le mariage est devenu une norme économique qui admet une infériorité du revenu des femmes par rapport aux hommes qui doivent prioriser exclusivement la famille. Leur autonomie financière serait donc accessoire. Les conventions collectives de 1936, en légalisant un écart salarial entre les sexes, ont contribué à rendre légitime un traitement féminin. Bien que ces dernières aient été définitivement abrogées dans les

---

[55] Rachel Silvera, *Un quart en moins*, Paris, La Découverte, 2014, p. 24.

années 1950, l'idée du salaire d'appoint persiste au fil du temps sous la forme de disparités salariales, malgré les lois sur l'égalité des rémunérations depuis 1972[56]. Or les femmes participent en moyenne à plus de 35 % des revenus des ménages, soit 37 % pour les femmes d'employés, 35 % pour les femmes de cadres moyens et 36 % pour les femmes d'ouvriers[57].

Et que dire des femmes cheffes de famille, sans conjoint, dont le seul salaire permet de faire vivre le foyer[58] ? Margaret Maruani en compte plus de trois millions – célibataires, veuves ou divorcées – parmi les dix millions d'actives[59]. Selon une enquête portant sur « les nouvelles femmes », menée en 1978, 64 % des personnes interrogées assurent seules leur indépendance financière tout en élevant leurs enfants, même si, pour 31 % d'entre elles, les fins de mois sont difficiles[60]. Ainsi, les femmes estiment travailler pour elles-mêmes. Certes ce changement dans la perception de leur rôle social, jusqu'alors entièrement défini par la maternité, est un indicateur d'évolution[61]. Mais la présence implicite de la notion du salaire d'appoint « révèle les fortes résistances à l'indépendance économique et sociale des femmes »[62].

Image prégnante de la femme au foyer

Partant de sa clientèle originelle, le Crédit Agricole a d'abord proposé des produits adaptés au milieu agricole et rural qu'il connaissait bien[63]. Fort de cette expertise et conscient des évolutions possibles de sa clientèle, il a capitalisé son savoir-faire pour s'implanter ensuite en milieu urbain[64]. Dès 1968, la femme urbaine est bien identifiée en tant que cliente potentielle, comme le montre une série d'insertions publicitaires parues dans *Paris Match* et sa campagne d'affichage en 1971 sur le compte-chèques alors détenu par un foyer français sur quatre, soit 5 millions de familles[65]. Cette année-là, un document publicitaire diffusé dans un grand magazine

---

[56] *Ibid.*, p. 22.
[57] Maruani, *Mais qui a peur du travail des femmes...*, op. cit., p. 114-116. Philippe Alonzo, *Femmes employées. La construction sociale sexuée du salariat*, Paris, L'Harmattan, p. 125-126, p. 233.
[58] Silvera, *Un quart en moins...*, op. cit., p. 24.
[59] Maruani, *Mais qui a peur du travail des femmes...*, op. cit., p. 114. Selon l'enquête emploi INSEE de 1984.
[60] « Les nouvelles femmes et leur travail », *F Magazine*, n° 9, octobre 1978, p. 78.
[61] Michelle Perrot, « Les femmes sont l'avenir des femmes », *F Magazine*, supplément au n° 29/29 bis, « Demain les femmes », juillet/août 1980, p. VI.
[62] Silvera, *Un quart en moins...*, op. cit., p. 70.
[63] Hubert Bonin, *Le Crédit Agricole : de la banque des campagnes à la banque universelle (1951-2001)*, Genève, Droz, 2020, p. 95-96.
[64] *Ibid.*, p. 97 et p. 130. C'est la mutation de la banque rurale à la banque de masse.
[65] Arch. CASA, CNCA, « Le Français est individualiste. Et pourtant... Un foyer français sur quatre a un compte-chèques au Crédit Agricole », *Paris Match*, 1971.

d'information promeut cet outil[66]. Il s'agit d'un publireportage constitué de témoignages, qui vise des clientèles diverses, des professionnels aux particuliers, dont les femmes. Des visuels extraits de ce document ont été déclinés sous la forme d'affiches publicitaires (illustration 8).

La stratégie et la charte graphique de l'ensemble de ces supports sont identiques : même typographie, une photo carrée couleur en plan serré avec un fond qui contextualise l'environnement et une accroche textuelle propre à un type de situation ou de clientèle. Cette campagne nomme explicitement la mère de famille « ministre des finances » du ménage, reprenant le terme publicitaire du Crédit Lyonnais utilisé douze ans plus tôt. Elle est censée incarner le nouveau visage de la femme moderne, autonome tant dans la prise de décision que dans la gestion courante[67] et vise des profils féminins urbains variés : la mère au foyer, la femme travaillant avec son mari, la célibataire et la veuve. Son objectif est de promouvoir un deuxième compte-chèques si le couple a un compte joint et/ou un compte personnel.

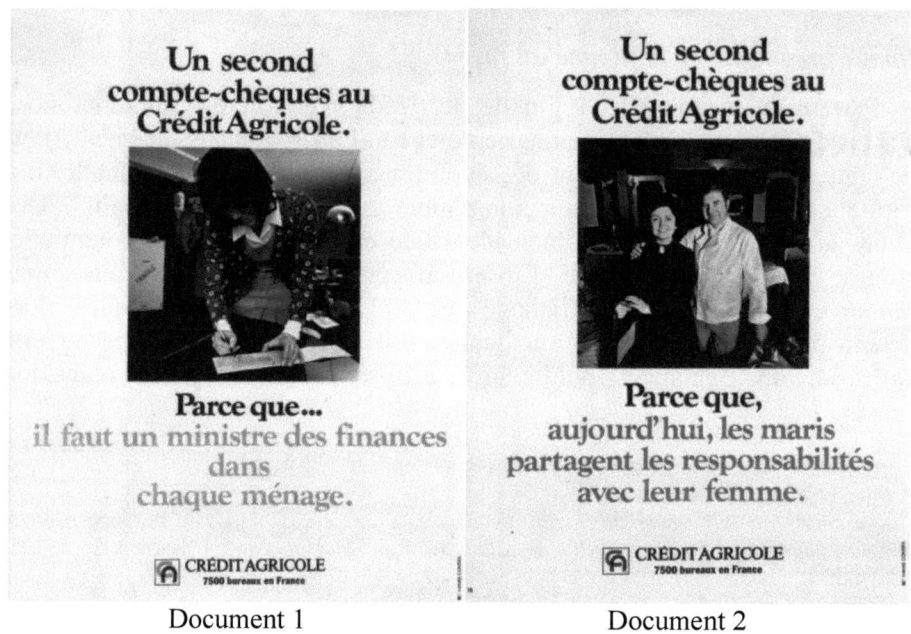

Document 1   Document 2

---

[66] Arch. CASA, CNCA, « Le Français est individualiste. Et pourtant… Un foyer français sur quatre a un compte-chèques au Crédit Agricole », *Paris Match*, 1971.
[67] Martineau, *La publicité arme de l'assurance…, op. cit.*, p. 140.

Document 3

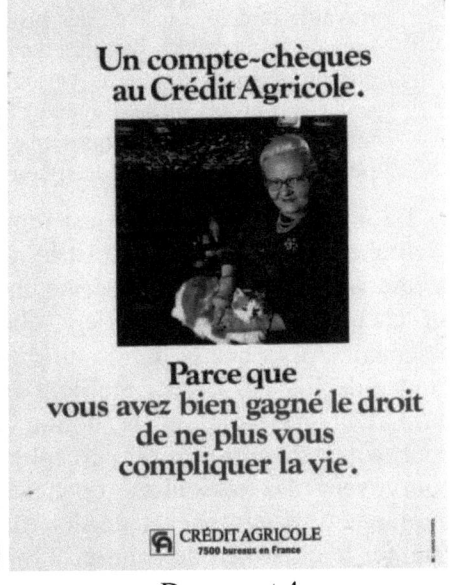
Document 4

Illustration 8 : Campagne publicitaire sur le compte-chèques, Caisse nationale de Crédit Agricole (command.), Havas Conseil (prod.), 1971. Archives historiques de Crédit Agricole S.A.

La mère de famille (document 1), le couple de commerçants (document 2) et la jeune institutrice (document 3) ont plus particulièrement retenu l'attention pour évaluer si la banque prend en compte, ou pas, l'émancipation professionnelle et bancaire de toutes ces femmes.

Dans le publi-reportage, pour renforcer la proximité de la banque envers ses clientes et ses clients, la campagne publicitaire met en scène des individus de façon nominative en leur prêtant une identité : prénom, âge, situation matrimoniale, métier, ville de résidence. Grâce à la photographie, on peut mettre un visage sur ces prénoms. De la sorte, les lectrices et les lecteurs peuvent plus facilement s'identifier à ces personnages.

La mère de famille est représentée par Madame Simone G., 28 ans, femme au foyer avec deux enfants, dont le mari est ingénieur et qui réside à Orléans. Par ce choix, la banque confirme avoir bien cerné l'implication de la maîtresse de maison dans la gestion de l'économie familiale et l'incite à se faire ouvrir un compte-chèques personnel pour gagner en compétence et en autonomie. Ainsi, on peut lire, dans le document initial, le témoignage suivant :

> « Une femme moderne n'a pas le droit d'importuner un mari qui travaille tard le soir avec des problèmes d'économie familiale. Il faut bien un ministre des finances dans chaque ménage ! Avec mon propre compte-chèques au Crédit Agricole, j'ai appris à maîtriser mon budget seule, à tirer des plans d'avenir comme une vraie femme d'affaires, et même à envisager quelques placements (mais chut, c'est un secret pour mon mari). Ils sont de si bon conseil, au Crédit Agricole. »[68]

La notion clé de ce texte est reprise dans l'affiche sous la forme d'une accroche : « il faut un ministre des finances dans un ménage ». Elle accompagne le visuel qui présente une femme dynamique en train de remplir un chèque tandis que derrière elle, un livreur attend patiemment son paiement. Alors que la notion juridique du chef de famille a été abrogée en France depuis 1970, cette réalité n'est pas encore intégrée dans la publicité du Crédit Agricole, et la notion de hiérarchie dans ce couple de la bourgeoisie de province est perceptible. Le mari occupe le rang supérieur de pourvoyeur des ressources financières et l'épouse est une collaboratrice impliquée qui maîtrise la gestion financière à court et à long terme pour faciliter le quotidien de celui-ci. L'argent auquel elle a accès se limite donc en priorité au périmètre domestique. Ici encore, le modèle de l'épouse au foyer occulte la réalité du travail des femmes et ses évolutions majeures. Pourtant, en 1975, on compte 8,1 millions d'actives pour un taux d'activité féminin de 40 % ; elles sont un million de plus qu'en 1968[69]. En outre, la persistance des épouses et mères de famille est incontestable sur le marché du travail. On sait aussi que la féminisation accrue de l'emploi depuis les années 1960 s'accompagne d'un changement profond de l'organisation familiale[70]. De fait, le modèle dominant traditionnel devient peu à peu celui « d'une famille association ». Dans cette nouvelle référence où le couple est biactif, les deux conjoints mènent chacun leur carrière. Quant aux trajectoires professionnelles féminines, elles ne connaissent plus d'interruption à l'âge de la parentalité[71]. Le développement le plus important des taux d'activité féminins concerne même les femmes en âge d'avoir des enfants[72]. De plus en plus salariées, la part des femmes devient de surcroît supérieure à celle des hommes parmi cette catégorie[73] et l'écart continue de se creuser. Les actives manifestent leur intérêt pour la vie professionnelle et sont déterminées à rester sur le marché du travail[74]. Selon une enquête parue dans le magazine d'information L'Express, en 1974, 60 % des femmes en

---

[68] *Ibid.*
[69] Maruani, *Mais qui a peur du travail des femmes...*, op. cit., p. 16.
[70] Blöss, Frickey, *La femme dans la société française...*, op. cit., p. 96.
[71] Maruani, *Travail et emploi des femmes...*, op. cit., p. 15.
[72] *Ibid.*, p. 122-123.
[73] Maruani, *Mais qui a peur du travail des femmes...*, op. cit., p. 28.
[74] Françoise Giroud, « Les voleuses d'emploi », *L'Express*, n° 1223, 16-22 décembre 1974, p. 76-77.

activité disent vouloir conserver leur emploi, bien qu'elles ne rencontrent aucune difficulté financière ; sachant que les trois quarts perçoivent un salaire de moins de 1 800 francs par mois. De même, 42 % des femmes interrogées préfèrent avoir un travail rémunéré, même si une allocation mensuelle de 1 000 francs leur a été attribuée pour rester au foyer, contre 27 % qui préfèrent s'arrêter de travailler.

Dans la campagne publicitaire du Crédit Agricole, un autre modèle de femme est retenu : l'épouse qui travaille avec son mari. Il s'agit de Madame Geneviève S., 40 ans, qui tient une auberge en Champagne avec son conjoint, maître queux. Dans l'affiche, l'angle de prise de vue de la photo place les époux côte à côte, montrant ainsi que la banque prend en considération la libération des mœurs et l'évolution des relations dans le couple professionnel où, désormais, comme l'indique l'accroche : « les maris partagent les responsabilités avec leur femme ». Ici, peut-on supposer qu'ils possèdent en commun un compte-chèques professionnel et un compte-chèques familial. Pour indiquer qu'ils travaillent dans la restauration, le mari porte une veste de cuisine blanche, l'épouse une tenue de service noire et dans l'arrière-plan on distingue une salle de restaurant. Le publi-reportage mentionne qu'elle assure des fonctions comptables et l'image, par sa tenue de service, qu'elle assume également la fonction d'accueil des clients.

Figurant au rang de collaboratrice, l'implication de l'épouse dans la gestion comptable de l'entreprise familiale ne fait aucun doute. Comme déjà évoqué, la banque a bien cerné que cette dernière administre le plus souvent le budget privé et professionnel. Mais la collaboration entre les conjoints ne signifie pas pour autant l'égalité : il est « chef » de cuisine tandis qu'elle est gestionnaire administrative et financière de l'auberge. Cette typologie de cliente marque néanmoins une évolution par rapport à la représentation historique de la place des femmes dans l'entreprise, initialement agricole, dont le rôle consistait alors à pallier les impossibilités de l'époux[75].

Enfin, pour promouvoir le compte-chèques, le Crédit Agricole n'oublie pas les femmes célibataires (document 3), incarnées par Mademoiselle Solange F., 26 ans, institutrice à Cherbourg. L'affiche met en scène une institutrice consciencieuse dont le métier très prenant ne laisse pas beaucoup de temps pour tenir les comptes. La légère contre-plongée nous installe dans la salle de classe à la place des enfants. L'un d'entre eux semble nous demander de laisser le temps à son institutrice de s'occuper correctement de ses élèves. Cependant, non seulement cette image vient nourrir le cliché selon lequel les actives salariées sont jeunes et célibataires, mais elle ne reflète pas l'avancée majeure vers l'autonomie économique que ce statut représente pour les femmes. Certes, la banque promet de les décharger des

---

[75] Arch. CASA, Annales de la mutualité et de la coopération agricoles, Discours de M. Riverain, président du syndicat des agriculteurs de Loir-et-Cher, 5e année, n° 12, décembre 1912, p. 365-367.

opérations « fastidieuses » et de bénéficier d'une certaine « liberté » à côté d'un travail exigeant, sauf qu'elle se place dans une relation paternaliste avec la jeune active. Elle s'engage à s'occuper d'elle « comme une famille ». Le discours utilise le même argument pour promouvoir le compte-chèques lorsqu'il s'adresse à la veuve. Il s'agit ainsi de faire gagner du temps à ces femmes, la première pour être dévoué à son métier et au service des enfants, la deuxième pour s'occuper d'elle-même. Soulignons que Mademoiselle Solange F. pratique un métier dit féminin[76].

---

[76] Michelle Perrot, « Qu'est-ce qu'un métier de femme ? », *Le mouvement social*, n° 140, juillet-septembre 1987, p. 8.

Un compte-chèques au Crédit Agricole.

Parce que la décentralisation ça nous connaît.

CRÉDIT AGRICOLE
7500 bureaux en France

Document 1

Un compte-chèques au Crédit Agricole.

Parce que les camions ça roule et que nous avons 7500 bureaux.

CRÉDIT AGRICOLE
7500 bureaux en France

Document 2

Un compte-chèques au Crédit Agricole.

Parce que... un cadre qui voyage a besoin d'un guichet à chaque étape.

CRÉDIT AGRICOLE
7500 bureaux en France

Document 3

Illustration 9 : campagne publicitaire sur le compte-chèques, Caisse nationale de Crédit Agricole (command.), Havas Conseil (prod.), 1971. Archives historiques de Crédit Agricole S.A.

En revanche, pour représenter les hommes, célibataires ou mariés, cette campagne met en scène avant tout des actifs (illustration 9). À 30-35 ans, ils sont chefs d'entreprise et dirigent une usine en cours de construction en province, ou routiers, ouvriers spécialisés, ou encore technico-commerciaux. Pour prôner le compte-chèques, les arguments sont dès lors très différents. La banque choisit de les accompagner dans leur quotidien, de sorte que leur activité professionnelle reste au centre de leurs préoccupations. Il n'est pas question de liberté mais de les aider à être plus performants dans leur travail. Ainsi, le chef d'entreprise peut compter sur les outils et les conseils du Crédit Agricole pour développer son commerce, tandis que le cadre, souvent en déplacement, peut rester serein dans ses affaires grâce aux guichets automatiques présents partout où il se trouve. De même, le routier peut aisément organiser son temps de travail professionnel et personnel durant ses trajets, grâce aux nombreux bureaux qui maillent le territoire.

À cet égard, dans les publicités du Crédit Lyonnais en 1971, l'image de la réussite est masculine. Ainsi, pour présenter une formule de placement qui nécessite une connaissance poussée des outils bancaires et financiers, elles s'adressent aux hommes : « comment se constituer un capital exempt de tout impôt en réalisant des investissements en valeurs mobilières ». Cela étant, à cette époque-là, seul le mari est encore autorisé à signer la déclaration d'impôt. Le discours publicitaire ne contredit pas cette norme. Au début des années 1970, à côté du compte-chèques et du compte spécial sur carnet, d'autres produits sont néanmoins proposés à la clientèle féminine, dont le plan d'épargne, l'épargne logement, le prêt hypothécaire, le prêt personnel, la location de coffre-fort ou encore les opérations de change[77].

En résumé, la publicité bancaire reste centrée sur le ménage, à l'intérieur duquel la femme étend ses responsabilités en matière de gestion budgétaire. Tout d'abord perçue comme une intendante qui tient les comptes du quotidien (nourriture, entretien), elle devient peu à peu une collaboratrice indispensable au chef de famille, qui gagne des compétences techniques dans la direction d'un budget à des fins domestiques ou professionnelles. Son expertise est reconnue et légitimée car utilisée en soutien du mari, pilier financier du foyer. Aussi, des outils bancaires adaptés lui sont proposés afin de gagner en efficacité et en autonomie. Par ailleurs, en touchant la clientèle féminine, on peut supposer que la banque cherche à attirer aussi une clientèle masculine ; une stratégie où les femmes deviennent en quelque sorte son cheval de Troie.

Cependant, ce discours traditionaliste est en rupture avec la vie réelle des femmes et ne prend pas en compte leur dimension économique et professionnelle. L'idéologie patriarcale plane encore dans l'esprit publicitaire. Dans ces supports, le travail féminin existe peu ; il est réservé aux célibataires et aux quadragénaires ayant élevé leurs enfants. Ces images

---

[77] Le carnet de Madame Express, numéro hors-série, 1re édition, 1971, p. 133.

alimentent, ou du moins ne contredisent pas, les principaux stéréotypes sur le travail des femmes, à savoir qu'elles « travaillent pour un salaire d'appoint »[78], qu'elles rêvent de rentrer à la maison et que leur activité professionnelle est nuisible à la famille[79]. La publicité maintient les femmes dans leur rôle de ménagère sans prendre en compte ni leur capacité de décideur dans le ménage[80], ni leur fonction d'agent économique, ni leurs responsabilités professionnelles. L'évolution de leur comportement passe pourtant par la prise de conscience qu'elles ne sont plus uniquement des mères de famille.

Originalité de la banque de Bilbao

Presque à la même période, le discours publicitaire de la banque de Bilbao contraste fortement avec celui des banques françaises de notre échantillon, en se plaçant comme un établissement engagé en faveur des droits des femmes. La banque porte à ses clientes une attention particulière en leur offrant une rose pour les séduire et les fidéliser. En 1969, cet établissement lance sa première campagne de communication, « La Campaña de la Mujer », destinée à la clientèle féminine, pour promouvoir la création d'un nouveau service qui lui permet d'effectuer des démarches bancaires sans autorisation maritale et de lui apporter du conseil financier[81]. Mis en place dans les grandes agences, il est proposé dans plus de 300 bureaux répartis sur le territoire espagnol et dont la particularité est d'être dirigés surtout par des femmes. Le personnel est essentiellement composé d'employées dont le travail était jusqu'à présent cantonné à des activités administratives (réceptionniste, secrétaire, dactylographe) et rarement en contact avec le client. Dans cette démarche pionnière, la banque s'adresse aux femmes actives qui vivent avec leur temps, quels que soient leur catégorie socioprofessionnelle et leur niveau de revenus[82]. Elle vise à valoriser ces consommatrices trop souvent ignorées et qui fréquentent peu le monde bancaire. Bien que les Espagnoles doivent attendre 1975 pour pouvoir travailler et ouvrir un compte bancaire librement, sans l'aval du mari, la Constitution républicaine de 1931 représente déjà un progrès vers

---

[78] Maruani, *Mais qui a peur du travail des femmes...,op. cit.*, p. 113. L'auteure soulève un point très important concernant le jugement sur le salaire d'appoint qui serait partagé par les femmes elles-mêmes. Pour mieux comprendre ce discours, elle nous invite à observer ce qui relève, chez elles, des représentations et des pratiques en distinguant leur rapport à l'emploi et leur rapport au travail. Ce schéma imaginaire n'existe que dans le premier cas de figure. Il s'agit d'un « discours de conformisation idéologique ».
[79] *Ibid.*
[80] Martineau, *La publicité arme de l'assurance..., op. cit.*, p. 136-144.
[81] BBVA Archivo histórico, brochure « La Campaña de la Mujer », 1969.
[82] Expression tirée de la campagne publicitaire TV.
En ligne : www.youtube.com/watch?v=1y3vT_P78Ms.

l'égalité juridique et politique entre les femmes et les hommes ; et surtout, l'article 43 reconnaît dans le mariage l'égalité de droits entre les époux[83].

Le nombre d'Espagnoles qui exercent une profession et gagnent leur vie est estimé, dans les années 1970, à 3,2 millions[84], soit une femme sur quatre qui travaille à l'extérieur de la maison[85]. Si, autrefois, la banque était un milieu d'affaires masculin, la banque de Bilbao[86], consciente que la vie des femmes a changé, considère que leur argent a la même importance que celui des hommes. Aussi, sa mission ne se limite pas à gérer les économies de leurs clientes mais à les intégrer dans le monde bancaire en accompagnant leur autonomie économique et financière, favorisant ainsi l'égalité. Pour ce faire, elle leur propose d'accéder facilement à des services pour simplifier la gestion du quotidien, mais aussi pour faire fructifier leur capital en fonction de leur situation. Elles peuvent notamment ouvrir gratuitement et en toute discrétion un livret d'épargne, un compte à terme, un compte de chèques courant (avec un taux d'intérêt à 1 %), disposer d'un « chéquier féminin » spécialement conçu par l'établissement, avoir une carte de paiement au débit différé, être titulaire d'un compte épargne logement, souscrire un crédit rapidement pour créer une petite entreprise ou pour couvrir des besoins personnels (aménager un appartement, acheter une voiture, faire un voyage…)[87]. La cliente peut recevoir, sous trois jours au maximum, sans caution ni garantie, jusqu'à 150 000 pesetas (soit un peu plus de 900 euros actuels) remboursables sur 44 mois selon le taux d'intérêt légal en cours[88]. Très apprécié, ce produit permet de conquérir de nouvelles clientes et surtout de les fidéliser, puisqu'il enregistre un taux de fidélité de 77 %[89]. Un service de bourse dédié assure également du conseil en placements et la gestion d'un compte de titres.

La banque, qui a investi 43 millions de pesetas (258 430 euros environ) dans cette campagne de communication, publie son propre magazine, *Diana*, consacré à la clientèle féminine. Elle organise un trophée, « Rosa de Plata », qui récompense des femmes ayant fait preuve d'initiative dans différents

---

[83] Ana Aguado, « Citoyenneté féminine sous la Seconde République : entre le réformisme social et la démocratisation », *Cahiers de civilisation espagnole contemporaine* [en ligne], 12 | 2014, p. 9.
[84] BBVA Archivo histórico, brochure précitée, « La Campaña de la Mujer ».
[85] BBVA Archivo histórico, document publicitaire paru dans la revue féminine *Diana*, printemps 1975. Présenté en annexe : « Cómo la Mujer puede obtener provecho del Banco de Bilbao ».
[86] Il s'agit au départ d'une banque basque située dans une région d'Espagne riche et beaucoup plus ouverte que les autres aux influences extérieures.
[87] BBVA Archivo histórico, brochure précitée, « La Campaña de la Mujer ».
[88] BBVA Archivo histórico, document publicitaire paru dans la revue féminine *Diana*, printemps 1975.
[89] BBVA Archivo histórico, dossier d'activités d'« el Banco de la Mujer », droits financiers, 1975.

domaines professionnels[90]. En avril 1970, « La Campaña de la Mujer » a permis d'ouvrir plus de 87 000 comptes avec un solde total de plus de 1,5 milliard de pesetas (soit plus de 9 millions d'euros) et d'octroyer plus de 4 700 crédits pour un montant de 253 818 000 pesetas (soit plus de 1,5 million d'euros). La « banque des femmes » compte alors plus de 400 bureaux, et celles-ci représentent plus de la moitié de sa clientèle[91].

2. Une représentation croissante de l'autonomie économique et financière des femmes

Afficher explicitement le monde du travail féminin

Document 1   Document 2
Illustration 10 : affiches publicitaires « Solidaire », 1978. Archives FNBP

---

[90] BBVA Archivo histórico, brochure précitée, « La Campaña de la Mujer ».
[91] BBVA Archivo histórico, rapport de la Commission permanente de la banque de Bilbao, « Campaña de la Mujer », 1970.

Document 1

Document 2

Illustration 11 : affiche publicitaire « Banque Solidaire sociétaire », 1980. Archives FNBP

En 1978 et 1980, les deux campagnes publicitaires institutionnelles de la Banque Populaire mettent en scène de jeunes actives pour parler de leur banque coopérative. Dactylographe (illutrstation 10, document 1), professeure des écoles (document 2), infirmière (illustration 11, document 1), professeure de sport (document 2), elles ont pris leur destin en main et décident en toute autonomie de leur avenir. Elles apparaissent au premier plan dans leur univers professionnel et non plus uniquement dans l'espace domestique ou familial. Dans ces publicités, on donne la parole à des femmes qui exerce un métier. Elles regardent fixement l'objectif pour convaincre et partager une valeur militante personnelle : la solidarité. Dans les affiches qui mettent en scène l'infirmière et la professeure de sport, campagne diffusée en 1980, une évolution apparaît. Elles nous invitent à découvrir leur monde et honorent leur vocation où la solidarité est appliquée sur le terrain professionnel. L'infirmière est solidaire de ses patients et de son équipe, l'enseignante, de ses collègues et de ses élèves. L'infirmière montre un univers professionnel classé souvent en situation d'urgence, parfois dramatique, d'où l'emploi du noir et blanc qui renforce le côté instantané de son quotidien.

La signature « Ma banque est solidaire, j'en suis sociétaire » marque l'engagement et la capacité des femmes à agir pour elles-mêmes et le collectif, plus que pour soulager un mari qui travaille. La banque met en corrélation l'image de la travailleuse avec une évolution positive pour la société[92].

Un grand pas est franchi. La publicité bancaire représente le monde du travail féminin de manière explicite et montre que les femmes gagnent désormais leur propre argent. En effet, l'effectif féminin dans les professions intermédiaires est de 2 096 777 (contre 2 471 410 hommes) et son salaire médian est de 9 208 francs (contre 10 414 francs pour les hommes)[93]. Leur présence dans la catégorie des cadres et professions intellectuelles supérieures doit également être signalée. Bien que plus faible, l'effectif est de 890 770 femmes (contre 1 727 867 hommes) et leur salaire médian de 12 916 francs (contre 16 250 francs pour les hommes). Notons aussi que seuls les métiers du tertiaire sont représentés. La tertiarisation correspond effectivement à un mouvement incontestable dans le monde du travail des femmes au cours de la seconde moitié du XXe siècle profitant davantage aux femmes qu'aux hommes[94]: de 46,2 % en 1968, la part des femmes dans l'emploi tertiaire passe à 49,4 % en 1975 et ne cesse d'augmenter avec 52,8 % en 1999[95], confirmant leur poids dans cette branche d'activité économique.

Toutefois, la publicité conserve, de manière générale, un certain archaïsme en affichant des professions qui répondent aux critères d'un « métier de femme »[96]. Cette notion est le résultat d'une construction sociale sexuée sur un marché encore conservateur du modèle de la femme au foyer, épouse et mère de famille[97]. Ainsi, l'infirmière, auxiliaire du médecin et au service des malades, renvoie à une prétendue aptitude innée des femmes aux soins, mais aussi aux qualités d'aide et de dévouement, de compréhension et

---

[92] Blog des archivistes des banques, « Des femmes qui comptent » [en ligne].
[93] Alonzo, *Femmes et salariat...*, op. cit., p. 109. Source INSEE, selon l'enquête sur l'emploi de mars 1998.
[94] Maruani, Méron (dir.), *Un siècle de travail des femmes...*, op. cit., p. 165-166.
[95] *Ibid.*, p. 175.
[96] Perrot, « Qu'est-ce qu'un métier de femme ? », art. cité, p. 8.
[97] *Ibid.*

de générosité qui leur sont naturellement attribuées[98]. Si des évolutions indéniables ont eu lieu au cours du XXe siècle, qui passent notamment par une qualification professionnelle reconnue, il n'en demeure pas moins que l'image de cette profession suscite une ambivalence[99].

Le professorat demeure dans les années 1960 et 1970 comme un métier « bien pour une femme », c'est-à-dire compatible avec la vie familiale qui doit rester majeure[100]. D'ailleurs, le modèle dominant de l'enseignante est devenu celui de la femme mariée, qui remplace alors l'archétype de la célibataire : en 1975, la part des enseignantes célibataires de 50-60 ans est de 31 %, contre 56 % en 1954, et de 21 % pour les 35-40 ans, contre 43 % en 1954[101]. Quant à la profession de dactylographe, elle est la parfaite illustration de l'assimilation des emplois de bureau au sexe féminin[102]. Les métiers du secrétariat sont effectivement féminisés à 98 % au milieu des années 1980[103]. Pour ces postes, sont exigées notamment par les employeurs des qualités « naturelles » qui ne sont pas considérées comme des compétences professionnelles mais comme des aptitudes développées dans la sphère domestique, facilement transférables et sans valeur monétaire[104]. Disponibilité, discrétion, sens de l'adaptation aux tâches les plus diverses, souplesse et amabilité sont autant de qualités attendues et signalées comme étant féminines[105]. Ces emplois, comme évoqué dans la première partie, offrent peu de perspectives d'évolution et impliquent un rapport de dépendance des femmes envers les hommes.

En 1978, la BNP va plus loin dans la prise de conscience de l'émancipation des femmes et lance sa campagne publicitaire envers le segment féminin qui représente alors plus de la moitié de sa clientèle : « C'est moi qui compte ». Ce slogan considère la gestionnaire du ménage et/ou de ses finances issues de son travail et, par conséquent, lui attribue la reconnaissance du statut de cliente susceptible d'ouvrir un compte-chèques. Cette action vise plus particulièrement les 20-65 ans, actives (tout secteur d'activité), mariées, célibataires, veuves et divorcées.

---

[98] Véronique Leroux-Hugo, « L'infirmière au début du XXe siècle : nouveau métier et tâches traditionnelles », Le mouvement social, n° 140, juillet-septembre 1987, p. 55-68.
[99] Ibid.
[100] Marlaine Cacaouault, « Prof, c'est bien… pour une femme ? », Le Mouvement social, n° 140, juillet-septembre 1987, p. 109.
[101] Ibid.
[102] Gardey, La dactylographe et l'expéditionnaire…, op. cit., p. 84.
[103] Bard, Les femmes dans la société française…, op. cit., p. 220.
[104] Perrot (dir.), « Qu'est-ce qu'un métier de femme ? », art. cité, p. 4.
[105] Josiane Pinto, « Le secrétariat, un métier très féminin », Le Mouvement social, n° 140, juillet-septembre 1987, n° 125-129.

Prise en compte d'une clientèle porteuse d'un projet individuel

Document 1

Document 2

Document 3

Illustration 12 : affiches publicitaires de la Caisse régionale du Crédit Agricole de la Sarthe, 1985-1986. Archives historiques de Crédit Agricole S.A.

Un changement est vraiment notable à partir des années 1980, où les femmes sont identifiées comme porteuses d'un projet individuel.

En effet, en 1985-1986, la Caisse régionale de la Sarthe engage une campagne d'affichage publicitaire à l'attention de la clientèle féminine comportant la signature : « Le bon sens au féminin » (illustration 10). Il s'agit d'une adaptation de la signature institutionnelle « Le Crédit Agricole, c'est le bon sens près de chez vous », qui couvre tous les supports de communication de la campagne nationale de 1976. Elle vient renforcer le positionnement de l'entreprise qui se veut fédératrice et rassurante en exprimant la proximité affective et géographique envers ses clients et ses clientes[106]. Elle s'intéresse exclusivement aux femmes. Sur ces affiches, elles posent seules, en entier, il n'y a pas d'arrière-plan. La première affiche introduit le cœur de cible de cette opération (document 1) : les catégories urbaines, plutôt aisées, instruites et dotées d'un « bon sens » : « Ma banque aime parler aux femmes ». Elle montre un profil de cliente mature, confiante et responsable. Les autres affiches mettent en avant des femmes plus jeunes, dont les traits de caractère dynamiques peuvent traduire un esprit d'entreprise ou constituer les atouts d'une force vive de l'économie : l'indépendance (document 2), le sens des initiatives (document 3). Ainsi, les femmes sont encouragées à se projeter vers le monde professionnel pour créer de la nouveauté et de la richesse. Elles ne sont plus perçues comme un groupe de ménagères casanières au service de la famille et gérant le plus souvent l'argent du mari, mais comme des interlocutrices actives et des agents économiques à part entière, autrement dit, des entrepreneuses potentielles. Notons que cette évolution s'inscrit dans le contexte de la loi du 23 décembre 1985 qui marque l'égalité complète entre les époux. Dès lors, les femmes mariées peuvent souscrire un emprunt en leur nom propre et gérer le patrimoine de la famille.

Toutefois, le discours fait référence en permanence « au bon sens féminin », une formule qui semble trouver ses racines dans les valeurs de l'économie ménagère : ordre, prudence, mesure des dépenses, prévision, sécurité, épargne. Ainsi, les femmes sont incitées à sortir de la sphère domestique mais à condition d'être raisonnables et de conserver leurs qualités « naturelles » pour construire leur avenir et réussir.

Néanmoins les femmes sont déjà présentes sur le terrain professionnel de la classe dirigeante : à l'échelle nationale, elles représentent 9 % des chefs d'entreprise en 1975, tout secteur d'activité confondu, contre 20 % en 1981, une proportion en progression et par ailleurs similaire à celle des cadres supérieures[107]. Du fait de l'élargissement de la scolarisation de la population mais surtout, à partir des années 1970, du meilleur niveau scolaire des filles

---

[106] Arch. CASA, J. Seyfried, « La communication publicitaire bancaire et le Crédit Agricole », Assemblée générale de la CNCA du 22 juin 1976, p. 1-14.
[107] Arch. CASA, Film Crédit Agricole : les femmes professionnelles de la banque, 1991.

par rapport aux garçons, puis dans un second temps, de leur taux d'accès supérieur à l'université[108], les femmes sont plus nombreuses à occuper des emplois qualifiés et se déploient dans des professions jusque-là réservées aux hommes : la part des femmes parmi les « cadres et professions intellectuelles supérieures » passe de 16 % en 1962 à 31 % en 1990[109].

Illustration 13 : affiche « énergie nouvelle », 1984. Archives FNBP

Illustration 14 : affiche « énergie nouvelle », 1985. Archives FNBP

---

[108] Baudelot, Establet (dir.), *Allez les filles !*, op. cit., p. 47.
[109] Maruani, *Travail et emploi...*, op. cit., p. 38. Alors qu'en 1962, l'écart entre le taux d'activité masculin et féminin est de 24 % chez les diplômées de niveau supérieur au bac, il est de 15 % en 1975.

Alors que la Banque Populaire abandonne le slogan de « La banque de ma vie » pour celui de « L'énergie nouvelle en France », elle soutient dorénavant des valeurs humaines tournées vers « l'initiative, l'effort et la responsabilité »[110]. La campagne de 1984 dévoile des métiers féminins qualifiés qui exigent un niveau de diplôme supérieur et appartiennent même à « l'élite intellectuelle supérieure » (illustration 14). On passe de l'infirmière et de la professeure de sport, présentes dans la campagne de 1978, au médecin et à la femme d'affaires, voire à la cadre supérieure (illustration 15). Un nouveau modèle apparaît, où les femmes ont franchi un nouveau pas audacieux. Elles se réalisent dans leur métier et se retroussent les manches, prêtes à insuffler une dynamique et déterminées à aller au bout de leurs ambitions. Pour elles, s'ouvre clairement la perspective d'être à l'initiative d'une société nouvelle. En outre, le fait de se retrousser les manches est supposé, dans l'imaginaire collectif de l'époque, être plutôt un geste masculin. L'affiche va à rebours de ce stéréotype. Les publicitaires jouent certainement sur les codes et revisitent un imaginaire masculin avec la coiffure à cheveux courts de la femme d'affaires et l'action de se retrousser les manches qui se veut unigenrée. Il s'agit de coller à une image dynamique égale à celle de l'homme.

Cependant, de plus en plus diplômées, les femmes exercent des métiers qualifiés en proportion croissante dès les années 1960. Parmi les « cadres et professions intellectuelles supérieures », leur part est passée de 16 % en 1962 à 24,5 % en 1982, soit une progression de plus de 13 points et qui se poursuit pour atteindre 30,6 % en 1990. Tout cela, en dépit d'un « plafond de verre » résistant et d'une mixité inégale selon les professions[111]. Elles sont certes toujours présentes dans certains secteurs et métiers, comme dans la fonction publique où on compte 45,2 % de femmes parmi les professeurs et professions scientifiques, par exemple. En 1982, elles sont 20 % parmi les cadres administratifs et commerciaux d'entreprise, presque 30 % en 1990[112]. Leur insertion est par conséquent plus lente dans les bastions traditionnellement masculins et dans un contexte où les discriminations professionnelles s'intensifient.

---

[110] Paviot, « La communication publicitaire ... », art. cité, p. 92-104.
[111] *Ibid.*, p. 187.
[112] *Ibid.*, p. 188.

Illustration 15 : affiche produite par FCB, 1997. Archives historiques de Crédit Agricole S.A.

Dans les années 1990, un nouveau palier est franchi. Au Crédit Agricole, la présence des femmes dans la publicité est progressivement banalisée, et il promeut des services indifférenciés par genre. Mais parfois, on peut voir encore que les clichés ont la peau dure (illustration 11) : une femme est dans sa cuisine et porte un tablier, signes distinctifs d'une femme au foyer. La banque lui propose de constituer un petit capital, de surcroît net d'impôts, pour ne pas pénaliser le ménage. Une liberté encadrée lui est offerte.

Cette tendance n'exclut pas quelques initiatives spécifiques du secteur bancaire, avec la création d'offres commerciales exclusivement féminines. Ce point sera abordé dans la troisième partie pour la Société Générale et sa carte bancaire, entre autres. Une mixité des rôles est même décelée dans le paysage publicitaire[113]. Les femmes peuvent être montrées dans une activité professionnelle jusque-là réservée aux hommes (sportive, architecte), mais aussi pour promouvoir un produit dit « masculin » (automobile).

---

[113] Jean-Baptiste Perret, « L'approche française du genre en publicité. Bilan critique et pistes de renouvellement », *Réseaux*, vol. 120, n° 4, 2003, p. 147-173.

Conclusion

La réforme du 13 juillet 1965 portant sur les régimes matrimoniaux marque une avancée majeure et décisive dans le droit, en affirmant l'émancipation professionnelle et bancaire des épouses. Désormais, toutes les femmes ont la possibilité de travailler et d'ouvrir un compte librement. Cette loi intervient dans le contexte de la massification du salariat et de la bancarisation de la société française, à laquelle elle contribue pour partie. Pour conquérir la clientèle féminine qui se diversifie, les banques déploient de vastes campagnes publicitaires. Avant 1966, le Crédit Agricole ne disposait pas de service dédié à la publicité et pendant longtemps celui-ci a eu du mal à déterminer ses cibles. L'analyse du discours publicitaire permet de mieux comprendre comment la banque a progressivement mais tardivement adapter sa communication à l'évolution de sa clientèle féminine. Les femmes sont d'abord sollicitées dans leur fonction ménagère, et les outils d'éducation à l'argent qui leur sont proposés dans les années 1960 s'inscrivent dans la continuité de la comptabilité domestique enseignée depuis le XIXe siècle. De simples gestionnaires économes de l'argent du ménage, elles sont perçues peu à peu comme des techniciennes qualifiées à la tête d'une entreprise domestique qui maîtrisent de mieux en mieux l'utilisation des outils bancaires. Mais la gestion des comptes reste envisagée comme étant familiale. Alors que les hommes actifs sont identifiés comme un public cible, la travailleuse est absente dans cette communication qui demeure attachée aux représentations stéréotypées du rôle des femmes et de leur place dans la société. La publicité s'inscrit dans une forme de « ritualisation de la féminité »[115] et répond à une logique purement commerciale et non à une volonté d'accompagner leur émancipation. Ce qui est frappant ici, c'est le décalage entre le discours publicitaire et la réalité du travail des femmes.

Cette discordance pourrait être une des explications à la faible proportion de clientes qui possèdent un compte en 1971 (27 %). Ces dernières ne se reconnaissent pas dans la communication des banques qui n'ont pas encore clairement identifié les actives et leurs besoins. D'ailleurs, la Banque Populaire constate une mauvaise circulation de l'information à cette époque entre les banques et les femmes, et une absence de dialogue[116].

C'est seulement à partir des années 1980 que la publicité intègre la fonction économique et financière des femmes, indépendamment du mari. Jusque-là, le monde professionnel était réservé à la jeune célibataire et, modestement, à la mère de famille, une fois sa mission d'élever les enfants achevée. Dès lors, elles ne sont plus cantonnées à la sphère familiale, mais

---

[115] Erving Goffman, « La ritualisation de la féminité », *Actes de la recherche en sciences sociales*, Vol. 14, avril 1977, p. 34-50.
[116] « Le compte-chèques libère-t-il les femmes ? », *L'Express,* n° 1166, 12-18 novembre 1973.

considérées comme capables de faire preuve d'initiative personnelle et d'exercer un métier qualifié. De la travailleuse engagée à la productrice de richesses, en passant par l'entrepreneure, symbole de la réussite, ce changement traduit un processus d'individualisation des femmes. Au tournant des années 1980, leur individualité est désormais intégrée dans la publicité bancaire.

En retour, comment les femmes répondent-elles aux sollicitations des banques durant cette période ? Quand et comment se « bancarisent-elles » et pour quels effets au sein du couple ?

PARTIE III
LES COMPORTEMENTS FINANCIERS DES FEMMES : VERS UNE CLIENTE À PART ENTIÈRE POUR LA BANQUE

Une enquête, nommée « enquête Crédit Agricole », a été menée pour observer l'implication de plusieurs générations de clientes de la CRCA de Franche-Comté dans la vie financière du ménage, et leur niveau d'autonomie, durant la seconde moitié du XXe siècle. La notion de génération n'a pas ici de connotation politique, économique ou socioculturelle propre ; c'est une donnée objectivée par rapport à la période d'ouverture du premier compte bancaire. L'autonomie se définit comme l'aptitude à prendre une décision et à l'exécuter librement.

Les résultats de cette enquête ont été confrontés à d'autres sources : documents d'archives, enquêtes existantes initiées par d'autres établissements bancaires, recueil de témoignages. Les références bibliographiques ont été utilisées pour contextualiser et éclairer l'ensemble des phénomènes repérés dans l'enquête et dans les entretiens.

Méthode de l'enquête (détail en annexe)

Le questionnaire s'inscrit dans le cadrage réglementaire de la caisse régionale, qui tient compte des contraintes juridiques et Règlement général sur la protection des données (RGPD) ainsi que des exigences du marketing. Aussi la démarche suivante a été adoptée :
- Structuration du questionnaire en quatre parties thématiques : l'ouverture du premier compte bancaire, son fonctionnement et la gestion du budget à cette époque, l'implication actuelle en matière financière et patrimoniale. L'étude a donc été concentrée sur la période d'ouverture du premier compte bancaire et sur la situation présente de la cliente.
- Proposition de sept classes d'âge aux enquêtées : nées avant 1945, 1955-1946, 1956-1965, 1966-1975, 1976-1984, 1985-1989, 1990-1994.
- Présentation de la date d'ouverture du premier compte bancaire sous huit périodes au choix : 1951-1955, 1956-1965, 1966-1970, 1971-1975, 1976-1985, 1986-1995, 1996-2000 et à partir des années 2000.
- Proposition d'une période pendant laquelle les femmes concernées ont eu des enfants.

Méthode d'échantillonnage : les femmes qui ont ouvert un compte bancaire entre 1951 (année la plus ancienne renseignée dans le fichier des clients) et 2019, nées avant décembre 1990 compris et titulaires aujourd'hui d'un compte individuel.
Questionnaire diffusé en ligne par e-mail le 28 janvier 2020.
Il y a eu 1692 réponses obtenues.

Composition des entretiens (corpus en annexe)
Des femmes âgées de plus de 75 ans aujourd'hui et clientes d'une banque avant l'application de la réforme de 1965, ou peu après, ont fait l'objet d'entretiens individuels, catégorie la moins représentée dans l'enquête Crédit Agricole. La grande majorité ont des origines sociales modestes.

Trois anciens commerciaux ayant exercé dans les caisses régionales du Crédit Agricole en Franche-Comté, dans les années 1970, apportent une connaissance pratique de l'implication des femmes dans la gestion de l'argent au sein du foyer.

Une quinzaine de récits ont été recueillis.

CHAPITRE I
DE LA GESTIONNAIRE DE L'ARGENT DU MÉNAGE À LA RESPONSABLE DU BUDGET FAMILIAL

1. Gestion rationnelle et familiale de l'argent

L'enseignement ménager est une filière vers laquelle les filles étaient dirigées pour apprendre à tenir un ménage[1] et à devenir de bonnes épouses[2]. L'éducation à l'argent constitue un point spécifique de son programme qui les forme à être économes, sans envisager leur autonomie financière[3].

L'idéologie de ces cours insiste sur le « respect de l'argent »[4]. Ils en soulignent la valeur et développent le sens de l'économie, du gain et de la dépense, de l'épargne, de l'acquisition et de la transmission des biens. Le mérite d'une personne ne se mesure pas à sa fortune, car l'excès d'argent peut corrompre un individu, mais le manque peut aussi aigrir. L'important est de savoir équilibrer les dépenses pour se constituer une épargne stable honorablement et non à coups de spéculations hasardeuses, sources d'insécurité[5]. Cet équilibre budgétaire repose sur « l'ordre », tout comme l'équilibre familial. Aussi, dans leur rôle social de gardiennes du foyer et de sa prospérité, les jeunes mères de famille sont invitées à éduquer leurs enfants sur la base de réalités pratiques en leur apprenant la valeur des choses au quotidien. La tirelire ou le livret de Caisse d'Épargne en sont des instruments fiables. Il ne s'agit pas de se priver, mais de limiter les distractions, de distinguer le superflu du nécessaire[6].

Au quotidien, les jeunes filles sont aussi formées à être de bonnes acheteuses, car maîtriser leurs achats permet d'améliorer le niveau de vie du foyer. Le fonctionnement harmonieux de la maisonnée et son bien-être relèvent par conséquent de leurs seules responsabilités[7]. À cette fin, les

---

[1] Thibaut de Saint Pol, Aurélie Deney, Olivier Monso (dir.), « Ménage et chef de ménage : deux notions bien ancrées », *Travail, Genre et Sociétés*, n° 11, 2004/1, p. 63-78. Nous entendons ici par « ménage », « un groupe d'individus sous la direction d'un chef », celui-ci étant « traditionnellement un homme ».

[2] Joël Lebeaume, *L'enseignement ménager en France. Sciences et techniques au féminin, 1880-1980*, Presses universitaires de Rennes, coll. « Histoire », 2014, p. 28-29 et p. 81-91. Thérèse Charmasson, Michel Duvigneau, Anne-Marie Lelorrain, Henri Le Naou(dir.), *L'enseignement agricole, 150 ans d'histoire*, Dijon, Educagri éditions, p. 61-82.

[3] Entretiens oraux d'Arlette, 29 avril 2019, qui a suivi les cours privés de l'école ménagère de Besançon en 1944, à l'âge de dix-sept ans, pendant un an, et de Janine, 19 mai 2020, entrée en 1940, à l'âge de seize ans, à l'internat de l'école privée Jeanne d'Arc dans le Jura, où elle a été scolarisée pendant deux ans.

[4] Archives départementales du Doubs, *Pour la Maison*, n°45, septembre 1935, p.6.

[5] *Ibid.*

[6] *Ibid.*, p. 7.

[7] Archives départementales du Jura, *Chez Nous*, n° 35, janvier 1955, p. 6.

conseils qui leur sont prodigués passent par des savoir-faire précis, par exemple, organiser les courses alimentaires en dressant une liste tout en envisageant des menus qui tiennent compte des restes de la veille et des produits de saison.

La parfaite maîtresse de maison sait aussi se montrer économe et prévoyante[8] : économe de son argent pour acheter le nécessaire et éviter toute dépense inutile, mais aussi de son temps pour exécuter toutes les tâches quotidiennes. La comptabilité lui est enseignée en vue d'assurer le niveau de vie optimal du foyer[9].

La méthode de gestion du budget la plus courante est celle des petites boîtes[10]. Chacune d'entre elles contient la somme correspondant à chaque poste de dépenses. Le surplus doit être placé à la Caisse d'Épargne avec le reste des économies. Cette éducation insiste sur la nécessité de tenir à jour deux livres de comptes : l'un contient le détail des dépenses quotidiennes et l'autre le budget mensuel par catégorie. À la fin de l'année, le bilan annuel doit être équilibré, voire bénéficiaire. La pire faute serait d'avoir la moindre dette.

De surcroît, la ménagère doit apprendre à tout recycler pour éviter le gaspillage, tout en sachant engager les frais nécessaires, distinguant ainsi l'épargne de l'avarice[11]. Les frais réellement indispensables ont d'abord pour objet de contribuer à préserver la santé physique et morale de la famille : alimentation saine et suffisante, vêtements chauds et propres, entretien et hygiène du logement, création d'un minimum de confort pour le rendre agréable.

De même, les frais doivent être optimisés, car l'argent ainsi épargné sera utilisé à d'autres fins utiles[12]. On lui apprend aussi à distinguer les prêts à court, moyen et long terme et à tenir la comptabilité courante à la manière d'un livre de caisse[13]. Elle est également formée aux différents modes de paiement : paiement en argent, dont il faut exiger un reçu ou une facture, chèques bancaires, mandats postaux, chèques postaux, traites[14]. On lui dispense quelques notions de législation les plus couramment rencontrées au cours de la vie d'un ménage : donations, contrats de mariage, actes de vente… Il est établi que le mariage fonde la puissance paternelle, qui est exercée par le mari[15].

---

[8] Foulon-Lefranc, *La femme au foyer…, op. cit.*, p. 11-12.
[9] *Ibid.*, p. 17.
[10] *Ibid.*, p. 18. Et Daumas, *La révolution matérielle…, op. cit.*, p. 208-213.
[11] Marduel, *Éducation ménagère…, op. cit.*, p. 24.
[12] *Ibid.*, p. 26.
[13] *Ibid.*, p. 52-55.
[14] *Ibid.*, p. 44-47.
[15] *Ibid.*, p. 57-62.

Les témoignages recueillis corroborent ces contenus[16] et rappellent l'entrée à l'école ménagère des filles après le certificat d'études primaires. Le premier témoin évoque la vie de sa mère qui s'est mariée en 1946 avec un cultivateur à l'âge de vingt ans. Dans cette famille de huit enfants, elle fait vivre la maisonnée avec le strict nécessaire autorisé par le chef de famille et sous son contrôle[17].

La deuxième personne, issue d'un milieu bourgeois, est ensuite entrée à l'école Pigier pour se former à la sténodactylographie, avant d'être employée administrative dans une usine de bonneterie à Besançon. Elle cesse son activité professionnelle en 1949, année de son mariage pour élever ses deux enfants. Le couple a un compte commun. Elle administre le budget familial avec l'argent que lui remet son mari chaque mois pour tenir le ménage. Dans les années 1950, elle fait un héritage et dépose cette somme d'argent sur le compte commun, sans envisager un instant d'ouvrir un compte individuel qui aurait nécessité une autorisation maritale. Cette pratique n'était pas dans les mœurs. De son côté, l'époux travaille à l'extérieur et construit sa carrière. D'employé dans une banque, il est passé progressivement au statut de cadre supérieur.

Le « métier » principal de ces anciennes élèves de l'école ménagère reste celui de maîtresse de maison, et leurs comportements financiers s'inscrivent dans un cadre codifié selon une gestion rationnelle du budget et surtout une gestion familiale. Dans leur éducation, l'argent n'a pas une utilité individuelle, il sert à des fins collectives et non personnelles.

2. Le 1er compte bancaire, étape majeure vers l'autonomie financière

Qui accède au premier compte bancaire ?

Avant d'examiner le profil type de la clientèle féminine de l'échantillon constitué, il convient de s'arrêter un instant sur la suppression de l'autorisation maritale pour l'ouverture d'un compte bancaire par les femmes mariées. Cette abolition a-t-elle suscité des résistances de la part de certains banquiers ? Selon l'enquête Crédit Agricole, la réticence des banquiers est devenue très marginale : après la loi du 13 juillet 1965, moins de 1 % des femmes mariées ont dû fournir la preuve du consentement de leur mari. Parmi ces rares cas, figurent quelques ouvertures de comptes communs.

Toutefois, les témoignages recueillis montrent quelques regimbements dans le monde de la banque. Ils dépeignent aussi la situation de vulnérabilité

---

[16] Entretiens précités, Arlette et Janine.
[17] Entretien précité, Janine.

dans laquelle se trouvaient les femmes mariées avant la réforme de 1965[18]. En effet, celles qui détenaient un livret d'épargne, le plus souvent depuis la petite enfance, ont dû présenter, une fois mariées, une autorisation de l'époux pour retirer leur argent sur leur propre compte[19]. De surcroît, les décisions concernant leur patrimoine personnel se prenaient généralement entre hommes. Ainsi, une ouvrière qui a hérité de la maison de sa grand-mère en 1959, année de son mariage, a été dépossédée de son bien en 1962[20]. La vente a eu lieu sans qu'elle ait été avertie par le notaire, ni consultée par son mari. Elle était mariée sans contrat et l'acte de vente a été signé à son insu. Le notaire a remis un chèque non barré au mari pour l'encaissement de la somme en liquide. Il a fallu attendre la réforme de 1965 pour que chacun des époux garde la faculté de gérer ses biens propres acquis avant le mariage.

Toutefois, si la loi lève l'incapacité civile des femmes mariées, dans les faits, il peut parfois en être autrement. Ainsi, en 1967, une autorisation maritale a été nécessaire à une employée de banque pour ouvrir un compte personnel et percevoir son salaire par virement, mais aussi pour travailler dans cet établissement en tant que rédactrice[21]. De même, en 1974, le compte-chèques personnel d'une ouvrière a été transformé en compte joint par sa banque dans laquelle son mari était aussi client. Au prétexte de frais bancaires importants, le banquier a modifié autoritairement le compte courant de sa cliente, en accord avec le mari, et malgré le ferme désaccord de cette dernière :

> « Je n'avais jamais de découvert... Les frais bancaires n'étaient pas énormes... Je n'ai rien signé, j'estime qu'une femme qui travaille n'a pas à demander de l'argent pour s'acheter une paire de bas. J'étais fâchée... Jamais on n'aurait fait ça à un homme ! Je n'ai rien pu faire... mais je ne voulais pas avoir la guerre avec mon mari. »

Dans une période plus récente, en 2014, une femme, alors en instance de divorce, qualifie sa nouvelle expérience avec sa banque de « parcours du combattant »[22]. Tout changement de sa situation bancaire nécessitait la

---

[18] Entretiens oraux avec Gabrielle, 25 juillet 2020, Marie-France, 1er août 2020, Michelle, 4 août 2020, Jeanne, 5 août 2020.
[19] Entretiens précités, Marie-France et Michelle.
[20] Entretien précité, Michelle.
[21] Comme d'autres femmes à cette époque qui exerçaient un emploi très jeunes, elle ne cotisait pas encore pour la retraite, n'ayant pas atteint sa majorité. Les femmes ne pouvaient verser leur cotisation qu'à partir de 21 ans. Avec la loi du 5 juillet 1974, l'âge de la majorité électorale et civile est abaissé de 21 à 18 ans, ce qui met fin à ce système.
[22] Entretien oral avec Bénédicte, 28 août 2020. Voir aussi l'article de Pallavi Chavan, "Gender Inequality in Banking Services", *Economic and Political Weekly*, 43/47 (2008), p. 18-21, sur l'inégalité de traitement entre la clientèle féminine et masculine pour, notamment, l'obtention d'un crédit.

validation de son ex-mari tant que la procédure de divorce était en cours, ce qui avait pour effet de bloquer toutes ses démarches. Pour mettre son compte personnel à son nom de jeune fille, par exemple, le banquier exigeait le jugement du divorce, alors qu'aucune procédure de prêt engageant le couple n'était en cours.

Ces cas montrent la résistance des mentalités chez certains professionnels et quelquefois de la part du mari.

Des clientes de plus en plus souvent célibataires

Tableau 4 : Situation familiale des clientes par période d'ouverture du 1er compte bancaire (CB)

Périodes ouverture	Céliba-taire	Concu-bine	Divor-cée	Mari-ée	Pacsée	Veuve	Total	N
Avant 1976	67,7 %	0,2 %	1,1 %	30,1%	0 %	0,8%	100 %	372
1976-1985	81,1 %	4,6 %	0,9 %	12,3%	0,2 %	0,7%	100 %	429
1986-1995	88,1 %	5,7 %	0,9 %	4,9 %	0,2 %	0 %	100 %	421
Après 1995	84,4 %	7,4 %	2,2 %	4,2 %	1,3 %	0,2%	100 %	443

Source : enquête Crédit Agricole, ne concerne que les personnes répondantes. Test de chi-2.

L'enquête Crédit Agricole montre que plus la période d'ouverture du premier compte est récente, plus la proportion de femmes mariées est faible. Ainsi, à l'ouverture du premier compte avant 1976, elles sont 30 % de femmes mariées, puis cette part diminue fortement à partir de 1986, passant à 5 %, tandis que celle des célibataires augmente pour atteindre plus de 80 %. Par ailleurs, pour la génération de clientes ayant ouvert leur premier compte entre 1951 et 1965, la proportion des épouses était de 50 %. Par conséquent, si les clientes sont principalement mariées pour les plus anciennes générations, elles sont surtout célibataires pour les jeunes générations, même si nous savons que c'est une question de société et que les femmes se marient de plus en plus tard[23].

Des gestionnaires de moins en moins autodidactes

Jusqu'à la période 1976-1985, lorsque les femmes ont ouvert un compte, plus de 50 % d'entre elles n'ont jamais appris à gérer un budget et réalisent cet exercice avec aisance et facilité, et cela, toutes générations confondues,

---

[23] INSEE, Bilans démographiques 2019. En 2005, les femmes se mariaient en moyenne à l'âge de 32,6 ans (contre 35,3 ans pour les hommes), soit deux ans plus tard qu'en 1995. En 2019, l'âge moyen des mariées se situe à 36,1 ans (contre 38,6 ans pour les hommes). [En ligne]. Et aussi Blöss et Frickey, *La femme dans la société française...*, op. cit., p. 82-83.

quel que soit le milieu, rural ou urbain[24]. Toutefois, cette proportion d'autodidactes diminue et passe de 54 % à 44 % pendant la période suivante. En revanche, la proportion de femmes ayant bénéficié d'un apprentissage dans le cadre familial augmente pour les périodes suivantes, de 37 % à plus de 48 %, pour atteindre presque 50 % à partir de 1995. Cet apprentissage de la gestion budgétaire s'effectue surtout avec leur mère, qui gérait aussi le budget de la famille. L'augmentation du nombre de clientes célibataires au détriment des mariées explique en partie le recul de l'autodidaxie et la progression de l'encadrement parental, en l'occurrence maternel, dans l'initiation à l'argent.

La gestion des finances est formalisée avec l'utilisation d'un livre de comptes (pour 77 % de femmes) afin de comptabiliser les dépenses et les recettes[25]. Bien que l'enquête Crédit Agricole considère des catégories sociales diversifiées, le livre de comptes s'inscrit dans la tradition familiale de la classe bourgeoise, où ce dernier était offert à la future jeune mariée au XIXe siècle et encore au début du XXe siècle[26]. Noter ses dépenses faisait partie des devoirs imposés à la femme par son éducation, et le contrôle exercé par l'époux se justifiait par les sommes substantielles qu'il lui versait pour diriger la maison. Dans les catégories aisées, le rôle de l'épouse pouvait être celui d'une comptable professionnelle maîtrisant la gestion des flux et administrait la *famille-entreprise*. Il était dans ses attributions d'établir minutieusement une comptabilité globale, mensuelle et annuelle, de tenir à jour le montant de tous les frais engagés, celui des recettes ainsi que les opérations de placements, de faire l'inventaire de la fortune du ménage et d'avoir une parfaite connaissance du capital réel[27]. Dans le milieu rural de la petite entreprise familiale, les femmes pouvaient indiquer « retrait personnel » en face de la dépense pour signaler qu'elle avait été effectuée avec leur propre argent[28].

Certaines femmes ont recours au système des enveloppes (moins de 10 % des répondantes à l'enquête Crédit Agricole) avec une répartition précise des dépenses, une pratique répandue dans le milieu ouvrier[29]. Selon une enquête de la Société d'études pour le développement économique et social (SEDES) réalisée en 1976 à la demande de l'Union nationale des Caisses d'Épargne de France[30], portant sur la gestion budgétaire du ménage,

---

[24] Enquête précitée, Crédit Agricole.
[25] *Ibid.*
[26] Marguerite Perrot, *Le mode de vie des familles bourgeoises : 1893-1953*, Paris, Armand Colin, 1961, p.1-4.
[27] *Ibid.*, p. 264-265.
[28] Entretien précité, Hélène.
[29] Entretiens précités, Émilie et Michelle.
[30] Archives BPCE, Société d'études pour le développement économique et social (SEDES), « Attitudes et comportements des femmes dans la vie financière des ménages », mars 1976, p. 4-19. Une centaine d'enquêtes de terrain ont été menées à partir d'un questionnaire non directif en janvier 1976 auprès d'un échantillon de femmes constitué selon la méthode des

cette méthode est peu fréquente à cette époque. Cependant, elle n'en demeure pas moins présente dans les esprits au vu de l'organisation du budget par classification des dépenses[31] : la gestionnaire connaît la somme à ne pas dépasser pour chaque type de dépenses. Jugés moins efficaces que le livre de comptes, les talons de chèques constituent néanmoins, pour d'autres, un support de suivi des dépenses[32].

Le salariat et le niveau de diplôme, deux leviers pour l'émancipation

Alors qu'au XXe siècle se construit un idéal du travail féminin autour de l'employée de bureau, dont la dactylographe est la figure symbolique[33], cette profession incarne aussi pour les femmes un modèle de réussite sociale[34].

Comme l'employée de banque, la cliente de banque qui ouvre un compte entre 1951 et 1975 exerce majoritairement la profession d'employée de bureau (pour 45 %)[35]. Ce phénomène s'atténue à partir de la période 1986-1995, où les métiers se diversifient dans la sphère du travail salarié. Le témoignage d'une ancienne génération de clientes illustre très bien le caractère restreint des possibilités d'orientation professionnelle des femmes à cette époque. En 1950, l'une d'elles était alors la seule fille à préparer une spécialité en mathématiques élémentaires. Cependant, après le baccalauréat, elle n'a pas été libre de choisir ses études ni son métier par la suite, contrainte par des normes sociales qui destinaient les femmes au mariage et à vivre sous la tutelle d'un homme :

---

quotas. Les enquêtes se sont déroulées dans six régions différentes : Bordeaux, Toulouse, Lyon, Strasbourg, Nantes et la région parisienne, en veillant à représenter les agglomérations urbaines et rurales.
[31] Enquête précitée, SEDES, p.6.
[32] *Ibid.*, p. 7.
[33] Gardey, *La dactylographe et l'expéditionnaire...*, *op. cit.*, p. 78-87.
[34] Entretien biographique de Samantha, ancienne cadre de la CRCA de Franche-Comté, 20 mars 2019. Au moment de son recrutement en 1975, elle voyait dans cette profession le symbole de la réussite. Cependant, nous avons vu que ces nouvelles embauchées n'avaient pas réellement le choix quant à la fonction occupée.
[35] Enquête précitée, Crédit Agricole.

« Vous savez, on avait le droit de ne rien faire. Parce qu'on était une fille, tout était refusé. Il y avait une école que je voulais intégrer : polytechnique féminine [...]. Mais mes parents n'ont jamais voulu ! Ils trouvaient que ce n'était pas fait pour une fille. Et encore, on ne pouvait pas trop se plaindre, parce qu'on a quand même fait quelques études [...], on m'a envoyée faire une école de secrétariat de direction où j'ai appris à taper à la machine, je n'aimais pas ça [...]. J'aimais les maths, alors quand je ne savais pas quoi faire, je m'inventais des problèmes de géométrie ou d'algèbre [...]. Ma sœur était bibliothécaire, elle a fait une école pour les filles, il n'y avait pas de garçon. »[36]

L'enquête Crédit Agricole montre aussi que ces femmes, par leur profession salariée, ont gagné une autonomie économique et financière par rapport à leur mère, déclarée quasi systématiquement comme femme au foyer. Elles ont atteint une catégorie sociale supérieure à celle de leurs parents, qui appartiennent surtout à la classe ouvrière. De même, leur travail salarié améliore leur influence dans la décision du couple ; elles détiennent une certaine indépendance économique par l'acquisition d'un revenu personnel[37].

Alors que jusqu'en 1985, les clientes qui ouvrent leur premier compte bancaire exercent majoritairement une activité professionnelle, celles d'une génération plus jeune, à partir de 1986, sont étudiantes/élèves à ce moment-là[38].

Tableau 5 : Situation des femmes par période d'ouverture du 1er CB

Périodes d'ouverture	En activité professionnelle	Étudiantes Élèves	Total général	N
Avant 1975	67,39 %	25,07 %	100 %	371
1976-1985	50,59 %	42,15 %	100 %	427
1986-1995	29,83 %	65,87 %	100 %	419
Après 1995	23,58 %	70,52 %	100 %	441

Source : enquête Crédit Agricole, ne concerne que les personnes répondantes. Test de chi-2.

Cette tendance est particulièrement marquée pour les plus anciennes clientes, soit avant 1975 pour 67 % d'entre elles ; ce sont quatre femmes sur cinq pour celles ayant ouvert leur premier compte avant 1965. À partir de 1976, les nouvelles clientes sont de plus en plus souvent étudiantes, à hauteur de 42 %, et font des études supérieures. Après 1986, cette orientation se confirme de manière plus évidente pour un peu plus de 65 % des femmes.

---

[36] Entretien précité, Hélène.
[37] Andrée Michel, « Activité professionnelle de la femme et vie conjugale », enquête précitée, p. 42-43.
[38] Enquête précitée, Crédit Agricole.

Tableau 6 : Répartition des diplômées par période d'ouverture du 1ᵉʳ CB

Périodes ouverture	BEPC Brevet	BEP/ CAP	Bac	BTS DEUG DUT	Bac +3 à Doctorat	Ingé- nieur	Total général	N
1951-1975	6,8%	35,8 %	22,1 %	6,8 %	13,9 %	5 %	100 %	338
1976-1985	5,6%	26,6 %	24,2 %	16,8 %	12,6 %	7,2 %	100 %	387
1986-1995	4,2%	14,1 %	19,6 %	21,8 %	21,6 %	10,9 %	100 %	402
Après 1995	2,6%	9,4 %	21,3 %	18,4 %	27,8 %	15,5 %	100 %	413

Source : enquête Crédit Agricole, ne concerne que les personnes répondantes. Test de chi-2.

Si, avant 1976, elles sont majoritairement titulaires d'un BEP ou d'un CAP, lorsqu'elles ouvrent leur premier compte, pour les autres périodes, on constate une élévation progressive de leur niveau de diplôme. Tout d'abord, la proportion de bachelières est en légère augmentation, soit de deux points, entre la période 1951-1975 (avec 22 %) et la période 1976-1985 (avec 24 %), puis elle se stabilise. Ensuite, à partir de 1976, la part des diplômées de l'enseignement supérieur ne cesse de s'élargir par palier progressif et de façon continue. En effet, on distingue d'emblée celles qui ont atteint un niveau supérieur ou égal à un bac+3 (jusqu'au doctorat), qui passe de 12 % à 21% entre les périodes 1976-1985 et 1986-1995, puis, dès 1995, c'est la part des ingénieures qui augmente de cinq points, pour atteindre 15 %.

Cette tendance à la progression du niveau de diplôme de ces femmes peut être également observée à l'échelle de la Franche-Comté pour l'ensemble de la population.

L'accroissement d'une nouvelle clientèle étudiante s'inscrit dans un contexte où les banques incitent régulièrement les jeunes à ouvrir un compte et leur proposent des offres adaptées à leurs besoins quotidiens, selon les évolutions de la société[39]. Elles investissent sur un marché qui présente un avenir et misent sur l'amélioration de leur situation financière.

Comment les femmes s'approprient-elles leur premier compte ?

Le premier type de compte courant ouvert par les femmes et son utilisation quotidienne constitue un repère majeur. L'observation des moyens choisis pour l'alimenter régulièrement et pour couvrir les paiements habituels met en lumière des pratiques certes générales mais essentielles pour comprendre l'affirmation du pouvoir financier des femmes, surtout sur la période des années 1970 à la fin des années 1990.

---

[39] Arch. CASA, CNCA, Étude interne sur la clientèle du Crédit Agricole, « Opérations SIGMA », 1976, p. 3.

Le compte-chèques : premier compte bancaire ouvert par les clientes

D'après l'enquête Crédit Agricole, le compte-chèques est très largement répandu. Elle montre aussi que plus la période d'ouverture du premier compte est récente, plus le taux d'ouverture d'un compte commun est faible, tandis que celui du compte individuel s'accroît. En effet, la part des femmes ayant ouvert un compte commun avant 1976 est de 20 %, puis elle chute à 2 % à partir de 1995, alors que pour celles ayant ouvert un compte individuel, elle passe de 78 % à 96 % sur la même période.

Posséder un compte-chèques personnel procure aux femmes mariées, pour une ancienne génération de clientes, une grande liberté[40]. Avoir leur propre carnet de chèques, détenir leur argent et l'utiliser comme elles le souhaitent, librement, sans l'intermédiaire du mari, leur apportent une « délivrance » étant donné qu'elles n'ont plus besoin de « demander ». Le fait d'avoir un emploi salarié est, certes, un pas décisif vers l'autonomie financière, mais incomplet. En effet, ne pas disposer directement de leurs gains, alors versés sur le compte du conjoint ou sur le compte commun, constitue une entrave à leur individualité, même en l'absence de difficulté particulière dans le ménage, d'ordre matériel ou relationnel. Dans les couples biactifs aussi, les femmes ont le sentiment d'être sous tutelle. Jusqu'alors dépendantes de leur père dont certaines, mineures, ont eu besoin de l'autorisation pour se marier, elles dépendent ensuite de leur époux. Ce n'est qu'une fois titulaires de leur compte bancaire qu'elles s'affranchissent, en conscience, de l'emprise masculine et goûtent à leur émancipation financière.

Se rendre au guichet pour effectuer leurs propres retraits d'argent et se constituer une cagnotte pour le mois – bien que cette somme soit, en partie, généralement utilisée à des fins familiales et collectives –, telles sont les premières manifestations de leur liberté. Elles peuvent enfin accéder à leur propre argent directement, sans intermédiaire, et surtout, assumer des initiatives. Dès lors, elles prennent part à la décision pour les sorties et les grosses acquisitions qui ne sont plus l'apanage du mari. Elles décident également seules pour l'achat de petits cadeaux comme pour leurs dépenses personnelles, y compris les plus coûteuses lorsqu'elles sont jugées utiles. Ainsi, passer le permis de conduire ou s'acheter une voiture pour se rendre au travail, alors que le conjoint n'y est pas vraiment favorable, devient possible : « C'est mon argent, j'en fais ce que je veux ! »[41].

L'autonomie financière accroît leur influence au sein du couple, qui se manifeste par la prise de décision partagée entre les conjoints et les hisse à un rang plus égalitaire dans le ménage.

Dans la grande bourgeoisie urbaine, avoir son propre argent et ouvrir son compte bancaire créent même une rupture dans la situation d'une femme

---

[40] Entretiens précités, Jeanne, Marie-France, Hélène, Michelle. Entretien oral avec Maryse, 12 mai 2020.
[41] Entretien précité, Michelle.

mariée sous le régime de la séparation des biens[42]. Jusqu'alors dépendante de son mari, elle se sent libre le jour où, à l'occasion d'un héritage, elle ouvre un compte courant personnel. Elle s'autorise enfin à se faire confiance et à se fier à son propre jugement pour la gestion de son argent et se risque même à réaliser, de temps à autre, quelques petites opérations en bourse. Bien que son entourage ne valide pas certaines de ses décisions en la matière, il n'en demeure pas moins qu'elle détient son autonomie pécuniaire, par ailleurs reconnue. Désormais, elle tient une part active dans la vie financière du couple où elle se positionne alors comme une associée :

> « Ma mère a été libre quand elle a hérité en 1951, maman avait enfin de l'argent à elle et a ouvert un compte bancaire au Crédit Lyonnais. J'ai fait pareil quelques années plus tard, au début des années 1970. Sinon, je pouvais prendre ce que je voulais sur le compte de mon mari, mais c'était le sien [...] alors je n'osais pas trop. Je dépendais de lui puisque c'était son argent. Quand j'ai hérité, d'abord j'étais heureuse d'avoir de l'argent personnel et puis posséder mon propre compte bancaire, à mon nom, c'était presque inconcevable. Ça paraît idiot mais c'était comme ça. J'ai boursicoté un peu [...] et quand mon mari avait besoin d'argent pour acheter des actions, je lui faisais un chèque sans problème ! »[43]

Parallèlement à la massification et à la démocratisation du compte-chèques, le compte de titres se développe sensiblement[44]. La part des femmes ayant ouvert un premier compte mixte, chèques et titres, passe de 0 % avant 1966 à 7 % à partir de 1995 ; cela concerne surtout des célibataires, probablement pour les catégories socioprofessionnelles supérieures. Se dessine ici la tendance à s'intéresser à d'autres outils bancaires qui dépassent la gestion quotidienne : les placements boursiers.

Un usage privé et non professionnel du compte

Quelle que soit la période d'ouverture, plus de 90 % des femmes ont un premier compte courant à usage privé, alors que moins de 5 % ont un compte à usage mixte : privé et professionnel[45]. Principalement des salariées, une infime minorité exerce une activité complémentaire : 8 % seulement sont à leur compte[46]. Ce résultat a été confronté à l'ensemble de la population active féminine en Franche-Comté durant la période 1968-1982[47]

---

[42] Entretien précité, Hélène.
[43] *Ibid.*
[44] Enquête précitée, Crédit Agricole.
[45] *Ibid.*
[46] *Ibid.*
[47] INSEE, « Recensement général de la population de 1968, résultats du sondage au 1/4 », Franche-Comté, Paris, Imprimerie nationale, 1972. « Recensement général de la population

pour évaluer s'il s'agit d'un phénomène propre à notre échantillon[48] : cela n'est pas le cas. En effet, en 1968, les indépendantes représentent 6 % de la population active féminine (contre 15 % pour les hommes). En 1982, alors que la population active féminine a augmenté, le nombre d'indépendantes a encore diminué, soit une proportion de 4 % (contre 11 % pour les hommes). Par conséquent, non seulement la part de cette population est faible, mais elle décroît régulièrement. La même tendance peut être observée chez les hommes durant la même période de 1968 à 1982. Néanmoins, la part des hommes indépendants reste supérieure à celle des femmes. Le critère du genre ne semble donc pas agir sur la faible représentation du statut d'indépendant dans la population active franc-comtoise.

Le virement, principal moyen d'alimentation du compte

Tableau 7 : Moyens d'alimentation du 1er CB par période d'ouverture

Périodes d'ouverture	Espèces	Chèque	Virement	Total général	N
Avant 1976	10,83 %	23,33 %	44,17 %	100 %	360
1976-1985	3,83 %	24,40 %	44,26 %	100 %	418
1986-1995	8,15 %	15,11 %	39,33 %	100 %	417
Après 1995	4,65 %	8,14 %	40,93 %	100 %	430

Source : enquête Crédit Agricole, ne concerne que les personnes répondantes. Test de chi-2.

Parmi les clientes qui ont répondu à l'enquête Crédit Agricole, quelle que soit la période d'ouverture de leur premier compte, le virement est le moyen le plus développé pour l'alimenter. Il concerne globalement un peu plus de 40 % des femmes. Cependant, la génération de clientes la plus ancienne, ayant ouvert un premier compte avant 1976, dépose encore des espèces (près de 11 %).

Tableau 8 : Moyens d'alimentation du 1er CB entre rurales et urbaines

Milieu d'habitation	Espèces	Chèque	Virement	N
Rural	8,5 %	21 %	36,1 %	800
Urbain	4,9 %	13,7 %	48 %	691
Total général	100 %	100 %	100 %	1 491

Source : enquête Crédit Agricole, ne concerne que les personnes répondantes. Test de chi-2.

---

de 1982, résultats du sondage au 1/5 », Franche-Comté. « Recensement général de la population de 1982, résultats du sondage au 1/4 », Franche-Comté.
[48] Le critère « indépendants, sans salarié » de l'INSEE a été retenu pour comparer les données. Ce critère qui s'applique à la population active permet de distinguer les personnes travaillant à leur compte des salariés. Parmi les indépendants, il distingue les non-salariés, les employeurs et les aides familiaux.

Néanmoins, une différence de comportement apparaît entre les rurales et les urbaines ; ces dernières font beaucoup plus appel aux virements, avec 48 %, contre 36 %. En revanche, l'approvisionnement du compte par chèques est plus développé pour les rurales avec 21 %, *versus* 13 % pour les urbaines. De façon globale, le positionnement dominant du virement bancaire parmi les moyens d'alimentation du compte trouve son explication dans le fait qu'il est le principal canal de versement du salaire.

Tableau 9 : Moyens de paiement du salaire par période d'ouverture du 1er CB

Périodes d'ouverture	Espèces	Chèques	Virements	Total général	N
Avant 1976	16,94 %	26,86 %	56,20 %	100 %	242
1976-1985	2,34 %	29,91 %	67,76 %	100 %	214
1986-1995	2,38 %	24,60 %	73,02 %	100 %	126
Après 1995	3,85 %	14,42 %	81,73 %	100 %	104

Source : enquête Crédit Agricole, ne concerne que les personnes répondantes. Test de chi-2.

56 % des femmes perçoivent leur salaire par virement pour la génération la plus ancienne, alors que cela concerne près de 82 % des femmes pour la plus récente, à partir de 1995. La tendance inverse se produit pour les versements du salaire par chèque et en espèces, dont la proportion diminue au fil des générations de clientes. D'anciennes salariées du Crédit Agricole en Franche-Comté[49] précisent qu'en 1969, le personnel percevait toujours le salaire en liquide, remis dans une enveloppe. Pour certaines, ne plus recevoir les appointements en espèces a été, dans les premiers temps, une source d'inquiétude, déstabilisées qu'elles étaient par le fait de ne plus « toucher les sous », fruits de leur travail. Le passage de l'enveloppe remise en main propre, avec de la monnaie « palpable », au virement, où l'argent devient en quelque sorte virtuel, a représenté un changement brutal qui a ébranlé les esprits.

Cependant, bien que le virement soit le mode de versement des revenus le plus répandu, 17 % des femmes qui ont ouvert un compte avant 1976 touchent encore leur salaire en espèces et 27 % par chèque[50]. Cela concerne surtout les employées de bureau (40 %). En outre, les milieux rural et urbain se différencient. Les salaires sont perçus en proportion plus importante par virement en milieu urbain, avec 71 % des femmes, qu'en milieu rural, avec 64 %, au profit des espèces et du chèque[51]. Ces derniers représentent 35 % des versements du salaire des rurales, contre 28 % pour les urbaines.

---

[49] Entretiens biographiques de Marion, 6 février 2019, Louise, 21 mai 2019, Martine, 4 juin 2019, et Laure, 13 juin 2019.
[50] Enquête précitée, Crédit Agricole.
[51] *Ibid.*

Moyens de paiement utilisés : du chèque à la carte bancaire

Alors que les premières cartes bleues ont été délivrées en 1967[52], c'est surtout dans les années 1980 qu'elles se diffusent plus largement et deviennent intéressantes pour les clients, acceptées auprès d'un nombre satisfaisant de commerçants[53]. Bien que toujours leader sur ce marché, le Crédit Lyonnais, par exemple, perd 1,5 point de parts de marché en 1978 par rapport à l'année précédente, et l'écart avec ses concurrents se réduit. Or, l'objectif de la carte bleue est de freiner l'accroissement du nombre de chèques. Plus généralement, c'est aussi un moyen d'étendre les services payants en remplacement de prestations similaires habituellement gratuites. De ce fait, elle doit devenir « un produit de grande diffusion ». Sur 420 000 possesseurs d'une carte bleue à fin 1978 (contre 1 586 000 pour l'ensemble des banques), 130 000 seulement sont des femmes[54]. Pourtant, ce produit est perçu par la banque comme la carte des paiements quotidiens (courses et achats), type de dépenses généralement engagé par les femmes. Aussi, l'année suivante, l'action commerciale du Crédit Lyonnais vise particulièrement, mais non exclusivement, la clientèle féminine afin de stimuler sa diffusion auprès des particuliers. Cet établissement est passé à 700 000 porteurs à la fin de l'année 1981, précédé par la BNP avec 70 000 cartes de plus[55]. La même année, une enquête de la BNP dévoile que parmi les porteurs de cartes proposées par la banque, 22 % des femmes ont une carte bleue, contre 37 % des hommes[56]. Ces derniers sont donc majoritairement détenteurs d'une carte bleue à cette même période dans cette banque. Pour autant, le critère de l'âge ne doit pas être négligé dans cette observation : ainsi, lorsqu'on regarde les femmes âgées entre 35 et 45 ans, le taux de détention de cet outil bancaire est le plus fort et en proportion similaire à celle des hommes[57].

---

[52] Arch. CASA, circulaire Crédit Lyonnais du secrétariat général des agences de France aux unités d'exploitation, 1979-1981. Le Crédit Lyonnais reste néanmoins leader sur ce marché en considérant l'ensemble des acteurs, à savoir le nombre de porteurs et de commerçants, et le nombre de factures. Néanmoins, il perd 1,5 point de parts de marché par rapport à l'année précédente et, à fin mars 1979, l'écart avec la Société Générale ne tient plus qu'à 182 contrats.
[53] Jeanne Lazarus, *L'épreuve de l'argent. Banque, banquiers, clients*, Paris, Calmann-Lévy, 2012, p. 39.
[54] Arch. CASA, circulaire Crédit Lyonnais du secrétariat général des agences de France aux unités d'exploitation, Annexe III bis, 10 mai 1979.
[55] Arch. CASA, circulaire Crédit Lyonnais du secrétariat général des agences de France aux unités d'exploitation, 1981.
[56] Archives historiques BNP Paribas, journal interne *Dialogue*, 1982, p.8.
[57] Archives historiques Finance et Pédagogie, Corinne Pénache, « Aiment-elles les produits financiers ? », *Journal des Caisses d'Épargne*, n° 6, novembre-décembre 1986, p. 9.

Au Crédit Agricole, les caisses régionales de la Franche-Comté illustrent un autre cas de figure. D'après les témoignages de démarcheurs[58], la carte bleue est couramment proposée dans les années 1970 à la clientèle, et ce moyen de paiement emporte alors l'adhésion des femmes qui gèrent le quotidien. Pourtant, dans le cas d'un couple détenant un compte commun, celle-ci est délivrée au nom de monsieur. Cette pratique se poursuit durant une certaine période. On aurait pu penser que les cartes seraient délivrées au nom de madame, surtout si le compte est au nom de monsieur et madame. Ce sera le cas, mais bien plus tard. Faute de sources, cette évolution ne peut pas être datée précisément, mais il semble qu'elle soit relativement récente. De ce fait, si les femmes sont pressenties comme étant des utilisatrices régulières de la carte bleue, elles sont sollicitées par la banque pour développer sa diffusion, mais sans pour autant en être reconnues comme propriétaires. L'enquête Crédit Agricole tend à confirmer cette pratique jusqu'en 1990, car pour les clientes ayant ouvert un compte commun, la forte proportion de titulaires d'une carte bleue se situe dans les années 1990 et 2000 avec 70 % de femmes, contre 21 % dans les années 1980.

Tableau 10 : Moyens de paiement par période d'ouverture du 1er CB

Périodes ouverture	CB	CH	CH CB	ESP	ESP CH	ESP CH CB	Total	N
Avant 1976	0,2 %	31 %	3,2 %	11,6 %	51,5 %	2,3 %	100 %	346
1976-1985	4,3 %	23,6 %	10,3 %	5,9 %	40,3 %	15,4 %	100 %	396
1986-1995	10 %	10,5 %	18,4 %	9,4 %	20,5 %	31 %	100 %	392
Après 1995	25,3 %	5,5 %	19,2 %	8,2 %	8,2 %	33,5 %	100 %	385

Source : enquête Crédit Agricole, ne concerne que les personnes répondantes. Test de chi-2.
Carte bancaire (CB), Chèque (CH), Espèce (ESP)

Selon cette même source, le chèque est le moyen de paiement le plus répandu pour les générations anciennes, suivi des espèces, alors que pour les clientes les plus récentes, c'est plutôt la carte bancaire, surtout à partir de 1995. En effet, 31 % des femmes ayant ouvert un compte avant 1976 utilisent uniquement le chèque et 51 % les espèces et le chèque, soit 82 % d'utilisatrices à la fois du chèque et de la combinaison espèces-chèque. L'usage de ces moyens de paiement connaît un affaiblissement avec la génération suivante, avec 64 % d'utilisatrices. Ceux-ci restent néanmoins dominants.

---

[58] Entretien oral avec Paul, François, effectué le 19 mai 2020, et Jean-Louis, effectué le 22 juin 2020.

La baisse de l'utilisation des espèces est liée au développement des autres moyens de paiement, dont le chèque[59]. En 1976, la grande majorité des ménages règlent encore les dépenses supérieures à dix francs en argent liquide, qui s'avère mieux adapté aux achats d'un petit montant. Le choix entre les liquidités et les autres moyens de paiement bancaires sera donc fonction du montant de la dépense. Toutefois, la prépondérance du chèque tient aussi au fait qu'il permet à la fois le retrait d'espèces et le règlement. Les témoignages de femmes ayant ouvert un compte entre 1958 et 1969[60] confirment l'utilisation principale des espèces pour le quotidien dont elles ont la charge, le règlement du loyer et les factures correspondant aux charges fixes. Seuls les impôts sont payés par chèque. À partir des années 1970, elles adoptent la combinaison espèces-chèque, selon le schéma évoqué, avec des paiements en espèces pour les dépenses courantes et par chèque pour les achats ponctuels et plus onéreux.

L'enquête de la SEDES confirme l'utilisation des espèces par les femmes pour régler toutes les petites dépenses quotidiennes et du chèque pour des sommes supérieures, comme pour les grandes courses hebdomadaires dans les grandes surfaces – habitude par ailleurs plus couramment répandue en milieu rural qu'en zone urbaine[61]. En revanche, à l'échelle de la Franche-Comté, l'enquête Crédit Agricole ne révèle pas de grande différence entre le comportement financier des femmes rurales et urbaines quant à l'utilisation des moyens de paiement.

En outre, étant donné leurs responsabilités de la gestion courante du ménage, les femmes ont davantage recours aux espèces que les hommes dans le couple, et pour des sommes supérieures. En 1984, elles effectuent mensuellement et en moyenne trente-huit paiements en espèces pour un total de 2 249 francs, contre vingt-trois paiements pour un montant de 1 293 francs pour les hommes[62]. C'est également le cas pour le chèque : les femmes sont des utilisatrices plus régulières et pas forcément pour des petits montants. Pour la même année, une femme mariée émet douze paiements par chèque selon une fréquence mensuelle, contre huit paiements pour un homme marié[63].

---

[59] Arch. CASA, Assemblée générale de la CNCA, intervention de Jean Fontourcy sur la distribution du crédit et la collecte des ressources, 29 mai 1979, p. 4. Le directeur des finances de la CNCA souligne que le Crédit Agricole a été un acteur majeur dans la promotion du chèque, d'abord dans les campagnes, où 95 % des agriculteurs détiennent un compte-chèques, puis dans le milieu rural et dans les villes.

[60] Entretiens oraux avec Émilie, 14 mai 2019, Marie-Louise, 10 mai 2020, Hélène, 5 août 2020. Entretiens précités, Gabrielle, Marie-France, Michelle.

[61] Archives BPCE, SEDES, « Attitudes et comportements des femmes dans la vie financière des ménages », mars 1976, p. 6-7.

[62] Didier Caylou, « L'argent dans le couple », *Les cahiers du Crédit Mutuel*, n° 58, mars 1987, p. 17-21.

[63] *Ibid.*, p. 19.

Le tableau n°10 manifeste que la carte bancaire commence à faire son apparition chez la génération de clientes ayant ouvert leur premier compte pendant la période 1976-1985. Cette observation est cohérente avec les informations communiquées par les démarcheurs du Crédit Agricole[64]. Cependant, le chèque ou l'association espèces-chèque demeurent les moyens de paiement dominants pour près de 63 % des femmes[65]. En revanche, à partir de la génération de clientes suivante, l'introduction de la carte bancaire se généralise et devient un moyen de paiement pour plus de 50 % des répondantes. Entre ces deux dernières générations, on assiste à une diffusion plus large de la carte bancaire.

Tendance à une individualisation des comportements dans le couple : croissance du compte-chèques individuel

Une attention toute particulière a été accordée à ce phénomène qu'est l'augmentation du taux d'ouverture d'un compte-chèques individuel par les femmes mariées. Il se développe progressivement et se généralise au fil des générations de clientes.

Afin d'examiner l'évolution des pratiques bancaires des épouses pour une période antérieure, les investigations ont menée à l'agence de Dole, dans le Jura, où se trouvaient les seules fiches d'ouverture de comptes bancaires originales[66] conservées au niveau de la caisse régionale, de 1941 à 1979.

Tableau 11 : Type de compte détenu par période de son ouverture, agence de Dole

Périodes d'ouverture	Procuration	Compte joint	Compte personnel	Total général	N
1941-1970	65,59 %	19,35 %	15,05 %	100 %	372
1971-1972	20,52 %	56,19 %	23,29 %	100 %	541
1973-1974	18 %	60,25 %	21,75 %	100 %	561
1975-1979	9,39 %	63,88 %	26,72 %	100 %	479

Source : Fiches des comptes clients de l'agence de Dole (Jura). Test de chi-2.

Avoir une procuration sur le compte du mari est la formule la plus courante avant 1970 dans cette agence, alors que sur les périodes plus récentes, entre 1971 et 1979, la part des femmes ouvrant des comptes joints

---

[64] Entretiens précités, Michel, François, Jean-Louis.
[65] Enquête précitée, Crédit Agricole, tableau n° 3.
[66] Arch. CAFC, fiches des comptes clients de l'agence de Dole, Caisse régionale du Crédit Agricole du Jura. Méthodologie : après dépouillement des fiches, une petite base de données a été constituée en vue d'une étude statistique. Sur une population de 2 695 clientes, seules les mariées ont été retenues constituant ainsi un échantillon de 2 031 clientes. Comme pour l'enquête Crédit Agricole, quatre groupes ont été créés, selon la période d'ouverture du compte, afin d'obtenir des effectifs équilibrés et comparables.

devient amplement majoritaire, selon un rythme régulier et soutenu. Leur croissance fulgurante à partir de 1971 se produit au détriment de la procuration sur le compte du mari. Ainsi, la proportion de ces clientes, qui était de 65 % avant 1970, chute à 9 % à partir de 1975, et cela, alors qu'à l'échelle nationale, le mouvement de bancarisation des femmes s'accélère entre 1971 et 1976, comme vu précédemment. Parallèlement, avec une génération plus jeune de clientes, émerge une tendance à l'ouverture d'un compte personnel, assurément minoritaire mais néanmoins croissante et continue. Leur proportion passe de 15 % avant 1970 à près de 26 % entre 1975 et 1979. Les épouses ouvrent donc de plus en plus souvent un compte personnel, tandis que le compte joint connaît une phase de stagnation entre 1973 et 1979, mais demeure la tendance amplement dominante. Ce constat est cohérent avec le bilan dressé par la Caisse nationale du Crédit Agricole, examiné dans la deuxième partie et qui amène cette dernière à envisager une« rebancarisation » de sa clientèle féminine détenant un compte joint ou, plus rarement, une procuration.

Ces résultats confirment par ailleurs une corrélation entre la période d'ouverture du compte et le type de compte choisi, comme le souligne cette femme au foyer :

> « Au début de notre mariage, en 1964, j'avais procuration sur le compte de mon mari. J'avais le droit de retirer de l'agent et de faire des chèques… mais c'était quand même son compte. Le compte joint est venu beaucoup plus tard. »[67]

S'intéressant à la production domestique d'argent aux États-Unis entre 1870 et 1930, la sociologue Viviana Zelizer[68] décèle l'aspect évolutif du mode de gestion financière dans le couple et la démocratisation du compte joint, qui prend alors progressivement le pas sur l'allocation du mari versée en liquide directement à l'épouse[69]. Cette pratique de l'allocation du mari est également repérée comme modèle dominant de l'organisation financière du couple en Suisse romande, de la période de l'entre-deux-guerres aux années 1950[70]. Ce même mode de fonctionnement entre les conjoints a aussi été remarqué en Grande-Bretagne pour la période 1950-1980[71].

L'analyse de l'échantillon de Jurassiennes mariées a été affinée en regardant comment les différents types de comptes sont répartis entre les différentes catégories socio-professionnelles.

---

[67] Entretien précité, Hélène.
[68] Viviana Zelizer, *La signification sociale de l'argent*, Paris, Seuil, coll. « Liber », 2005, p. 84-117.
[69] *Ibid.*, p. 116.
[70] Henchoz, Poglia Mileti, « Les larmes de ma mère… », art. cité.
[71] *Ibid.*

Parmi les possesseuses d'un compte-joint, on trouve essentiellement des femmes sans profession (40 %). Parmi les titulaires d'un compte personnel, il y a surtout des femmes en activité professionnelle (63%). Parmi les possesseuses d'une procuration sur le compte du mari, on détecte très largement des femmes d'agriculteur (42 %). Les professions intellectuelles supérieures sont très faiblement représentées dans cet échantillon (2 %), ainsi que les professions intermédiaires (5 %).

Il s'agit maintenant de repérer, à l'échelle de la Franche-Comté, les évolutions du type de compte bancaire ouvert par les femmes mariées, plus largement par celles qui vivent en couple (mariées, concubines, pacsées), durant la seconde moitié du XXe siècle.

Tableau 12 : Type de compte ouvert par les Francs-Comtoises en couple par période d'ouverture du 1er CB

Périodes d'ouverture	Compte Joint	Compte Personnel	Total général	N
1951-1975	66,36 %	33,64 %	100 %	110
1976-1985	46,58 %	53,42 %	100 %	73
1986-1995	21,74 %	78,26 %	100 %	46
À partir de 1995	17,24 %	82,76 %	100 %	58

Source : enquête Crédit Agricole, ne concerne que les personnes répondantes. Test de chi-2.

Jusqu'en 1975, cette catégorie de femmes ouvre généralement un compte joint (hors procuration du compte du mari) et cela, pour plus de 66 % d'entre elles. Notons une inconnue concernant ce dernier : ont-elles réellement ouvert un premier compte joint ou s'agit-il d'une transformation de leur compte personnel, ou encore d'un changement du compte personnel du conjoint ? Néanmoins, un peu plus d'un tiers ouvre un compte personnel.

À côté de cette tendance générale, des phénomènes particuliers ont été relevés dans les témoignages. À la demande de l'Éducation nationale, quatre enseignantes ont eu l'obligation, à partir de 1959, d'être titulaires d'un compte bancaire personnel pour le virement de leur salaire[72]. Une seule l'a ouvert au Crédit Lyonnais et les autres auprès du Centre des chèques postaux, comme leur père ou leur mari. Les deux épouses ont dû présenter une autorisation maritale. Les deux célibataires ont conservé leur compte-chèques personnel une fois mariées, puis ont ouvert par la suite un compte

---

[72] Entretiens oraux de Marie-France, Jeanne, Marie-Louise et Danielle, effectués en mai 2020. Ces enseignantes ont signalé que dans l'Éducation nationale, les femmes étaient exceptionnellement autorisées à porter des pantalons de la Toussaint à Pâques, et cela, jusqu'à la fin des années 1960. Cette réglementation montre les contradictions du monde du travail à cette époque qui, d'un côté, encourage l'autonomie financière des femmes mais, de l'autre, les contrôle en régissant le port du pantalon.

joint avec leur époux dans les années 1970 en vue d'un achat immobilier dans un autre établissement financier. Par conséquent, gérer leurs finances personnelles avant le mariage les incite à conserver une indépendance financière après celui-ci. Avant de posséder leur propre compte-chèques, ces femmes avaient généralement un livret d'épargne et/ou, pour les mariées, un compte joint avec leur époux. Elles venaient au guichet déposer le chèque de leur salaire sur le compte.

De 1976 à 1985, se dessine une période charnière durant laquelle un changement s'opère[73]. À partir de 1976, les nouvelles générations de clientes ouvrent de plus en plus souvent un compte personnel au détriment du compte commun. Cette tendance se vérifie pour 78 % des répondantes sur la période suivante (1986-1995) et pour plus de 82 % à partir de 1995.

Si on observe uniquement les épouses, celles-ci ouvrent principalement un compte joint jusqu'à la période 1976-1985 pour 60 % d'entre elles. C'est à partir de la période 1986-1995 que la tendance s'inverse de manière fulgurante, avec plus de 71 % de femmes mariées qui ouvrent un compte personnel. Elles privilégient avant tout l'indépendance financière, marquées par la situation de leur mère sous tutelle maritale, comme l'indique l'une d'entre elles[74] :

> « Lorsque j'étais petite, j'ai toujours vu ma mère justifier chaque franc dépensé pour le ménage en tenant un carnet de compte que mon père vérifiait. Elle n'avait pas un emploi mais elle élevait cinq enfants. Mon père décidait de tout. Je me suis toujours promis de ne dépendre de personne. Lorsque je me suis mariée, j'ai toujours été claire sur ce point, mon mari avait son compte et j'avais le mien. »

Cette évolution se confirme en 2008 où les trois quarts des femmes, dont la grande majorité est mariée ou vit maritalement, détiennent un compte personnel, tandis qu'un quart possède uniquement un compte joint[75]. Pour les chercheurs Amardeep Assar et Georges S. Bobinski Junior, les femmes ayant une vision moderne du couple détiennent le plus souvent un compte-chèques personnel[76]. D'après Delphine Devallet-Ezanno, lorsque les femmes mariées actives commencent à travailler avant de se marier, elles ont tendance à conserver leur autonomie financière après le mariage, par rapport

---

[73] Enquête précitée, Crédit Agricole.
[74] Entretien précité, Odile.
[75] Exton Consulting, synthèse de l'étude « Services financiers, ce que veulent les femmes », septembre 2008, p. 9. Échantillon national de 500 femmes bancarisées représentatif selon la méthode des quotas. *Revue Banque*, 2009, n° 709, p. 60. Ce cabinet d'études est spécialisé en stratégie et management sur les services financiers.
[76] Amardeep Assar et Georges S. Bobinski Junior, « Decision marketing of baby boomer couples », *Advances in Consumer Research*, volume 18, 1991, p. 657-665. Voir aussi Delphine Devallet-Ezanno, « Analyse du fonctionnement économique interne du couple et pouvoir financier de la femme qui travaille », thèse précitée, p. 67 et 349.

à une femme qui a démarré sa vie active déjà mariée[77]. Elles restent attachées à la gestion de leur propre argent qu'elles organisaient jusque-là librement, ce que confirme notre corpus de témoins. Les célibataires ont conservé leur compte personnel après leur mariage car elles tenaient à préserver leur indépendance financière[78]. De façon plus générale, l'enquête de la SEDES montre déjà la tendance à la possession d'un compte-chèques personnel par les femmes actives en 1976, et cela, de façon quasi systématique. Dans les couples biactifs, les salaires sont domiciliés sur deux comptes séparés pour des raisons pratiques, même si, parfois, cette organisation relève d'une obligation de l'employeur.

La séparation des comptes est aussi conditionnée par le mode de gestion de l'argent pratiqué dans le couple : le compte de monsieur sert à couvrir les dépenses mensuelles et récurrentes du ménage, alors que celui de madame permet plutôt de régler les dépenses exceptionnelles ou de constituer une épargne[79]. Le salaire de l'épouse est perçu comme une ressource d'appoint, dont une partie est même qualifiée « d'argent de poche »[80]. Ses besoins personnels sont d'ailleurs considérés comme des frais occasionnels, par exemple, l'achat d'un vêtement. Or, une dizaine d'années plus tard, des travaux de recherche en sociologie ont démontré que les gains des femmes mariées actives sont nécessaires aux besoins essentiels de la famille[81].

En Franche-Comté, c'est surtout le fait de disposer de leur propre argent par le travail qui conditionne l'ouverture d'un compte personnel. Cependant, parmi ces actives, il faut distinguer celles qui vivent officiellement en couple (mariées, concubines, pacsées), pour lesquelles cette action se généralise plus tard, à partir de la période 1986-1995 (pour près de 80 % des répondantes)[82].

Les pratiques de gestion de l'argent du couple décrites par nos témoins contredisent celles déjà évoquées, issues de la SEDES[83]. En effet, pour nos témoins, après l'ouverture de leur premier compte bancaire, les charges du ménage sont fréquemment réparties de la manière suivante. Le compte du mari est utilisé pour le paiement des charges fixes telles que les impôts, les assurances, la mutuelle et les dépenses importantes liées au foyer. Elles sont surtout réglées par chèque avant le développement du virement automatique.

---

[77] *Ibid.*, p. 331. L'autrice considère que le fonctionnement économique autonome constitue un indicateur du pouvoir financier des femmes au sein du couple.
[78] Entretiens précités, Marie-Louise et Danielle. Entretien oral avec Odile effectué le 5 août 2020.
[79] Enquête précitée, SEDES, p. 13.
[80] *Ibid.*, p. 14.
[81] Delphine Devallet-Ezanno, « Analyse du fonctionnement économique interne du couple et pouvoir financier de la femme qui travaille », thèse précitée, p. 167.
[82] Enquête précitée, Crédit Agricole.
[83] Entretiens précités, Jeanne, Marie-Louise, Marie-France, Danielle, Michelle.

Le compte de l'épouse permet de couvrir les dépenses courantes de nourriture et d'entretien du logement, y compris le loyer, versé en espèces, ainsi que les frais de scolarité des enfants.

De plus, pour la SEDES, les femmes au foyer sont rarement titulaires d'un compte-chèques personnel mais ont souvent une procuration sur le compte du mari[84]. C'est un service qu'elles utilisent occasionnellement, pourtant largement répandu, car envisagé comme une précaution. Lorsqu'elles détiennent un compte-chèques individuel, celui-ci a souvent été ouvert à l'initiative du mari pour le versement du budget domestique dont elles ont la responsabilité. Or, pour l'agence de Dole[85], nous avons vu que ce sont surtout les femmes d'agriculteurs qui ont une procuration sur le compte du mari. Celles qui se déclarent sans profession ont surtout un compte joint, mais il n'est pas rare qu'elles détiennent un compte personnel, probablement pour les mêmes raisons liées au budget domestique.

Les deux enquêtes, à savoir celle menée au niveau de la Franche-Comté et celle de la SEDES à l'échelle nationale, dans des villes importantes et leurs agglomérations, montrent donc quelques résultats contradictoires et soulèvent des variations de comportements selon le territoire géographique. Ce point sera développé plus loin.

Vers le milieu des années 1980, plusieurs modes de détention du compte-chèques sont recensés au sein du couple, qui traduisent une organisation financière plus diversifiée[86]. Le plus fréquent est le compte joint unique, surtout détenu par les ménages à revenus modestes[87]. Le mari est alors l'utilisateur principal et la femme s'en sert ponctuellement (dépenses d'habillement pour les enfants ou pour les courses hebdomadaires) et sous son contrôle. En revanche, les couples aisés peuvent détenir deux comptes joints. Dans ce cas précis, chacun des conjoints a la responsabilité du sien, qu'il utilise comme un compte personnel. Sont également repérés des couples qui possèdent un compte joint et un compte personnel dont soit l'homme, soit la femme peut être le titulaire. Lorsqu'il s'agit de la femme, le mari gère et approvisionne le compte joint. Au contraire, lorsque c'est l'homme, c'est lui qui alimente les deux comptes car l'épouse est souvent inactive. Dans ce fonctionnement, les différentes sources de revenus sont alors bien distinguées : le salaire du mari est versé sur le compte joint, et les revenus exceptionnels, qui émanent généralement d'une double activité, sur le compte personnel. Plus rarement, chaque conjoint peut détenir un compte joint et un compte personnel, ce qui est souvent le cas pour les professions libérales, les cadres supérieurs et les employés[88]. On note aussi une évolution

---

[84] Enquête précitée, SEDES, p. 14.
[85] Enquête précitée, Crédit Agricole et archives CAFC, fiches des comptes clients de l'agence de Dole de la CR Jura.
[86] Caylou, « L'argent dans le couple », art. cité, p. 18-19.
[87] *Ibid.*
[88] *Ibid.*

par rapport à 1976 pour les couples biactifs qui désormais possèdent généralement un compte personnel respectif qu'ils alimentent grâce à leurs propres revenus[89]. Lors d'opérations financières exceptionnelles, ils peuvent alors établir « des compensations »[90].

3. Des clientes fortement impliquées dans la gestion du budget

Des épouses au foyer financièrement dépendantes du mari

La SEDES soulève la situation de dépendance financière des femmes mariées sans activité professionnelle[91]. Conscientes de leur situation, elles choisissent de consacrer l'allocation du mari à la gestion du quotidien et renoncent simplement à toute dépense personnelle. Toutefois, on peut se demander s'il s'agit réellement d'un choix ou si cette capacité s'impose naturellement dans l'inconscient collectif des femmes, historiquement éduquées à être économes, et des hommes élevés dans cette habitude.

C'est surtout chez les catégories modestes et face à des frais importants et incompressibles que cette dépendance est vécue malaisément, pour deux raisons[92]. D'une part, ces mères de famille se trouvent confrontées à des choix difficiles, par exemple, entre l'achat d'un bien utile pour le ménage et le règlement d'une activité de loisir pour les enfants. D'autre part, leur condition ne présente pas d'autres perspectives et semble insoluble, sans issue. De telles circonstances sont aussi difficilement acceptables pour celles qui ont cessé leur activité professionnelle. Elles éprouvent une impression d'inutilité car elles ont dû renoncer à participer aux ressources financières du ménage et se retrouvent désormais, selon leur perception, « à la charge » du mari[93]. C'est aussi le cas des femmes divorcées qui se sentent « abandonnées » sur le plan financier. Une enquête de l'Institut national d'études démographiques (INED) réalisée en 1987 révèle que 40 % des femmes ont une pension alimentaire partiellement ou pas du tout versée[94].

Être ou avoir été en activité professionnelle procure aux femmes davantage de pouvoir dans le domaine financier au sein du couple, tandis que celui du mari s'amoindrit[95]. Leur capacité à gérer les affaires dans le monde professionnel se traduit, dans la sphère privée, par une autorité dans

---

[89] Enquête précitée, SEDES, p. 23.
[90] *Ibid.*, p. 3.
[91] *Ibid.*, p. 11.
[92] *Ibid.*
[93] *Ibid.*, p. 12.
[94] *Population et Société,* n° 215, juillet 1987, p. 3. Enquête conduite en collaboration avec l'INSEE à la demande de la Caisse nationale des allocations familiales et de certains ministères, et menée auprès de 2 300 femmes séparées de leur ex-mari au cours des 15 dernières années.
[95] Delphine Devallet-Ezanno, thèse précitée, p. 46.

la maîtrise budgétaire et dans la prise de décisions, quelle que soit la catégorie socioprofessionnelle du mari. Contrairement aux travailleuses, les femmes au foyer n'améliorent pas leur pouvoir de décision. D'un autre côté, d'autres études mettent en évidence le fait que le revenu de l'épouse n'a aucun impact sur sa marge de manœuvre, car la fonction de décisionnaire principal appartient à l'homme dans le foyer[96].

Cette recherche montre que dans le couple ou au sein d'une famille, l'absence d'autonomie financière peut placer les femmes dans une situation d'isolement, voire d'emprisonnement, les privant de leur liberté individuelle.

Ainsi, une secrétaire, autrefois mariée à un agriculteur en Haute-Saône, s'est retrouvée privée de toute ressource matérielle et de toute vie sociale[97]. Le mari a la mainmise sur les comptes bancaires ouverts en 1958, année de leur mariage, et lui retire sa procuration quelques années plus tard alors qu'elle souhaite reprendre une activité salariée pour améliorer le niveau de vie du foyer. Sous ses ordres et à son service, elle effectue les travaux domestiques quotidiens et les besognes essentielles à la vie de l'exploitation, comme le nettoyage des écuries, la traite des vaches, et contribue, gratuitement, aux activités complémentaires (débardage du bois) qui permettent d'arrondir les fins de mois. Pour toute démarche personnelle, elle doit recueillir le consentement marital : prendre un rendez-vous chez le coiffeur, acheter un vêtement, y compris faire les courses alimentaires, car elle n'a surtout pas le droit de toucher au porte-monnaie du mari, ni d'aller à la banque.

Une autre femme, fille de cultivateurs et titulaire du certificat d'études, s'est approprié sa condition traditionnelle de puînée qui doit se sacrifier pour aider ses parents à la ferme[98] :

> « J'aurais aimé apprendre un métier mais je savais que ce n'était pas possible [...] comme j'étais la dernière, il fallait que je reste ici, à la ferme, pour travailler. C'était mon destin. »

Auxiliaire de la famille, elle n'a jamais perçu de salaire :

---

[96] *Ibid.*, p. 17 et p. 47. Cités par Delphine Devallet-Ezanno : P. Blumstein et P. Schwartz, *American couples*, New York, William Morrow, 1983 ; R.L. Blumberg, M.T. Coleman, « A theoretical look at the gender balance of power in the American couple », *Journal of Family Issues*, vol. 10, n° 2, June, p. 225-250.
[97] Entretien oral de Maryse effectué le 20 mai 2020.
[98] Entretien oral de Colette effectué le 14 mai 2019.

« J'ai travaillé toute ma vie sans être déclarée, même en étant mariée. Je n'ai jamais eu d'argent autre que celui de mon mari, pourtant, je faisais de grosses journées […]. Le plus dur, c'était le moment de la fenaison, un travail très physique. En plus, à ce moment-là, il n'y avait pas de machine à laver, donc tout le linge, souvent, c'est moi qui le lavais […], les pantalons […], les draps, on les décrassait dans un bac, après on les faisait cuire dans un fourneau, je ne sais plus combien de temps, on les retirait, on les lavait, on les rinçait et on les étendait. »

Ainsi, une affectation traditionnelle des femmes aux travaux domestiques est tout autant assimilée que le labeur féminin est exclu de la vie professionnelle, et cela, malgré leur implication quotidienne dans les tâches collectives et leur contribution essentielle à la vie de l'exploitation familiale[99]. Dans le milieu agricole comtois, le statut professionnel est réservé aux hommes[100].

Les filles, « surtout les aînées », viennent en soutien « de la charge de travail qui repose sur la mère », comme le maternage et le ménage[101].

Michelle Perrot souligne l'état de dépendance dans lequel les femmes mariées sont maintenues, quelle que soit leur classe sociale. Ménagères ou maîtresses de maison, les femmes sont assignées au maintien du niveau de vie de la famille. L'objectif est ambitieux, voire disproportionné parfois, car elles n'ont pas la maîtrise des moyens dont elles disposent et sont tributaires des aléas économiques. Cependant, contrairement à nos deux cas extrêmes, leur fonction domestique bénéficie d'une certaine reconnaissance sociale[102].

De même, pour Viviana Zelizer, la pratique de l'allocation du mari véhicule des inégalités dans le couple. En fait, l'économie familiale est régie par un système fortement divergent dans lequel les femmes au foyer ont la responsabilité du budget familial alors qu'elles ne détiennent pas de ressources propres[103]. Ce transfert d'argent du mari à l'épouse, présenté comme un cadeau, entretient un assujettissement qui peut la pousser au vol, au mensonge et autres stratagèmes pour se procurer davantage de liquidités. Le paiement par l'époux d'une allocation ménagère régulière, en remplacement des dons ponctuels, n'a pas résolu le problème de l'inégalité. En effet, seuls les hommes disposent d'argent personnel qui leur permet de payer leurs activités de loisirs, par exemple, alors que l'argent des femmes a une utilité domestique et donc collective. Par ailleurs, du fait que la gestion

---

[99] Lucie Cros, « Les ouvrières et le mouvement social : retour sur la portée subversive des luttes de chez Lip à l'épreuve du genre », thèse de doctorat en sociologie, sous la direction de Dominique Jacques-Jouvenot et Sylvie Guigon, Université de Bourgogne-Franche-Comté, 2018, p. 62-68.
[100] *Ibid.*
[101] *Ibid.*, p. 66.
[102] Perrot, *Histoire de la vie privée…*, *op. cit.*, p. 246. L'auteure met en avant les compétences d'ordre pratique qui caractérisent la ménagère.
[103] Zelizer, *La signification sociale de l'argent*, *op. cit.*, p. 84-117.

des comptes bancaires et l'engagement des grosses dépenses sont des prérogatives masculines, s'est construite une nouvelle figure de la femme avec l'arrivée de la consommation de masse à la fin du XIXe siècle aux États-Unis : la « kleptomane »[104]. Ces vols dans les grands magasins sont l'occasion pour les féministes de dénoncer la dépendance des femmes au « bon vouloir de leur mari » et de faire valoir la nécessité de disposer d'un argent personnel.

Cependant, comme l'illustre le témoignage d'une femme mariée sous le régime de la séparation des biens, si les femmes étaient sous la dépendance économique et financière du mari – ce qui était le cas de la mère de notre témoin, née en 1904, et le sien, née en 1939 –, elles trouvent dans cette organisation patriarcale une sécurité rassurante, qualifiée de « protection »[105]. Ce fonctionnement du couple a été dépeint au début des années 1960 par Jan Pahl pour la société britannique. Selon elle, par le mariage, l'homme est le pilier de la famille et la femme accepte sa dépendance financière contre sa sécurité[106]. À cette période, les Anglaises âgées de 16 à 59 ans qui ont un travail rémunéré sont minoritaires.

En revanche, la situation pouvait être moins confortable pour les femmes mariées sous le régime de la communauté réduite aux acquêts. Ainsi, la sœur de notre témoin n'a disposé de ses biens propres qu'au décès de son mari. Dès lors, elle a ouvert un compte bancaire. Pour tenir le ménage, cette dernière fonctionnait jusque-là avec une somme d'argent fixe qu'il lui remettait en liquide au début du mois. Quand celle-ci était épuisée avant le terme prévu, le conjoint la réapprovisionnait, mais cette pratique plaçait l'épouse dans une position ressentie comme gênante et l'incitait à freiner ses dépenses. D'autres, au contraire, recevaient une allocation du mari de façon irrégulière[107]. Vu que ce dernier disposait de leurs biens propres au regard de la loi, elles devaient systématiquement demander, voire supplier, pour obtenir quelques sous pour la tenue du ménage. Cela rejoint la description de la condition des femmes mariées faite par Viviana Zelizer entre 1870 et 1930 aux États-Unis.

---

[104] Marie-Emmanuelle Chessel, *Histoire de la consommation*, Paris, La Découverte, collection « Repère », 2012, p. 70-76. La presse américaine s'est saisie de quelques cas de vols constatés dans les grands magasins en les présentant comme un fléau spécifique à la clientèle féminine qui toucherait les femmes bourgeoises, nouvellement présentes dans cet espace public. Il s'agit de femmes au foyer, décideuses des achats de biens de consommation et gestionnaires du porte-monnaie du ménage.
[105] Entretien précité, Hélène.
[106] Pahl, « Individualisation et modèles de gestion des finances au sein des familles », art. cité.
[107] Dans l'entourage familial et relationnel d'Hélène.

Néanmoins, la situation de dépendance financière des femmes ne doit pas gommer leur fonction productive de services et de biens au sein du foyer[108], travail pourtant non reconnu.

Production domestique et savoir-faire des femmes : une plus-value non comptabilisée

À côté de sa fonction de gestionnaire des finances, Michelle Perrot a mis en évidence la valeur économique et monétaire du travail de la ménagère pour assurer un niveau de vie convenable du foyer[109]. Parvenir à maîtriser l'espace domestique nécessite des compétences avérées et un savoir-faire, comme trouver des denrées à meilleur marché (savoir acheter), calculer la dépense, maintenir le logement en bon état, faire durer les vêtements de la famille qu'il faut raccommoder, coudre, détricoter. Quant à la socioéconomiste Isabelle Guérin, elle insiste sur le rôle de prescriptrice de la ménagère[110]. En effet, alors que ses qualités de gestionnaire sont « un signe de compétence sociale », sa capacité à bien dépenser « devient un trait essentiel de l'expertise domestique »[111]. De plus, son travail représente un coût lié au temps passé mais non pris en compte dans le budget familial[112]. À cela s'ajoutent des prestations de services qu'elle effectue à l'extérieur ou à domicile, qui lui permettent d'arrondir les fins de mois. En conséquence, les activités domestiques des femmes constituent un travail marchand mais non compté et pourtant indispensable au développement de la famille et de la société[113]. À cet égard, elles contribuent aux ressources financières du foyer[114] et détiennent une fonction productive.

---

[108] Andrée Michel (dir.), *Les femmes dans la société marchande*, Paris, Presses universitaires de France, 1978, p. 54-84.
[109] Perrot, *Histoire de la vie privée...*, op. cit., p. 132. Et aussi Michelle Perrot, « La ménagère dans l'espace parisien au XIXe siècle », *Les Annales de la recherche urbaine*, n° 9, 1980. p. 3-22.
[110] Isabelle Guérin, « Pratiques monétaires et financières des femmes en situation de précarité. Entre autonomie et dépendance », thèse de doctorat en sciences économiques, sous la direction de Jean-Michel Servet, Université Lumière Lyon II, 2000, p.200.
[111] *Ibid.*
[112] Perrot, *Histoire de la vie privée...*, op. cit., p. 131-134. Andrée Michel, « Aspects quantitatifs de la production domestique non marchande : la dépense de temps ». Benoît Riandey, « L'emploi du temps des mères de familles en France », *in* Andrée Michel (dir.), *La femme dans la société marchande*, Paris, Presses universitaires de France, 1978, p. 141-153 et p. 173-188. Les auteurs mettent en exergue le « budget temps » consacré à la production domestique par les femmes.
[113] Michelle Perrot, *Mon histoire des femmes*, Paris, Seuil, p. 145. L'historienne désigne aussi les travailleuses à la campagne, « les plus silencieuses des femmes », comme auxiliaires de leur mari.
[114] *Ibid.* Et Frédéric Le Play, *Les ouvriers des Deux Mondes : étude sur les travaux, la vie domestique et la condition morale des populations ouvrières des diverses contrées*, tome 1, Paris, Société internationale des études pratiques d'économie sociale, 1897.

Les femmes ont également montré leur influence tout aussi importante pour la famille que pour la société en prenant part, dans la France d'après-guerre, à l'expansion économique nationale avec l'émergence de la consommation de masse[115]. Désignées, selon Rebecca J. Pulju, comme futures « consommatrices citoyennes », elles contribuent, par la consommation domestique, aux changements sociaux, culturels et économiques des débuts de la IVe République[116]. Après la pénurie, puis la montée de l'inflation, ces dernières, qui ont obtenu le droit de vote et qui constituent plus de la moitié de la population française adulte[117], sont incitées par les dirigeants français et les associations féminines, familiales ou de consommateurs, à agir sur l'économie car elles sont responsables de la plupart des décisions de consommation. Elles sont formées à effectuer des achats tournés vers l'intérêt public et rationnels face au choix pléthorique d'appareils électroménagers, à organiser et à calculer leur budget. L'enjeu est important car toute décision prise dans le foyer peut avoir des répercussions sur la production nationale[118]. De plus, la dimension économique du travail ménager est présentée comme bénéfique à la société. En effet, en veillant au bien-être des membres de la famille, eux-mêmes au service du pays, la ménagère contribue alors au développement de la productivité[119].

De même, dans les témoignages collectés[120], la génération des mères de nos témoins est perçue comme celle d'actrices actives de la vie économique et sociale familiale par leurs travaux domestiques et agricoles. Au quotidien, elles contribuent amplement à faire bouillir la marmite. Elles cultivent un potager et des arbres fruitiers, s'occupent de l'élevage des volailles, raccommodent les vêtements, font de la couture et du tricot pour habiller les enfants et prennent en charge leur éducation. Attentives à leur scolarité, elles les encouragent, surtout les filles, à acquérir une sécurité par le travail selon le modèle de la méritocratie. La plupart incitent leurs enfants à faire des études et discutent ensuite avec l'époux des aspects matériels. Elles jouent un rôle majeur quant à leur avenir. Dans leur propre histoire, elles ont fréquemment connu une frustration en termes d'instruction. Certaines ont dû cesser leur scolarité pour travailler à l'usine ou « à la terre » et aider leurs parents, quand d'autres ont été autorisées à apprendre la couture ou à entrer à l'école ménagère. En tant que mères, ces femmes exercent l'autorité en

---

[115] Rebecca J. Pulju, « L'art de faire son marché. Responsabilisation et éducation des consommatrices dans les années d'après-guerre (1944-1968), *Le Mouvement social*, vol. 250, n° 1, 2015, p. 29-40.
[116] Rebecca J. Pulju, *Women and Mass Consumer Society in Postwar France*, Cambridge, Cambridge University Press, 2011, p. 9-16 et p. 44-58.
[117] *Ibid.*, p. 11.
[118] *Ibid.*, p. 36.
[119] *Ibid.*, p. 34-35.
[120] Entretiens précités, Gabrielle, Marie-Louise, Marie-France.

l'absence du père dans la vie quotidienne où il n'intervient pas, ou rarement. Proches des enfants et administratrices du foyer, elles assurent le bien-être des membres de leur famille et leur subsistance (nourriture, entretien). On retrouve ici le schéma traditionnel et historique selon lequel, depuis le XIXe siècle, la sphère publique et la sphère privée sont envisagées comme deux espaces distincts et sexués. Le privé, territoire de la vie individuelle et lieu de reproduction, est attribué aux femmes, et le public, territoire de la vie collective et lieu de production, aux hommes[121]. Cependant, évoluant dans un système patriarcal, les femmes dépeintes dans nos témoignages demeurent toute leur vie sous la tutelle d'un homme, d'abord en tant que filles (de leur père), puis épouses. Aussi, leurs domaines d'intervention domestique et familial ne sont ni valorisés ni reconnus, et l'importance d'un secteur marchand féminin est minimisée, voire néantisée. La description de Claude Lévi-Strauss dans *Tristes Tropiques*[122], d'un village au moment où les hommes sont partis à la chasse, est particulièrement démonstrative de l'invisibilité qui pèse sur les femmes : « Il n'y avait plus personne, dit-il, excepté les femmes et les enfants. »[123] Confinées dans l'espace privé réduit à la maison, à la famille, aux tâches domestiques, aux soins, les femmes sont par conséquent moins présentes dans la sphère publique pendant longtemps mise en valeur[124]. Cette conception crée une hiérarchie entre le privé, féminin, et le public, masculin, lieu de pouvoir et d'autorité, et marque une différenciation de genre. Cette conception de la séparation des espaces doit être néanmoins nuancée car ces deux sphères, publique et privée, ne peuvent exister indépendamment l'une de l'autre ; elles interagissent et la cellule familiale fait le lien entre les deux[125]. C'est aussi ce que révèlent les situations des femmes décrites dans nos témoignages, bien que ces derniers insistent sur l'omniprésence masculine. Même si le chef de famille n'intervient pas directement dans l'éducation des enfants, la gestion de la maison et les responsabilités quotidiennes, il surveille l'organisation globale de la cellule familiale tel un chef d'entreprise[126]. Cependant, l'un d'entre eux souligne la capacité d'adaptation des femmes et leur sens de la diplomatie, qualités utiles à l'exercice de leur pouvoir (ou de leur « contre-pouvoir »)[127].

---

[121] Anouk Guiné, « Multiculturalisme et genre : entre sphères publique et privée », *Cahiers du Genre*, vol. 38, n° 1, 2005, p. 191-211.
[122] Perrot, *Mon histoire des femmes...*, *op. cit.*, p. 16-17.
[123] *Ibid.*, p.17.
[124] *Ibid.*, p. 16 : Les femmes « œuvrent dans la famille, confinées dans la maison, ou ce qui en tient lieu. Elles sont invisibles. Pour beaucoup de sociétés, l'invisibilité et le silence des femmes font d'ailleurs partie de l'ordre des choses ».
[125] Michelle Perrot, « La figure du père », *in* Philippe Ariès et Georges Duby (dir.), *Histoire de la vie privée*, tome 4, *De la Révolution à la Grande Guerre*, volume dirigé par Michelle Perrot, Paris, Seuil, 1999, p. 109-165.
[126] *Ibid.*
[127] Entretien précité, Hélène.

Conformément aux usages, cette maîtresse de maison faisait preuve d'humilité et usait d'habileté pour amener à la discussion un sujet qui lui tenait à cœur et, surtout, laisser à son conjoint le sentiment que la décision finale lui appartenait.

Consciente de la position de la mère et en réaction à cela, la génération suivante cherche à s'inscrire dans un projet de couple égalitaire. Leur volonté d'autonomie et d'indépendance est de plus en plus affirmée selon l'âge des femmes interrogées. Plus elles sont jeunes et plus la détermination d'une individualisation par rapport au conjoint est marquée. Elles ont la conscience très forte que leur émancipation passe par le travail salarié et des revenus propres. Dès lors, ces mères de famille ont contribué à développer chez leurs filles une exigence d'autonomisation économique et financière. L'assignation à la division sexuée des tâches peut forger une propension à un « souci » d'indépendance et d'égalité[128].

Dans cette perspective, en Suisse romande et pour une période plus contemporaine, Caroline Henchoz et Francesca Poglia démontrent que la représentation du modèle traditionnel qui minimise le rôle des femmes dans l'économie familiale est éloignée de la réalité[129]. À partir des témoignages de trois générations de familles issues de milieux modestes – personnes âgées entre 24 et 97 ans –, les sociologues mettent en exergue leur implication majeure dans la vie financière du ménage, surtout pendant la période allant de l'entre-deux-guerres aux années 1950. Selon elles, à côté des zones d'ombre du recensement qui rend invisible leur travail rémunéré, comme les activités à domicile souvent réalisées par les mères au foyer, la valeur économique des tâches ménagères inhérentes à l'équilibre du budget familial demeure ignorée. Reconnaître aux femmes mariées leur contribution économique et financière n'était de surcroît pas acceptable socialement à cette époque et pouvait même révéler une situation de pauvreté de la famille. Dans cette structure patriarcale, chaque membre détient un rôle spécifique strict, et l'économie familiale s'organise de manière cloisonnée selon un ordre hiérarchique traditionnellement défini. Parce qu'il détient un salaire, l'homme occupe le rang hiérarchique supérieur dans la pyramide familiale et la femme, dont le rôle est de fournir des soins et d'assurer les travaux domestiques, est placée au rang inférieur. Pourtant, le périmètre du mari se limite à remettre sa paie et à contrôler les dépenses, alors que le champ d'activité des femmes est multiple afin de maintenir le niveau de vie du foyer. Cependant, leur fonction économique repose sur leur statut de mère plus que sur celui d'épouse, car les enfants participent à l'équilibre du budget familial par les fruits de leur travail, après l'école (livraison de

---

[128] Laurence Bachmann, *De l'argent à soi. Les préoccupations sociales des femmes à travers le rapport à l'argent*, Presses universitaires de Rennes, coll. « Le sens social », 2009, p. 203.
[129] Henchoz, Poglia Mileti, « Les larmes de ma mère », art. cité.

journaux, aide aux tâches quotidiennes) lorsqu'ils sont scolarisés ou en versant une pension dès leur entrée dans la vie active jusqu'à leur mariage.

En outre, les auteurs font un parallèle intéressant avec le monde de l'entreprise et soulignent que les compétences déployées par les femmes en tant que gestionnaires du budget familial sont comparables à un collaborateur de haut niveau ayant un statut de cadre : savoir « prendre des décisions »[130], « planifier »[131], « gérer »[132], « coordonner »[133], évaluer les résultats ; avoir une capacité d'adaptation et un sens créatif. Nous pourrions ajouter la compétence en management des ressources humaines qui serait le pendant, dans l'espace privé, de l'accompagnement quotidien des membres du foyer.

Les femmes, actrices majeures du quotidien : un premier palier consolidé

Des administratrices reconnues du budget familial

Tableau 13 : Gestionnaires du budget avant l'ouverture du 1er CB

Gestionnaires	Part des femmes	N
Les deux	10,73 %	157
Famille	25,77 %	377
Conjoint	2,60 %	38
Elle-même	60,90 %	891
Total général	100,00 %	1 463

Source : enquête Crédit Agricole, ne concerne que les personnes répondantes. Test de chi-2.

L'enquête Crédit Agricole montre qu'une large majorité de femmes gèrent le budget du ménage avant l'ouverture de leur premier compte bancaire, et ce, quel que soit le territoire d'appartenance, urbain ou rural, y compris lorsqu'elles vivent en couple. De même, Martine Segalen pour la société paysanne[134] ou Martine Martin[135] pour le milieu urbain ont démontré que la gestion du budget familial relève de la responsabilité exclusive des femmes[136]. Certes, ces situations datent un peu, de l'avant-dernier siècle pour la première et du premier quart du XXe siècle pour la seconde, mais force est de constater

---

[130] *Ibid.*, p. 408
[131] *Ibid.*
[132] *Ibid.*
[133] *Ibid.*
[134] Martine Segalen, *Mari et femme dans la société paysanne*, Paris, Flammarion, 2002, p. 130-131.
[135] Martine Martin, « Femmes et société : le travail ménager (1919-1939) », thèse de doctorat d'histoire dirigée par Michelle Perrot, Université Paris VII Jussieu, 1984, p. 80-81.
[136] Voir aussi Jean-Claude Daumas pour le milieu ouvrier avec les mineurs du Nord (Anzin, Lens...) et les ouvriers d'un petit centre industriel : la tréfilerie de Sainte-Colombe en Côte-d'Or. Daumas, *La révolution matérielle...*, *op. cit.*, p. 211, p. 419-420, et p. 425.

que le rôle pivot des ménagères dans ce domaine est toujours d'actualité à une période plus contemporaine. Dans l'enquête Crédit Agricole, les clientes dont la gestion du budget est effectuée par un autre membre de la famille (25 %) sont principalement étudiantes (74 %) et vivent chez leurs parents.

Pour les couples à double salaire, nos témoignages viennent enrichir la compréhension de l'organisation financière conjugale avant l'ouverture d'un compte personnel par l'épouse, en précisant la répartition des responsabilités selon les postes budgétaires[137]. Les enseignantes et les employées déposent leur salaire, encore versé en espèces, sur le compte bancaire du mari ou sur le compte commun, souvent un compte-chèques postal. Il sert le plus souvent à couvrir les dépenses importantes comme le paiement des impôts ou celles qui améliorent le bien-être des membres de la famille : équipement de la maison, services domestiques, loisirs et vacances. Elles ont la responsabilité du règlement des factures courantes (charges fixes) qui sont cependant prises en charge financièrement par l'époux. Ce sont les femmes qui évaluent la somme d'argent nécessaire au bon fonctionnement du ménage, que le mari va retirer selon une fréquence mensuelle ou pour la quinzaine.

Dans les couples d'ouvriers modestes[138], les revenus sont regroupés dans une enveloppe commune pour assurer le quotidien. Une petite partie est placée sur un livret d'épargne en vue d'un achat immobilier. Lorsque l'épouse est active, ses revenus couvrent surtout ses besoins personnels (habillement), et en même temps, ils alimentent une cagnotte pour payer les vacances, dont elle est l'unique gestionnaire. Elle décide seule du train de vie de la famille durant le séjour. Même lorsqu'elle cesse son emploi à la naissance du premier enfant, elle poursuit son activité à domicile (couture), qui sert toujours à financer ce poste. Notons que la décision d'arrêter son activité professionnelle relève ici d'une concertation avec le conjoint, contrairement à sa mère qui, « naturellement », devient femme au foyer. Par ailleurs, il peut arriver que ses travaux à domicile soient rétribués en nature. Les paysannes payent alors en œufs, volailles, légumes du potager... Cette pratique confirme la capacité de certaines femmes, dans le milieu agricole, à s'organiser et à garder le contrôle de leur activité économique non monétarisée[139].

Ainsi, le fonctionnement matériel du ménage induit une concertation entre les conjoints et suppose des arrangements[140], ce qui traduit une participation active des femmes à la vie économique et financière du couple, et cela, en amont de la gestion budgétaire. Toutefois, les pratiques monétaires dans le couple diffèrent selon la catégorie sociale[141].

---

[137] Entretiens précités, Jeanne, Marie-Louise, Marie-France, Danielle, Michelle, Émilie.
[138] Entretiens précités, Michelle et Émilie.
[139] Perrot, *Histoire de la vie privée...*, op. cit., p. 128-129.
[140] Caroline Henchoz, « Le couple et l'argent... », thèse citée, p. 43-87. David Cheal, « Changing household financial strategies : Canadian couples today», *Human Ecology*, vol. 21, n°2, 1993, p. 197-213.
[141] Caroline Hanchoz, « *Le couple et l'argent...* », thèse citée, p. 85-91.

Dans la classe urbaine bourgeoise, la somme d'argent attribuée par l'époux à la maîtresse de maison pour l'intendance du ménage est le plus souvent serrée[142]. Cette démarche lui permet de garder le contrôle et donc le pouvoir dans le foyer, où les grandes décisions lui sont réservées et où il demeure le garant de la raison[143]. À charge pour elle de tenir les comptes afin que le ménage soit agréable.

Pour le milieu rural, nos témoignages permettent d'approcher l'expérience des Francs-Comtois et des Franc-Comtoises nés entre 1900 et 1925[144]. Les femmes n'achètent que le strict nécessaire (alimentation) pour le ménage avec la somme d'argent en liquide attribuée par leur mari chaque mois, l'autoconsommation occupant une place très importante. Peu d'argent circule dans la sphère privée, et les familles vivent essentiellement de leur production. Une partie des produits du potager et du verger est généralement vendue, l'autre partie servant à l'autoconsommation. Il peut arriver qu'une activité complémentaire engendre des revenus occasionnels. Le commerce des produits est généralement assuré par l'époux : fruits et légumes, bétail ou lait que le fermier porte au « chalet »[145] pour récupérer la paie. L'épouse gère l'argent des recettes et tient la comptabilité. Les enfants contribuent aussi aux ressources matérielles du ménage en remettant leur gain à leur mère jusqu'au départ de la maison familiale, généralement pour se marier. Le père de famille détient le plus souvent un compte-chèques postal ou un livret d'épargne, car l'univers de la banque a une connotation bourgeoise et urbaine trop éloignée de leur réalité. Aussi l'argent du ménage est-il conservé chez soi, dans une boîte, généralement cachée dans l'armoire de la chambre à coucher du couple. Gestionnaire de l'argent quotidien, l'épouse est exclue des grandes décisions financières qui se discutent entre hommes. Un des témoignages est particulièrement révélateur de ce cloisonnement des responsabilités financières dans le couple. Dès l'âge de quatre ans, la mère de notre témoin est héritière d'une partie de la propriété maternelle. En effet, les biens immobiliers ont été partagés entre les quatre enfants alors en bas âge au décès de leur mère. Elle découvre à sa majorité que sa part d'héritage a été donnée à son époux par son père en guise de dot, et cela, sans avoir été consultée, ni informée de la transaction. Les entretiens ont également permis de relever une autre pratique de gestion de l'argent intergénérationnelle dans le milieu rural et agricole du Jura, liée à la

---

[142] Perrot, *Histoire de la vie privée...*, op. cit., p. 119. Son pouvoir suprême sera dissous avec la suppression du « droit de tester » et l'évolution de la législation qui grignote lentement ses droits, comme la loi de 1912 qui « reconnaît le droit de recherche en paternité dans les cas non seulement d'enlèvement et de viol, mais aussi de séduction dolosive ».
[143] *Ibid.*
[144] Entretiens précités, Jeanne, Marie-France, Hélène, Michelle, Maryse, Marie-Louise et Danielle.
[145] Nom donné par les villageois dans le Jura, qui se regroupaient pour la fabrication du fromage, marquant les débuts de la coopérative. Le chalet était un territoire d'hommes.

possession de « prés-bois »[146]. Ces terres qui contenaient des sapins se transmettaient par héritage dans les familles et offraient la possibilité à leurs propriétaires d'exploiter ces arbres facilement sans toucher à la forêt. C'est ainsi que couper quelques sapins pouvait constituer une dot pour les filles ou financer un gros achat, par exemple une voiture. La valeur de ces prés-bois pouvait varier selon leur exposition au soleil et la qualité de la terre, qui influaient notamment sur la vitesse de pousse des sapins. Les prés-bois constituaient donc une sorte de réserve d'argent, prémices de l'épargne, pour faire face aux événements imprévus ou exceptionnels.

Dans les milieux populaires urbains, comme déjà évoqué, la sérénité du foyer repose sur les compétences de gestionnaire et de comptable (« comptable de la paie »[147]) de la ménagère[148]. Toutefois, ce pouvoir ne doit pas masquer ses obligations en cas de difficultés financières, car il lui incombe de trouver seule des solutions. Décisionnaire en matière de consommation, elle s'impose souvent des privations pour préserver la famille de la pénurie[149]. Michelle Perrot qualifie cette économie domestique, pratiquée jusque dans les années 1970, de « matriarcat budgétaire »[150]. Elle est encore appliquée jusqu'aux années 1990 mais elle suppose une propension à l'« hétéronomie » des hommes[151]. Andrée Michel introduit la catégorie professionnelle comme critère déterminant de la gestion du budget. Celles où le revenu familial est le plus faible détiennent une probabilité plus élevée de matriarcat[152]. Le modèle de la responsabilité budgétaire par les femmes est aussi répandu dans les familles d'employées. Aussi, les ouvrières et les employées détiennent un pouvoir de décision plus grand pour les dépenses mensuelles que les commerçantes et artisanes, ou même les cadres qui s'inscrivent plus fréquemment dans une relation égalitaire avec l'époux.

Dans le cas des professions indépendantes, le ménage tient le plus fréquemment un budget privé et professionnel[153]. Pour les exploitants agricoles et les petits commerçants, le conjoint prend totalement en charge la comptabilité générale dont la femme est quasiment écartée[154]. Différemment,

---

[146] Entretien précité, Hélène.
[147] *Ibid.*, p. 133.
[148] Perrot, *Histoire de la vie privée...*, *op. cit.*, p. 131.
[149] *Ibid.*
[150] Perrot, *Femmes publiques...*, *op. cit.*, p. 151.
[151] Olivier Schwartz, *Le monde des ouvriers*, Paris, Presses universitaires de France, 1990, p. 195-203. L'entière responsabilité des affaires financières à l'épouse relève d'un transfert du pouvoir du mari à sa femme, et non parce qu'il reconnaît naturellement son autorité. Une reproduction de la relation avec la mère, à laquelle ils remettaient leurs gains en échange d'un argent de poche est soulignée.
[152] Andrée Michel, « Activité professionnelle de la femme et vie conjugale », enquête précitée, p. 84-85.
[153] Enquête précitée, SEDES, p. 9.
[154] Andrée Michel, *op. cit.*, p. 56. Le même constat est dressé pour les commerçantes et les artisanes urbaines.

dans la catégorie des professions libérales urbaines et bourgeoises, le chef du ménage s'occupe des charges professionnelles en cogestion avec sa femme qui endosse alors la responsabilité de trésorière.

Pourtant, ces situations méritent d'être nuancées. Pour les exploitants agricoles, notre recherche a révélé plusieurs modèles de fonctionnement du couple. Dans certains cas, l'épouse revêt le rôle de médiatrice et même de prescriptrice ou de collaboratrice du mari, ou encore de subordonnée écartée de toute décision. Toutefois, dès le milieu des années 1980, la banque reconnaît sa fonction incontournable de gestionnaire du budget professionnel et familial[155]. Ces deux budgets font souvent l'objet d'un seul et même compte. De même, dans le milieu rural des artisans ou des commerçants, ce sont parfois les femmes qui assurent la gestion financière de l'entreprise familiale[156]. Ainsi ont-elles souvent leur mot à dire et un pouvoir de décision affirmé. Elles tiennent les comptes, régissent la famille et veillent à la bonne marche de l'activité principale, tandis que le mari assure surtout la main-d'œuvre. Ainsi, la femme d'un meunier dans le Jura réveillait son conjoint la nuit pour remettre le moulin en marche et éviter qu'il ne s'emballe, chose qui arrivait lorsqu'il n'y avait plus de blé. Les enfants avaient l'obligation de travailler l'été au moulin, et cette régisseuse réservait la table uniquement aux travailleurs.

Tableau 14 : Gestionnaires du budget après l'ouverture du 1er CB

Périodes ouverture	Les deux	Famille	Conjoint	Vous-même	Total général	N
Avant 1975	25,88 %	1,76 %	4,41 %	67,94 %	100 %	340
1976-1985	17,57 %	4,95 %	3,22 %	74,26 %	100 %	404
1986-1995	11,95 %	5,71 %	2,86 %	79,48 %	100 %	385
Après 1995	8,29 %	9,51 %	2,44 %	79,76 %	100 %	410

Source : enquête Crédit Agricole, ne concerne que les personnes répondantes. Test de chi-2.

L'enquête Crédit Agricole montre qu'une très large majorité de femmes administrent le budget également après l'ouverture de leur premier compte, quelle que soit la période considérée, y compris pour celles qui détiennent un compte joint. Dans ce cas, plus sa période d'ouverture est récente, moins la gestion budgétaire s'effectue de façon commune : la part de cogestionnaires passe de 26 % avant 1975 à 8 % à partir de 1995. Cependant, pour celles qui ouvrent un compte joint entre 1986 et 1995, la gestion partagée prime sur la gestion individuelle (60 %, contre 20 %). L'évolution de la législation peut être une des explications de cette particularité de la période. En effet, la loi de 1985 qui accorde aux femmes l'égalité totale dans la gestion du

---

[155] Arch. CASA, CNCA, Département développement, « Orientations marketing à moyen terme : diagnostic général 1984-1986 », rapport précité, p. 37.
[156] Entretiens précités, Hélène, Simone.

patrimoine ouvre le chemin à la cogestion[157]. Puis, à partir de 1995, les femmes reprennent la direction du budget[158] : elles sont plus de 54 % à le gérer seules, contre 27 % de cogestionnaires.

De son côté, la part des couples où l'époux est gestionnaire unique du budget[159] est presque stable, passant de 4 % avant 1975 à 2 % à partir de 1995, tandis que la part des femmes gestionnaires individuelles augmente : de 68 % avant 1975, elle atteint presque 80 % après 1995.

Compte tenu de ces observations, un profil de la gestionnaire du budget familial de notre échantillon a été dressé pour évaluer son pouvoir de décision et sa capacité d'autonomie financière. Elle ouvre son premier compte-chèques individuel au Crédit Agricole (pour 58 % d'entre elles) et le gère intégralement. Principalement célibataire (pour 80 % d'entre elles), sans enfant (pour 85 % d'entre elles) et native de la Franche-Comté où elle réside, elle est issue d'un milieu plutôt rural (pour près de 54 %), avec un père essentiellement ouvrier et une mère au foyer. Majoritairement étudiante (pour 52 %), mais aussi, en proportion non négligeable, en activité professionnelle (pour 41 %), elle est peu diplômée (niveau inférieur au baccalauréat). Son compte est souvent alimenté par virement et elle utilise surtout les espèces et le chèque comme moyens de paiement.

Une fois en couple, que signifie pour elle gérer le budget ? Elle décide des dépenses du quotidien, mais pas nécessairement seule des grosses dépenses : 49 % des répondantes décident elles-mêmes et 44 % prennent les décisions avec le conjoint. Elle déclare dissocier les postes de dépenses (gestion séparée), mais fait appel au conjoint pour les frais liés au logement (remboursement d'un crédit à la consommation, prêt immobilier...), à l'équipement technique et à l'aménagement de la maison (informatique, meubles, électroménager), aux loisirs et vacances, ainsi que pour le règlement des factures. Ces dépenses sont donc de préférence communes. Les frais reliés aux enfants (habillement, éducation, cours particuliers, loisirs), aux services domestiques (garde d'enfants à domicile, femme de ménage...), à la protection de la famille (assurances) et à la santé (sécurité sociale, mutuelle...) sont des dépenses plutôt féminines. Dans un couple biactif où chacun détient son propre compte, les charges importantes relatives à l'équipement de la maison ou au paiement de l'impôt peuvent être prélevées sur le compte le plus approvisionné[160]. Décisionnaire principale en

---

[157] Beauvalet-Boutouyrie, Berthiaud, *Le rose et le bleu...*, *op. cit.*, p. 118. Loi du 23 décembre 1985, article 1421.
[158] Enquête précitée, Crédit Agricole.
[159] Avec toutes les précautions que cela suppose. Michelle Perrot montre l'existence d'un contre-pouvoir exercé par les paysannes et l'auto-organisation des ménagères dans les milieux populaires urbains qui leur confère un pouvoir économique. Michelle Perrot, *Femmes publiques*, Paris, Éditions Textuel, 1997, p. 151.
[160] Entretiens précités, Marie-France, Gabrielle et Jeanne.

matière d'épargne, cette gestionnaire du budget est ainsi fortement engagée dans l'organisation financière familiale et dans la prise de décision sur les questions d'argent. En ce sens, elle détient un certain pouvoir financier, du moins un pouvoir d'influence. C'est d'ailleurs une des raisons pour lesquelles, comme démontré dans la deuxième partie, elle constitue une cible potentielle pour la banque.

Deux grands types de budgets sont distingués dans l'organisation des ménages : le « budget maison » et le « budget familial »[161]. Tous les deux relèvent la plupart du temps de la responsabilité des femmes. Néanmoins, plusieurs critères agissent de manière plus ou moins significative : leur situation familiale, c'est-à-dire si elles vivent en couple (mariées) ou non (célibataires, divorcées, veuves) et la présence d'enfants, mais aussi la catégorie socioprofessionnelle du ménage et sa situation professionnelle. Ainsi le travail salarié a-t-il une répercussion notable sur la gestion budgétaire : 49 % des femmes actives, contre 43 % des femmes au foyer, ont autorité dans la gestion du budget[162]. Ces deux derniers aspects seront détaillés dans le chapitre suivant.

Le « budget maison » ne représente qu'une partie de l'ensemble des dépenses du ménage : le tiers, voire le quart. Il couvre, pour l'essentiel, les dépenses de nourriture et d'entretien (hygiène, petit habillement, logement). Ces frais ont la particularité d'être quotidiens et « palpables », mais aussi d'un faible montant. Ce mini-budget fait rarement l'objet de prévisions et repose surtout sur l'expertise de la ménagère. Elle le gère donc par habitude à partir d'une somme d'argent remise par l'époux en espèces ou par virement, de compte à compte personnel, de façon mensuelle ou hebdomadaire. Généralement approvisionné par le mari, son montant est fixé d'un commun accord entre les conjoints. Lorsque l'épouse est active, elle apporte plus d'aisance à ce « budget maison ». En revanche, si le ménage est très modeste, alors son rôle stratégique s'en trouve renforcé. Le règlement des autres frais inhérents au fonctionnement du foyer, à savoir les charges fixes (loyer, quittances, impôts, remboursements d'emprunt, assurances, scolarité des enfants), est pris en charge par le mari, généralement en début de mois et par chèque. L'épouse est alors « tenue au courant »[163] du montant mais « ne s'en occupe pas ». À cela peuvent s'ajouter les sorties d'argent exceptionnelles (loisirs, équipement ménager et mobilier, habillement) qui sont organisées en fonction de la somme restante pour le ménage.

Le « budget familial » est moins compartimenté et plus diversifié ; il nécessite d'établir un prévisionnel. Les orientations financières sont déterminées en concertation entre les conjoints, et les femmes en assurent le

---

[161] Enquête précitée, SEDES, p. 5-10.
[162] Andrée Michel, « Activité professionnelle de la femme et vie conjugale », enquête précitée, p. 84.
[163] *Ibid.*, p. 7.

contrôle et la gestion intégrale[164]. Dans ce cas de figure, ces dernières bénéficient fréquemment d'une totale indépendance financière[165]. Le budget familial comprend les charges fixes qui sont déduites au début du mois, puis toutes les dépenses courantes sans distinction précise : l'alimentation, l'entretien, y compris de la voiture, les loisirs (dont le restaurant), les frais de scolarité, les cadeaux, les services ménagers, les extra... Ces garantes du budget familial ne sont pas épargnées pour autant par les difficultés financières, n'étant pas à l'abri d'un déséquilibre budgétaire, surtout dans les foyers avec enfants. Dans ce cas, elles réduisent les dépenses courantes (nourriture) et s'imposent des privations[166], et/ou puisent dans les économies du ménage pour couvrir les dépenses lourdes[167].

Ainsi, quel que soit le type de budget considéré, « budget maison » ou « budget familial », les femmes détiennent une responsabilité financière, tant au niveau de la prise de décision que comme gestionnaires des finances. De la même manière, dans le couple, si la réalisation d'un projet nécessite d'établir une stratégie financière, certes, elle sera le plus souvent déterminée par le conjoint, mais il n'entreprendra aucune opération sans l'accord de son épouse. Elle a donc la capacité de s'opposer et de bloquer toute action[168].

La participation active des femmes au processus décisionnel

Tableau 15 : Types de décisionnaires dans le couple pour les dépenses courantes par période d'ouverture du 1ᵉʳ CB

Périodes d'ouverture	Les deux	Conjoint/ époux	Vous-même	Total général	N
Avant 1975	19,88 %	1,53 %	78,59 %	100 %	327
1976-1985	22,61 %	1,33 %	76,06 %	100 %	376
1986-1995	16,12 %	1,91 %	81,97 %	100 %	366
Après 1995	22,44 %	1,99 %	75,57 %	100 %	352

Source : enquête Crédit Agricole, ne concerne que les personnes répondantes. Test de chi-2.

La forte implication des femmes dans l'administration journalière des finances[169] explique qu'elles décident des dépenses quotidiennes, quels que soient la génération de clientes, le type de compte ouvert, individuel ou

---

[164] Caylou, « L'argent dans le couple », art. cité, p. 10-18.
[165] *Ibid.*, p. 10.
[166] Michelle Perrot, « 2. Drames et conflits familiaux », *in* Philippe Ariès et Georges Duby (dir.), *Histoire de la vie privée*, tome 4, *De la Révolution à la Grande Guerre*, dirigé par Michelle Perrot, Paris, Seuil, 1999, p. 133.
[167] Enquête précitée, SEDES, p. 11.
[168] Caylou, *ibid.*
[169] *Revue Banque*, n° 709, janvier 2009, p. 60-62. Et Exton Consulting, « Services financiers, ce que veulent les femmes », enquête précitée, p. 4. Les femmes gèrent les « trois quarts des comptes bancaires des particuliers », quelle que soit leur situation familiale.

commun, et leur situation familiale. Celles qui ont ouvert leur premier compte avant 1975 représentent plus de 78 % des décisionnaires pour ce poste budgétaire, puis cette part se maintient autour de 75 % après 1995. Concernant la part des codécisionnaires, leur proportion se stabilise à environ 20 % sur l'ensemble de la période. De même, la part des clientes dont le conjoint/époux décide seul des petites dépenses reste stable, mais en proportion largement inférieure, soit autour de 2 %.

Ces observations laissent supposer un faible investissement des conjoints dans la gestion du quotidien, ce que confirme cette étude de *F Magazine* parue à la fin des années 1970, qui établit que 38 % des chèques émis en France sont signés par des femmes et concernent des frais de nourriture et d'habillement, contre 12 % par les hommes[170].

Tableau 16 : Type de décisionnaires dans le couple pour les grosses dépenses par période d'ouverture du 1er CB

Périodes d'ouverture	Les deux	Conjoint/époux	Vous-même	Total général	N
Avant 1975	65,18 %	6,71 %	28,12 %	100 %	313
1976-1985	57,94 %	8,08 %	33,98 %	100 %	359
1986-1995	45,58 %	6,84 %	47,58 %	100 %	351
Après 1995	45,43 %	5,90 %	48,67 %	100 %	339

Source : enquête Crédit Agricole, ne concerne que les personnes répondantes. Test de chi-2.

Dans le couple, les grosses dépenses liées au foyer relèvent très majoritairement d'une décision partagée entre les conjoints, surtout pour les anciennes générations de clientes, quel que soit le type de compte ouvert. Cependant, avec les générations plus récentes, c'est-à-dire à partir de la période 1986-1995, la part des décideuses augmente, passant de 34 % à 47 %, au détriment de celle des femmes pratiquant la décision commune, qui chute de 13 points, de 58 % à 45 %. Cette mutation de la décision commune à la décision individuelle traduit un renforcement du pouvoir de décision des femmes, qui se confirme dans la période suivante, de 1995 à 2019 : on compte 48 % de décideuses finales, contre 45 % de codécisionnaires avec leur conjoint/époux. Pour étayer l'interprétation de ces résultats, il serait intéressant d'observer une population plus jeune. Par ailleurs, pour toute génération de clientes, la décision individuelle est légèrement plus pratiquée par les urbaines (41 %) que par les rurales (38 %).

---

[170] Arch. CASA, Marie-Odile Fargier et Dominique Deschavannes, « Un nouveau pouvoir : l'argent des femmes », *F Magazine*, n° 15, avril 1979, p. 58-65. Sondage réalisé pour *F Magazine* par la Sofres du 2 au 5 janvier 1979, sur un échantillon national de 1 000 personnes âgées de 18 ans et plus selon la méthode des quotas (sexe, âge, profession du « chef de famille »), stratification en régions et catégories d'agglomérations.

Tableau 17 : Gestionnaires du compte bancaire, individuel et commun

Périodes d'ouverture	Les deux	Conjoint/époux	Vous-même	Total général	N
Avant 1975	12,89 %	1,40 %	85,71 %	100 %	357
1976-1985	6,80 %	0,25 %	92,95 %	100 %	397
1986-1995	2,34 %	0,26 %	97,40 %	100 %	385
Après 1995	1,01 %	0,51 %	98,48 %	100 %	395

Source : enquête Crédit Agricole, ne concerne que les personnes répondantes. Test de chi-2.

Les femmes sont très majoritairement gestionnaires uniques de leur premier compte bancaire, quelle que soit sa période d'ouverture[171]. De surcroît, plus celle-ci est récente, moins il est géré en commun (tableau 17) : la proportion de cogestionnaires passe de 13 %– c'est plus de trois femmes sur cinq lorsque le compte a été ouvert avant 1965 – à 1 % après 1995.

Quant aux clientes qui ont un compte commun, une rupture avec la cogestion est nette à partir de 1995. La gestion individuelle, en revanche, s'accroît et devient dominante, bien que l'effectif des répondantes soit faible (124 au total). Toutefois, certains de nos témoignages viennent nuancer la tendance générale à la cogestion du compte commun[172]. Après avoir cessé son activité professionnelle après l'arrivée du premier enfant, cette ouvrière a d'abord ouvert un compte bancaire au Crédit Lyonnais au nom de son mari, également ouvrier, sur lequel elle avait une procuration ; celui-ci est devenu commun par la suite, en 1969. Bien que n'étant pas la titulaire principale du compte, elle le gère intégralement :

> « Tout était au nom de mon mari, rien n'était en mon nom mais c'est moi qui l'ai ouvert [...]. Mon mari n'est même pas venu, il m'avait donné une procuration. Mais bon, vous savez, la procuration [...], ben c'était comme ça. De toute façon, c'est moi qui gérais. »[173]

Pour un couple biactif de la classe moyenne, en ascension professionnelle, la femme détient toujours la responsabilité des deux comptes bancaires depuis 1965, le sien et celui de son mari, et elle jongle parfois entre les deux pour tenir le budget en équilibre. Son conjoint la consulte lorsqu'il a besoin de retirer de l'argent, et elle le dirige vers le compte le plus approvisionné, en fonction de l'importance de la somme à débiter. La gestion est définie par nos témoins comme étant « plus simple » à cette époque, car les dépenses, et donc les postes budgétaires, étaient moins variés qu'aujourd'hui.

Alors que la part des femmes qui administrent seules leur propre compte ne cesse de progresser, l'enquête Crédit Agricole montre également que la

---
[171] Enquête précitée, Crédit Agricole.
[172] Entretiens précités, Janine, Michelle, Gabrielle.
[173] Entretien précité, Émilie.

part de celles dont l'époux gère le compte familial est très faible (moins de 2 %) et devient anecdotique avec les jeunes générations.

On sait aussi que « les femmes font davantage leurs comptes que les hommes » : 92 % des femmes, dont 75 % régulièrement, contre 83 % des hommes, dont 64 % régulièrement[174], l'âge et le statut étant les critères distinctifs. Les plus de 65 ans sont plus concernés que les moins de 35 ans, et ce sont les veuves qui s'appliquent plus particulièrement à cet exercice. Cela traduit à la fois une dimension intemporelle de prévoyance, liée au vieillissement et au risque d'isolement, et une affirmation des mutations socio-économiques au travers desquelles se confirme l'autonomie croissante des femmes (produire de la richesse et la gérer).

Responsables de la gestion quotidienne du foyer, ce sont les femmes qui, généralement, se rendent dans les établissements bancaires pour les opérations courantes (retrait de chéquiers, remise de chèques, versement et retrait d'espèces...)[175]. Quelle que soit la période d'ouverture du compte, la part de ces clientes se maintient entre 85 % et 75 %. Lorsqu'elles ont un compte commun, c'est aussi l'affaire des femmes, pour plus de 69 % d'entre elles. Quant à celles qui accompagnent leur mari, ou le conjoint seul, cela concerne une minorité de répondantes. Ces pratiques disparaissent avec les jeunes générations, car elles s'inscrivent dans un modèle du couple égalitaire. Des études montrent que les démarches courantes à la banque sont exécutées par l'un ou l'autre des conjoints selon « la disponibilité de chacun »[176]. Dans ce nouveau paradigme du couple, le mari s'implique davantage dans la gestion du quotidien :

> « Ce n'était jamais mon mari qui allait chercher l'argent liquide à la banque, c'était toujours moi. Il me disait : tu vas me chercher tant. Tout ça, c'est venu après [...]. Avant, c'étaient les femmes qui faisaient les courses [...], maintenant, le mari participe davantage et la femme a pris un pouvoir plus important. Mon mari a donné peut-être deux fois le biberon à nos enfants dans sa vie et je ne sais pour quelle raison. Jamais il n'aurait voulu les changer. Quand je vois mon petit-fils qui vient d'être papa [...], c'est marrant de le voir s'occuper du bébé [...], je n'étais pas habituée à ça ! »[177]

Le vécu de cette personne, âgée de plus de 80 ans aujourd'hui, est aussi intéressant en ce qu'il compare la place des femmes dans la famille selon deux époques.

La relation de proximité entre les femmes et la banque s'explique, selon la SEDES, par le manque de disponibilité du mari. Ces dernières ne feraient

---

[174] Enquête TNS/SOFRES pour LCL, « Les femmes et l'argent », janvier 2006, p. 17-19.
[175] Enquête précitée Crédit Agricole.
[176] Caylou, « L'argent dans le couple », art. cité, p. 5.
[177] Entretien précité, Hélène.

alors qu'exécuter les opérations financières suivant ses consignes[178]. En ce sens, l'épouse tiendrait un rôle d'exécution, administrant les affaires bancaires, telle une secrétaire dévouée à son patron, pour reprendre la métaphore de Bernard Lahire[179]. Or, dans ce cas de figure, cela signifierait que les clientes sont toutes des femmes au foyer ou des travailleuses qui bénéficient d'une certaine flexibilité dans leurs horaires. Pourtant, nous avons vu, dans la deuxième partie de cette recherche, que la réalité du travail des femmes est toute autre. D'ailleurs, les données empiriques apportent une autre explication qui montre leur implication pleine et entière dans l'activité financière, sans être de simples exécutantes.

Dirigeantes du budget familial, elles s'occupent « des papiers », activité qui entre dans leur fonction. Aussi viennent-elles au guichet pour déposer les chèques, retirer des espèces, faire des transferts d'argent, fixer un rendez-vous avec le conseiller en prêts immobiliers[180]. Cependant, cette situation n'est pas non plus immuable au sein du couple. Il arrive que, de temps à autre, l'épouse envoie son mari à la banque afin de retirer les sommes d'argent nécessaires pour le mois[181] : « C'est moi qui établissais le budget. Je lui disais, j'ai besoin de tant et il me ramenait l'argent. »

Toutefois, aller déposer son chèque à la banque prend un autre sens dans le milieu agricole où les investissements et les opérations financières, essentielles à la vie matérielle du ménage, reviennent aux hommes[182]. Ainsi, en Haute-Saône, les agriculteurs allaient eux-mêmes déposer au Crédit Agricole la paie du lait, qui était la ressource principale de la famille. Ce moment était aussi l'occasion de se retrouver au café pour boire entre collègues, surtout le jeudi, jour de marché. Si, dans cet ancien modèle, les femmes vivant de l'agriculture étaient au service du mari et travaillaient derrière lui, dans le modèle récent, elles travaillent à ses côtés[183]. Leurs responsabilités se sont diversifiées en direction de tâches secondaires et/ou occasionnelles, mais indispensables dans le processus de production, comme les « opérations de routine » à la banque[184].

Si ce sont les hommes qui négocient auprès des établissements bancaires, les femmes sont davantage impliquées en amont, dans le recueil des informations[185]. Cela n'enlève rien à leur implication opérationnelle. De plus, la phase de concertation entre les conjoints étant incontournable pour

---

[178] Enquête précitée, SEDES, p. 13.
[179] Bernard Lahire, *La raison des plus faibles. Rapport au travail, écritures domestiques et lectures en milieux populaires*, Presses universitaires de Lille, 1993, p. 165.
[180] Entretiens précités, Jeanne, Danielle, Émilie, Marie-Louise, Colette, Simone, Marie-France, Gabrielle, Odile.
[181] Entretien précité, Michelle.
[182] Entretien précité, François.
[183] Anne Guillou, *Les femmes, la terre, l'argent. Guiclan en Léon*, Brasparts, Éditions Beltant, Les bibliothèques de Bretagne, 1990, p. 108-115.
[184] *Ibid.*, p. 110.
[185] Caylou, « L'argent dans le couple », art. cité, p. 5.

mener à bien ces opérations, ces dernières sont également actives dans la prise de décision[186]. Pa conséquent, elles jouent bien un rôle d'influence et exercent une autorité à part entière.

Toujours d'après la SEDES, seules les femmes issues d'un milieu bourgeois sont initiées au monde de la finance dans le cadre familial, car elles disposent d'un certain patrimoine. C'est pourquoi, elles manifestent une aisance et une autonomie dans leur relation avec la banque et dans la gestion des placements financiers[187]. Cependant, là aussi, il convient de modérer cette affirmation. Dans cette classe sociale, les femmes pouvaient détenir leur propre argent et gérer leurs affaires librement, mais à condition d'être mariées sous le régime de la séparation des biens[188]. Celles qui relevaient du régime de la communauté n'administraient pas leurs biens propres, car le mari avait les pleins pouvoirs au regard de la loi, jusqu'à la réforme des régimes matrimoniaux en 1965. Ce n'est qu'à la suite d'une maladie ou du décès de l'époux, par exemple, que certaines ont pu disposer de leur argent et de surcroît démontrer plus tard leur capacité à gérer la fortune familiale dans sa globalité, ainsi qu'à diriger les affaires financières et patrimoniales.

---

[186] *Ibid.*
[187] Enquête précitée, SEDES, p. 14-15.
[188] Entretien précité, Hélène. Elle décrit sa situation et celle de ses sœurs.

CHAPITRE II
L'EXTENSION DES RESPONSABILITÉS EN DEHORS DE LA SPHÈRE STRICTEMENT DOMESTIQUE

1. Une nouvelle perspective vers la gestion financière et patrimoniale

L'implication croissante des femmes dans l'investissement financier

Les placements financiers : de la décision commune à la décision individuelle

Avant 1976, les femmes émettent le plus souvent des réserves envers les placements financiers et, lorsqu'elles disposent d'une somme d'argent inhabituelle, elles préfèrent l'utiliser pour satisfaire immédiatement un besoin à caractère utile qui agrémente le quotidien familial[1]. Cet acte s'insère dans une réalité concrète (« palpable »), contrairement à un produit de placement, autre que l'épargne, perçu comme étant abstrait. Il n'en demeure pas moins que dans le couple, la prise de décision pour ce poste s'effectue en concertation entre les conjoints, les femmes étant le plus souvent consultées par leur mari. Toutefois, chez certains couples âgés, notamment de retraités, il arrive qu'elles soient exclues de toute « stratégie financière »[2], et les dépenses restent sous le contrôle strict du mari, les maintenant dans une relation de dépendance : les femmes se soumettent à des habitudes de gestion anciennes sans espérer pouvoir les remettre en question[3].

Tableau 18 : Types de décisionnaires pour les placements financiers (bourse, or…) par période d'ouverture du 1er CB

Période d'ouverture	Les deux	Conjoint/époux	Vous-même	Total général	N
Avant 1975	46,19 %	18,27 %	35,53 %	100 %	197
1976-1985	42,80 %	12,50 %	44,70 %	100 %	264
1986-1995	35,61 %	9,47 %	54,92 %	100 %	264
Après 1995	31,90 %	7,17 %	60,93 %	100 %	279

Source : enquête Crédit Agricole, ne concerne que les personnes répondantes. Test de chi-2.

---

[1] Enquête précitée, SEDES, p. 16.
[2] *Ibid.*, p. 15.
[3] *Ibid.*, p. 9.

L'enquête Crédit Agricole soutient la thèse de la codécision dans le couple pour les anciennes générations, mais à partir de 1976, lorsque les femmes ont ouvert leur premier compte, une tendance se dessine vers une décision féminine individuelle. En effet, les nouvelles générations de clientes sont de plus en plus décisionnaires, surtout à partir de 1986. Ainsi, pour les clientes ayant ouvert leur premier compte entre 1986 et 1995, la part des décisionnaires est de presque 55 %, contre 35 % de codécisionnaires. Puis, à partir de 1995, celle-ci progresse encore pour parvenir à 61 %, contre 31 % de codécisionnaires[4]. Parallèlement, la part des femmes dont le conjoint/époux est décisionnaire unique se réduit nettement, de 18 % à 7 % entre la première et la dernière période d'ouverture de compte.

Les femmes montrent toutefois une aversion au risque. Elles préfèrent s'engager pour des placements financiers « sûrs mais faiblement rémunérés » plutôt que d'accepter « une petite part de risque pour mieux valoriser leurs placements » : 28 % seulement d'entre elles choisissent la deuxième solution, contre 47 % des hommes[5]. Malgré tout, elles ne choisissent pas exclusivement « des produits de court terme »[6]. Les placements bloqués et les produits de prévoyance suscitent aussi leur intérêt, comme le plan d'épargne logement, le plan d'épargne populaire ou l'assurance-vie, et cela, autant que les hommes.

Cette particularité des femmes, hostiles aux risques, pourrait expliquer la meilleure résistance de certaines entreprises aux aléas du marché boursier[7] : seule l'organisation dont le taux de féminisation au niveau de l'encadrement est le plus fort présente ces résultats. C'est le cas de BNP Paribas avec un taux de 38,7 %, le plus élevé dans le monde bancaire en France. Cet établissement a le mieux réagi au krach boursier de 2008 en limitant la baisse de son cours de bourse autour de -19,34 %, alors que le Crédit Agricole, dont le taux de féminisation de l'encadrement est le plus faible (16,16 %), a vu son action chuter de 50,45 %[8].

Certains critères agissent sur le comportement des femmes et conditionnent la prise de risque. Ainsi, la catégorie socioprofessionnelle, notamment, vient nuancer l'écart qui a précédemment été constaté entre les deux sexes : 41 % des femmes cadres ou exerçant une profession intermédiaire approuvent « une petite part de risque et des placements risqués », contre 53 % des hommes[9]. Les employées et les ouvrières privilégient amplement les placements sûrs, pour 73 % d'entre elles, contre 55 % pour les hommes appartenant à ces

---

[4] Enquête précitée, Crédit Agricole.
[5] Archives BPCE, « Les femmes, les hommes et l'argent », L'Observatoire de la Caisse d'Épargne, 2003, p. 46-49.
[6] *Ibid.*, p. 47.
[7] Michel Ferrary, « CAC40 : les entreprises féminisées résistent-elles mieux à la crise boursière ? », Observatoire de la féminisation des entreprises françaises, 2008.
[8] *Ibid.*
[9] L'Observatoire de la Caisse d'Épargne, 2003, enquête précitée, p. 47.

catégories. Plus les femmes sont d'un niveau socioprofessionnel élevé, plus elles sont enclines à la prise de risque sur les placements. À condition d'être bien conseillées, les actives prêtes à « investir en actions »[10] constituent une part proche de celle des actifs.

De même, l'âge, la classe sociale et le fait d'avoir ou non des enfants à charge sont des facteurs à considérer[11]. Les femmes âgées de plus de 50-55 ans, qui appartiennent à une classe aisée et n'ont plus d'enfant à charge préfèrent réaliser des placements plutôt qu'épargner. Cette conception de la vie financière vise à garantir le quotidien, voire à l'agrémenter, mais aussi à préserver leur indépendance grâce au capital disponible, tout en assurant l'avenir.

Quand on regarde le patrimoine financier personnel moyen détenu par les femmes et par les hommes, on constate que les disparités reposent essentiellement sur des différences de salaires et non sur un éventuel défaut d'appétence féminin à la composition d'un capital[12]. En effet, à ressources personnelles équivalentes, le portefeuille moyen de placements financiers des femmes est plus élevé, sinon semblable, à l'exception de celles et ceux dont les revenus sont supérieurs à 3 050 euros mensuels. La prédominance du patrimoine masculin tient aux disparités salariales, encore largement défavorables aux femmes dans les niveaux supérieurs de l'échelle hiérarchique, ce qui nuit de surcroît à leur potentiel en termes d'acquisition financière. Toutefois, ce phénomène s'explique aussi parce que le capital économique transmis au sein de la famille à la génération suivante profite davantage aux hommes[13].

Les nouvelles clientes décideuses pour les emprunts et les investissements

Parmi une cinquantaine de dossiers de demandes de prêts gérés par des caisses locales, entre 1965 et 1969, pour le compte de la Caisse régionale de la Haute-Saône et du Territoire de Belfort, sept demandes émanent de femmes, ce qui représente 14 % de l'échantillon de ces emprunteurs[14]. Elles sont actives, célibataires, veuves ou divorcées, avec ou sans enfant[15]. Aucun dossier de prêt engageant une femme mariée n'a été retrouvé. Les crédits accordés s'échelonnent sur une durée de cinq à vingt-cinq ans selon la nature et le montant du prêt. Celui-ci s'élève entre 15 000 et 40 000 francs, avec un

---

[10] *Ibid.*, p. 51.
[11] *Ibid.*, p. 42.
[12] *Ibid.*, p. 53.
[13] Voir sur le sujet l'ouvrage de Céline Bessière et Sibylle Gollac, *Le genre du capital. Comment la famille reproduit les inégalités*, Paris, La Découverte, 2019.
[14] Archives CAFC, dossiers de demandes de prêts de 1965 à 1969, Caisse régionale de la Haute Saône et du Territoire de Belfort. Il s'agit de demandes de prêts qui ont été effectuées auprès des caisses locales pour la caisse régionale, acceptées et traitées.
[15] Nous trouvons des exploitantes agricoles et exploitantes forestières, une aide familiale, une institutrice et une dactylographe.

taux d'intérêt de 5 % à 3 %. Pour garantir le prêt, les emprunteuses doivent être sociétaires et porteuses de parts sociales (autour de 2 % du capital emprunté). Ces demandes de prêts servent en priorité à financer de l'immobilier ou du foncier : une maison d'habitation, des travaux d'amélioration ou de construction, un terrain pour agrandir l'exploitation.

À côté des critères quantitatifs, ces clientes doivent aussi répondre à des critères qualitatifs pour la banque : avoir « l'esprit Crédit Agricole » (mutualiste), présenter de bonnes garanties de solvabilité et bénéficier d'une bonne réputation (honorabilité)[16]. Ces renseignements, confidentiels, sont établis par la caisse locale. Lorsqu'il s'agit d'une première demande de prêt, les clientes et les clients font l'objet d'une enquête de voisinage. Aussi, d'après les faits qu'il a recueillis, le prospecteur du Crédit Agricole prend note que le père de sa cliente bénéficie d'une bonne retraite de 700 francs mensuels, bien qu'il n'apparaisse pas comme cautionnaire dans le contrat de prêt. Si ce type de démarche écrite n'est pas systématiquement appliqué, une pratique orale semble couramment employée dans cette activité commerciale.

Dans les années 1970, les femmes sont jugées méfiantes envers les prêts et les crédits ; aussi préfèrent-elles renoncer à un gros achat plutôt que d'emprunter, et elles paient comptant lorsqu'elles en ont les moyens[17]. Face à des problèmes d'argent, elles préfèrent demander de l'aide à leur famille plutôt que de se tourner vers un établissement bancaire. Ce sentiment de défiance trouve une explication dans leur méconnaissance de l'univers de l'argent et dans leur exclusion historique du monde de la finance[18]. Or, pour le premier point, nous avons vu qu'elles ne sont pas encore considérées, à cette époque, comme des acteurs économiques, ni comme des clientes à part entière par les banques. Celles-ci sont plus particulièrement attentives à leur rôle « d'influenceuses » auprès des membres de leur famille et de gestionnaires du budget familial. Aussi les agences veillent-elles au bon accueil qui doit leur être réservé plutôt qu'au bon conseil destiné à faire fructifier leur argent ou aux bénéfices d'un produit présentant un intérêt fiscal. Ce langage est réservé aux hommes. Le discours joue aussi sur la dimension affective pour installer une proximité avec la clientèle féminine[19].

Pour le deuxième point, effectivement, jusqu'en 1967, les femmes ne sont pas autorisées à entrer à la Bourse, ni à exercer la profession d'agent de change. Cette charge se transmet « de père en fils et d'oncle en neveu », à condition de réserver sa place plusieurs années à l'avance[20]. D'autre part, nous avons vu que si elles forment la moitié du personnel bancaire dans une

---

[16] Comme pour tous les clients, être soutenu par un administrateur fiable du Crédit Agricole est apprécié.
[17] Enquête précitée, SEDES, p. 16.
[18] Fargier, Deschavannes, « Un nouveau pouvoir : l'argent des femmes », art. cité, p. 63.
[19] Catherine Bouchaudy, « Banque : la clientèle féminine », *Journal des Caisses d'Épargne*, n° 6, 1986, p. 14.
[20] Fargier, Deschavannes, art. cité, p. 62-63.

grande banque nationale, elles représentent seulement 6 % des cadres en 1968, 12 % en 1974, et sont affectées dans les services administratifs et non dans les filières commerciales propices à une relation directe avec l'argent et les clients financiers[21].

Tableau 19 : Types de décisionnaires dans le couple pour les emprunts par période d'ouverture du 1er CB

Périodes d'ouverture	Les deux	Conjoint/époux	Vous-même	Total général	N
Avant 1975	66,79 %	9,49 %	23,72 %	100 %	274
1976-1985	53,64 %	12,42 %	33,94 %	100 %	330
1986-1995	44,14 %	9,88 %	45,99 %	100 %	324
Après 1995	44,84 %	8,06 %	47,10 %	100 %	310

Source : enquête Crédit Agricole, ne concerne que les personnes répondantes. Test de chi-2.

Pourtant, l'enquête Crédit Agricole décèle que dans le couple, les emprunts relèvent globalement d'une décision commune jusqu'en 1995. Une jeune génération de clientes devient ensuite seule décideuse dans ce domaine. Une intervention plus large des femmes est même repérable à partir de la période 1986-1995. Ce phénomène est probablement dû à la loi du 23 décembre 1985 qui procure aux femmes mariées une extension de leur capacité à emprunter[22]. Dès 1995, la part des décideuses augmente encore, pour arriver à 47 %, alors que celle des codécideuses se stabilise autour de 45 %. Aussi, les femmes deviennent également de plus en plus décisionnaires dans ce domaine. Les moins de 35 ans s'estiment être les « mieux placées »[23] pour négocier un crédit avec leur banque, surtout lorsqu'elles vivent maritalement. Le principal argument avancé est qu'elles se sentent tout simplement à l'aise sur les questions d'argent, disposant de la gestion du budget familial, à plus forte raison lorsqu'elles sont diplômées de l'enseignement supérieur. De façon générale, la grande majorité des femmes rejettent l'idée que leur intérêt pour la gestion de leur capital serait moindre par rapport à celui des hommes ou qu'elles seraient moins concernées que leurs confrères par l'argent[24]. Tout cela est rangé dans la catégorie des préjugés qui restent néanmoins encore ancrés chez les seniors.

---

[21] Monique Appert, « L'emploi féminin dans une grande banque », étude précitée, p. 13-26.
[22] Jean-Louis Hébert, « La femme, le droit et la banque », *Journal des Caisses d'Épargne*, n° 6, novembre-décembre 1986, p. 6-9.
[23] LCL, « Les femmes et l'argent », enquête précitée, p. 22.
[24] *Ibid.*, p. 29-30.

Tableau 20 : Types de décisionnaires dans le couple pour les investissements par période d'ouverture du 1er CB

Périodes d'ouverture	Les deux	Conjoint/époux	Vous-même	Total général	N
Avant 1975	68,05 %	8,71 %	23,24 %	100 %	241
1976-1985	57,79 %	11,76 %	30,45 %	100 %	289
1986-1995	43,66 %	10,56 %	45,77 %	100 %	284
Après 1995	46,13 %	5,63 %	48,24 %	100%	284

Source : enquête Crédit Agricole, ne concerne que les personnes répondantes. Test de chi-2.

Jusqu'en 1976-1985, lorsque les femmes ouvrent leur premier compte bancaire, investir dans l'immobilier ou dans un équipement important (gros matériel et équipement lourd) implique couramment une concertation entre les conjoints, d'autant plus que l'assurance du crédit implique souvent les deux partenaires[25]. Puis, avec les nouvelles clientes, la part des décideuses individuelles augmente de plus de 15 points entre les deux périodes d'ouverture du premier compte, passant de 30 % en 1976-1985 à 45 % en 1986-1995, tandis que celle des codécideuses recule de 58 % à 43 %. Il s'agit juste d'une tendance puisque l'écart entre chaque profil d'investisseuses, codécisionnaire ou décisionnaire, reste ténu, y compris à partir de 1995. Ce constat montre néanmoins une nouvelle génération plus impliquée dans ce domaine financier et au pouvoir de décision grandissant. On notera que pour les titulaires d'un compte joint, c'est la décision commune qui prime.

Michel Glaude et François de Singly distinguent plusieurs territoires dans l'organisation des relations conjugales : celui où se décide la « politique conjugale »[26] et un autre, composé de nombreuses tâches précises reliées à l'administration du ménage. Dans le premier, marqué par « les effets des générations », l'égalité, qui est devenue la norme, progresse. En revanche, le deuxième, soumis à un ensemble de valeurs individuelles, n'est pas égalitaire et dépend d'une négociation entre les conjoints[27]. L'enquête Crédit Agricole confirme que le travail budgétaire est une prérogative féminine. De même, elle montre que les décisions en matière financière et patrimoniale, jusqu'alors prises en commun, ou, transposées à la démonstration des deux sociologues, appartenant au « domaine des grandes décisions »[28], évoluent vers une tendance plus individuelle et surtout féminine. Par conséquent, on peut s'interroger sur l'évolution de cet espace « de partage égalitaire » : les femmes y auraient-elles pris l'avantage ?

---

[25] Enquête précitée, Crédit Agricole.
[26] Glaude, de Singly, « L'organisation domestique : pouvoir et négociation », *Économie et Statistique*, n°187, avril 1986, p. 13.
[27] Glaude, de Singly, « Le pouvoir domestique : qui décide ? », *Journal des Caisses d'Épargne*, n°6, novembre-décembre 1986, p. 27.
[28] *Ibid.*, p. 23.

2. Une singularité féminine parfois reconnue dans le domaine bancaire

Des épargnantes fiables pour les banques

Les trois principaux motifs d'épargne des Françaises sont la précaution, l'anticipation des dépenses et la perspective d'un achat immobilier[29]. En ce sens, elles tiennent « un rôle modérateur » dans le couple[30]. L'enquête de la SEDES souligne déjà qu'en 1976, les femmes ne considèrent pas l'épargne comme une réserve personnelle, mais plutôt comme une économie familiale dédiée au ménage. De manière générale, ces dernières se tournent surtout vers des produits financiers de base et simples comme le compte-chèques et le livret d'épargne[31], car elles misent avant tout sur l'épargne quotidienne. Ainsi, 58 % des femmes jugent qu'épargner régulièrement est absolument nécessaire, quelle que soit la catégorie socioprofessionnelle, même s'il s'agit de petits montants[32].

En 1986, trois Françaises sur cinq sont détentrices d'un livret A, le plus souvent ouvert avec le versement des premiers salaires, ou à la suite de leur mariage, pour répondre à leurs besoins de sécurité et de disponibilité. C'est un produit qu'elles apprécient aussi pour la facilité de sa gestion[33]. Elles effectuent le plus souvent des versements mensuels de moins de 250 francs, montant inférieur à ceux des hommes qui déposent souvent plus de 500 francs, mais selon une fréquence supérieure à celle de leurs confrères, souvent par chèque, parfois en espèces et par virement provenant du compte courant. Ces dépôts peuvent émaner d'une activité complémentaire, occasionnelle ou encore d'une autre épargne. Cependant, le prélèvement automatique, qui tend à se généraliser au début des années 2000, les engage à épargner de façon plus assidue[34].

La clientèle féminine des banques détient quasiment autant de produits banalisés comme l'épargne logement, les livrets d'épargne (livret B de La Poste et de l'Écureuil, compte d'épargne ou compte sur livret à la banque, Codevi, LEP) que les hommes. Toutefois, le taux de détention du livret d'épargne (en dehors du livret A) présente quelques différences selon l'âge et le sexe de son propriétaire[35]. Particulièrement fort entre 45 et 65 ans chez les femmes, il diminue ensuite, tandis que chez les hommes, il baisse à partir de 45 ans puis repart à la hausse après 60 ans. À ressources équivalentes, les femmes sont plus épargnantes que les hommes. En 1979, elles représentent

---

[29] Pénache, « Aiment-elles les produits financiers ? », art. cité, p. 10.
[30] Caylou, « L'argent dans le couple », art. cité, p. 4.
[31] Journal interne BNP, *Dialogue*, étude précitée, p. 8.
[32] L'Observatoire de la Caisse d'Épargne, enquête précitée, p. 39.
[33] Pénache, art. cité, p. 10.
[34] *Ibid.* L'Observatoire de la Caisse d'Épargne, p. 40.
[35] *Ibid.*

55 % des titulaires d'un livret de Caisse d'Épargne, contre 45 % pour les hommes, et le montant de leurs économies accumulées sur leurs livrets est en moyenne supérieur[36]. Ce sont également les mères de famille qui ouvrent des livrets pour leurs enfants. Prévoyantes, elles sont aussi moins souvent endettées que les hommes[37].

L'acte d'épargner représente pour elles une forme de valorisation personnelle, surtout lorsque le budget est serré[38]. Au-delà d'un sentiment de sécurité, elles éprouvent, en effet, la satisfaction d'être capables de protéger leur famille et de réaliser des projets qui leur tiennent à cœur de manière autonome. Elles conçoivent également l'épargne comme un moyen de se faire plaisir de façon responsable et sans culpabilité, bien que ce point de vue varie selon l'âge et le « niveau d'aisance financière »[39]. Lorsque la situation financière est tendue, la dimension de sacrifice l'emporte. Néanmoins, épargner suscite chez ces femmes un sentiment de « victoire »[40].

Dans le couple, peut-on en déduire pour autant que les femmes sont décisionnaires en matière d'épargne bancaire ?

Tableau 21 : Types de décisionnaires dans le couple en termes d'épargne par période d'ouverture du 1er CB

Périodes d'ouverture	Les deux	Conjoint /époux	Vous-même	Total général	N
Avant 1975	46,90 %	8,62 %	44,48 %	100 %	290
1976-1985	41,26 %	7,45 %	51,29 %	100 %	349
1986-1995	28,00 %	5,14 %	66,86 %	100 %	350
Après 1995	26,02 %	4,09 %	69,88 %	100 %	342

Source : enquête Crédit Agricole, ne concerne que les personnes répondantes. Test de chi-2.

D'après l'enquête Crédit Agricole, alors que l'épargne bancaire relève surtout d'une concertation dans le couple pour les anciennes générations, à partir de la période 1976-1985, ce sont nettement les femmes qui décident dans ce domaine. La part des décideuses dans le couple a progressé de sept points, passant de 44 % avant 1975 à 51 % entre 1976 et 1985. Puis, elle se renforce autour de 67 % sur la période suivante, au détriment de la décision commune : la proportion de codécideuses chute de 47 % à 26 %, et la part des ménages où seul l'époux prend les décisions diminue de 8 % à 4 %. Une petite différence de comportement en matière d'épargne entre les femmes urbaines et rurales peut être décelée : la proportion d'urbaines décideuses est

---
[36] Fargier, Deschavannes, art. cité, p. 58-65.
[37] *Ibid.*
[38] L'Observatoire de la Caisse d'Épargne, enquête précitée, p.25 et p.41-42.
[39] *Ibid.,* p. 41-42.
[40] *Ibid.,* p. 42.

légèrement supérieure, avec 61 % d'épargnantes (contre 36 % de codécideuses), à celle des rurales décideuses, avec 57 % d'épargnantes (contre 33 % de codécideuses). Néanmoins, le pouvoir de décision reste entre les mains des femmes dans ces couples.

Des offres bancaires consacrées à la clientèle féminine

Monique Zollinger et Éric Lamarque expliquent l'influence de facteurs quantitatifs et qualitatifs sur les motivations et les comportements financiers de la clientèle envers les produits et services bancaires[41]. Des éléments relatifs à l'environnement du consommateur interviennent, comme les classes sociales, les groupes sociaux, la famille, mais aussi les critères sociodémographiques dont les plus fréquents sont l'âge, le sexe, la situation familiale, le lieu d'habitation, le statut professionnel, le revenu, le diplôme. Toutes ces informations permettent à la banque de segmenter sa clientèle pour construire sa démarche marketing en identifiant des comportements durables et un marché nouveau potentiellement rentable. Cependant, la segmentation selon le sexe est plus rarement pratiquée, ce qui amène certains spécialistes à constater que la cible féminine est « parfois délaissée » et « souvent méconnue » par les banques[42]. Pour d'autres, cette absence d'information révèle que la différenciation selon le sexe n'est plus pertinente compte tenu des avancées quant à l'autonomisation économique et financière des femmes, et donc de la similitude entre des attitudes masculines et féminines[43]. Il ne s'agit pas ici de trancher pour une hypothèse plutôt qu'une autre, mais de soulever qu'à travers des initiatives portées dans le passé par certains établissements, le sexe a été repéré par le marketing bancaire comme un déterminant individuel du « comportement du consommateur bancaire »[44]. En outre, l'absence d'unanimité autour de la question d'un marketing de genre[45] ne signifie pas pour autant que les femmes n'ont pas des attentes propres et avérées dans le domaine bancaire et financier, comme déjà abordé, à supposer qu'elles forment un ensemble homogène[46].

---

[41] Monique Zollinger et Éric Lamarque, *Marketing et stratégie de la banque*, Paris, Dunod, 2008, p. 60-66.
[42] Philippe Gardes, « Services financiers, les femmes aux manettes ! », *Revue Banque*, n° 709, janvier 2009, p. 60.
[43] Pénache, « Aiment-elles les produits financiers ? », art. cité, p. 9. Bouchaudy, « Banque : la clientèle féminine », art. cité, p. 17.
[44] Zollinger, Lamarque, *Marketing et stratégie...*, op. cit., p. 39.
[45] Elizabeth Tissier-Desbordes et Allan J. Kimmel, « Sexe, genre et marketing, définition des concepts et analyse de littérature », *Décisions Marketing*, n° 26, avril-juin 2002, p. 55-69. Éléonore de Marnhac, « Marketing de genre : une fausse bonne idée ? », *Les Échos Executives*, 18 février 2018. [En ligne]. Pour Patrick Albalajedo, professeur de marketing affilié à HEC Paris : « Le marketing de genre peut reposer sur des faits tangibles » et non sur des stéréotypes.
[46] Exton Consulting, enquête précitée, p. 9-11.

Dans une démarche de précurseur, cette approche a été retenue et adaptée pour créer la *First Women's Bank* aux États-Unis en 1975[47].

Création de la First Women's Bank aux Etats-Unis (1975)

Il s'agit d'un établissement financier entièrement féminin et dédié à toutes les femmes (salariées, entrepreneuses, femmes au foyer). Il a vu le jour à New York en octobre 1975, dans un contexte où les banques américaines refusaient d'accorder un crédit aux salariées sans la signature de leur mari, de traiter avec des divorcées, et exigeaient qu'elles pratiquent la contraception pendant la durée du prêt[48].

Cette initiative a été déclinée dans le milieu financier suisse au milieu des années 1980 avec l'agence Eaux-Vives à Genève, dirigée par Marie-Antoinette Huguenin, entourée d'un personnel exclusivement féminin[49]. Cet établissement, qui fait partie de la Banque hypothécaire du canton de Genève (BCG), accueille des hommes et surtout des femmes et leur propose toutes les opérations d'une banque commerciale. Celles-ci représentent 45 % de sa clientèle dont des étudiantes, des femmes au foyer, des cadres et des cheffes d'entreprise. En Suisse, selon l'ancien droit du mariage (Code civil du 10 décembre 1907), les femmes mariées ne pouvaient pas souscrire un crédit, ouvrir un compte en banque ou exercer une activité à l'extérieur sans l'aval de leur mari. Il leur faudra attendre 1988 pour que le nouveau droit du mariage introduise la notion d'égalité entre les époux.

D'autres expériences de ce type avaient déjà été déployées au début des années 1930 à Rotterdam, avec la création d'une banque féminine qui n'acceptait les chèques des hommes qu'à la seule condition que des femmes en soient les bénéficiaires[50]. De même, en Hollande, une banque était dirigée par des femmes et destinée aux femmes[51].

Dans la continuité de cette démarche innovante de la *First Women's Bank*, vers le milieu des années 1970, en France, la Société Générale ouvre une agence dans le quartier Auber à Paris pour accueillir la clientèle privée et plus particulièrement les femmes[52]. À côté des services bancaires classiques, elle propose un « Centre féminin d'information » dont l'objectif est d'accompagner les clientes dans la gestion du budget familial et de les conseiller dans divers domaines touchant à l'économie familiale et sociale[53].

---

[47] *Ibid.*, p. 66. Voir aussi Zollinger, Lamarque, *Marketing et stratégie... op. cit.,* p. 60. Dominique Marion, « États-Unis : la banque des femmes », *F Magazines,* n° 6, septembre 1986, p. 55-57.
[48] *Ibid.*, p. 55-57.
[49] « La banque (suisse) des nanas », *Le Matin,* 31 juillet 1985.
[50] « Une banque de femmes et pour les femmes », *L'Écho de Paris,* janvier 1933.
[51] « Une banque féminine », *Le journal de la femme,* février 1933.
[52] Archives historiques Société Générale, *Siège et Agences,* numéro spécial, juin 1975, p. 9-10.
[53] *Ibid.*

Cette banque renouvelle son expérience tournée vers la clientèle féminine dans les années 1980 avec le lancement d'une collection de cartes bancaires, « Pour Elles ». Personnalisable (choix du dessin et de la couleur), ce moyen de paiement propose une option assurance pour le vol de sac à main et une assistance dépannage à domicile active 24 heures sur 24, couvrant essentiellement les incidents domestiques[54]. Le principe de la carte bancaire féminine est toujours d'actualité, mais sous la forme d'une offre globale de cartes de collection thématiques.

Une autre expérience est menée dans les années 1970 par la Banque Populaire de Bretagne Atlantique avec la création d'une agence entièrement consacrée à leurs clientes[55]. Dans le cadre de sa démarche marketing, des difficultés ont été observées de la part des femmes pour se familiariser avec le langage bancaire technique (comptes à terme, comptes en cours, bordereau d'escompte), mais aussi avec un lieu où, historiquement, les affaires se traitaient entre hommes. Proche du modèle d'un club, cette agence, ou « bank-club », adopte une ambiance conviviale, sans guichet, et propose un accueil spécifiquement féminin avec une initiation et un accompagnement concret à la gestion des produits bancaires. Cependant, au bout de six ans, celle-ci doit cesser son activité pour des raisons économiques. La prospection de nouvelles clientes sur le marché des particuliers n'est pas assurée et ses activités, bien que limitées, demeurent aussi coûteuses que celles d'une agence traditionnelle. Le maintien de la seule mission d'accueil pendant un certain temps n'a pas suffi à convaincre la banque de sa nécessité.

Cet exemple novateur montre que l'organisation bancaire n'était pas prête à assurer (à assumer ?) un succès commercial à ce type d'expérience et que la clientèle n'était probablement pas suffisamment mobilisée. La source ne dit rien sur la réceptivité des femmes à cette tentative, ni sur leur taux de fréquentation de l'établissement.

Au début des années 1980, un projet de création de la Fédération nationale des associations pour une banque de femmes est en gestation, qui sollicite alors le soutien de la Ville de Paris[56]. Né à l'initiative d'un groupe de particuliers, il vise à rassembler des comptes bancaires personnels de femmes, à accompagner de futures cheffes d'entreprises, mais aussi à accueillir les femmes au foyer, gestionnaires des comptes du ménage, pour leur permettre de choisir la banque qui leur convient et d'obtenir des conditions avantageuses, notamment d'épargne, d'emprunt et d'agio. À plus long terme, il s'agit de créer « un contre-pouvoir financier » en ouvrant le monde des affaires aux femmes.

---

[54] Livret d'information cartes, collection « Pour Elles ». [En ligne].
[55] Bouchaudy, « Banque : la clientèle féminine », art. cité, p. 16-17.
[56] Correspondance sur un projet de création d'une banque de femmes, Fédération nationale des associations pour une banque de femmes, avril 1983.

Attitudes différenciées de la gestion de l'argent selon le sexe

73 % des femmes et 70 % des hommes perçoivent une différenciation des comportements financiers selon le sexe[57]. Ces disparités résident principalement dans la façon d'envisager l'avenir mais aussi dans la perception de l'argent et de l'épargne. Les préoccupations des femmes dans ce domaine s'inscrivent dans deux horizons : gérer le quotidien et anticiper les événements à venir. Face aux risques à moyen et/ou long terme, elles se sentent aussi plus vulnérables que les hommes. Ainsi, 53 % des femmes s'inquiètent pour leur retraite, contre 43 % des hommes, 40 % redoutent de dépendre de leurs enfants, contre 29 % des hommes, et 30 % craignent les conséquences d'une rupture conjugale, contre 19 % des hommes[58]. Cette appréhension du risque dans un avenir proche et/ou lointain incite les femmes à épargner régulièrement et à choisir des placements sécurisés.

Dans cette perspective, une différenciation des attentes personnelles et des besoins financiers selon le sexe peut être constatée[59]. Ainsi les femmes sont-elles favorables à la garantie obsèques pour éviter à leurs enfants une charge financière, alors que les hommes n'en voient pas l'utilité, estimant avoir suffisamment d'économies pour que le problème ne se pose pas. L'angle de vue est différent selon qu'il est axé sur l'aspect financier (masculin) ou sur celui de la famille et de la protection des enfants (féminin).

Il existe d'autres distinctions d'attitudes caractéristiques selon le genre, déjà exposées pour certaines : 75 % des femmes tiennent régulièrement leurs comptes, contre 64 % des hommes ; 45 % des femmes mettent régulièrement de l'argent de côté, contre 52 % des hommes ; enfin, 27 % des femmes posent très facilement des questions à leur banquier concernant la gestion de l'argent, contre 17 % des hommes[60].

Étudier les différences de comportement entre les hommes et les femmes dans la gestion de leur argent et de leur patrimoine et dans leur relation avec la banque est intéressant pour le chercheur, mais soumis à l'accord préalable de l'entreprise afin d'avoir accès aux données nécessaires. Cette piste devrait appeler une recherche plus élaborée et comparative, intégrant plusieurs segments de clientèle au niveau du Crédit Agricole. Dans un premier temps, elle a été évoquée à l'échelle de la Franche-Comté, mais s'est vu opposer une résistance du service marketing au prétexte d'une démarche discriminante. Ce choix de circonstance va dans un sens positif en termes d'image pour ne pas instiller un sentiment de discrimination, mais il risque de priver la banque d'une marge de clientèle aux besoins spécifiques.

---

[57] Zollinger, Lamarque, *Marketing et stratégie de la banque...*, *op. cit.*, p. 66. Et l'Observatoire de la Caisse d'Épargne, p. 36.
[58] *Ibid.*
[59] Entretien précité, Isabelle.
[60] Zollinger, Lamarque, *op. cit.*, p. 67.

Le Crédit Agricole a su gagner et fidéliser la clientèle féminine

58 % des femmes qui ont répondu à l'enquête Crédit Agricole ont ouvert leur premier compte dans cette banque, 9 % au Crédit Mutuel, plus de 8 % à la Caisse d'Épargne, 7 % à la Banque Postale et 6 % à la Banque Populaire. Ce choix pour « la banque verte » s'inscrit dans une certaine forme d'atavisme familial, ou du moins dans une tradition familiale, puisque les parents étaient très souvent clients du Crédit Agricole[61]. Par ailleurs, la proportion des femmes rurales ayant ouvert leur premier compte dans cet établissement (63 %) est largement supérieure à celle des urbaines (36 %).

À l'échelle européenne, dans les pays comme l'Espagne, les Pays-Bas, le Danemark, la Grèce, la France et la Belgique, où sont implantées des banques coopératives, la clientèle manifeste une préférence pour le caractère régional de l'établissement, par sa proximité, et sa dimension internationale, gage de solidité et de fiabilité[62]. Elle apprécie leurs offres personnalisées et le fait qu'elles se présentent comme un partenaire pour répondre à ses besoins, plutôt que de pratiquer l'élitisme. De leur côté, les Allemands, les Britanniques et les Irlandais se retrouvent davantage dans une institution plus conservatrice, peu informatisée, sobre et accessible. Quant aux Portugais et aux Italiens, ils optent pour la banque classique, sûre et puissante, accueillante et aux services variés.

En conclusion, se dessinent ici les étapes progressives de l'implication des femmes et de leurs comportements financiers durant la deuxième moitié du XXe siècle. L'ouverture du compte bancaire officialise et surtout concrétise une affirmation de leur émancipation financière[63]. Elles interviennent dans tous les postes budgétaires, y compris pour les dépenses importantes, mais leur terrain d'action est d'abord limité à des perspectives domestiques. Leurs responsabilités s'élargissent peu à peu à d'autres domaines bancaires et financiers, tout en développant parallèlement un pouvoir de décision. Comment cette évolution se traduit-elle dans l'organisation monétaire du couple ?

3. Un pouvoir de décision assumé dans le couple dès la fin du XXe siècle

Un article de l'hebdomadaire *Le Point* propose une photographie de l'organisation financière du couple à la fin des années 1970[64] et un nouveau

---

[61] Concerne les femmes interrogées clientes du Crédit Agricole.
[62] Béatrice Rouanet, « L'argent comme ils l'aiment. L'opinion des Européens face aux produits financiers », rapport de l'enquête, précité, p. 24-25.
[63] Pénache, « Aiment-elles les produits financiers ? », art. cité, p. 13.
[64] Arch. CASA, Claude Bonjean, « Couples : la discorde par l'argent », *Le Point*, n° 324, 4 décembre 1978, p. 1-3.

modèle à construire devant l'essor du couple à double salaire. Dans ce couple biactif, les travaux domestiques et les dépenses font l'objet d'un partage des responsabilités. Les préoccupations du quotidien ne reposent plus seulement sur les épaules de l'épouse, et parfois, son compte-chèques peut servir à constituer de l'épargne[65]. Ce type de couple autonome sur le plan économique est minoritaire à cette époque, représentant environ cinq millions de ménages sur douze millions, mais enregistre une croissance en progression chaque année. Sans modèle de référence, il est appelé à se construire, mais l'exercice s'avère complexe car s'il constitue pour la femme un pas vers l'égalité, l'argent est pour l'homme associé à la virilité[66].

L'évolution du modèle de gestion de l'argent

D'une gestion communautaire à une gestion séparée ou individuelle

Selon l'enquête Crédit Agricole, plus on observe une génération de clientes récente, moins les femmes mettent l'argent totalement en commun dans le couple. Leur part est passée de 66 % à 17 %, tandis que celles ayant une gestion individuelle (partielle ou totale) est passée de 34 % avant 1976 à 82 % à partir de 1995. La période 1976-1985 marque un tournant, car le modèle de gestion de l'argent dominant change et devient individuel (pour 52 % des femmes) et non plus communautaire. Il s'agit bien ici d'un phénomène de génération de clientes[67]. L'Observatoire de la Caisse d'Épargne confirme que les couples de moins de 35 ans sont le plus souvent concernés par ce nouveau modèle, surtout les concubins et les familles recomposées :

> « Les rentrées d'argent font l'objet d'une séparation partielle ou totale dans un ménage sur deux et, dans environ 60 % des cas, l'épargne et les placements sont considérés au moins en partie du seul ressort de chacun des conjoints. »[68]

Selon Jan Pahl, ce modèle de gestion est généralement associé aux ménages à doubles revenus[69].

---

[65] Voir aussi l'enquête précitée, SEDES, p. 13.
[66] *Ibid.*
[67] Sophie Ponthieux, « Partage des revenus et du pouvoir de décision dans les couples : un panorama européen », Dossier de l'INSEE, Références, France, portrait social, édition 2015, p. 90. Pour les besoins de l'analyse, ces trois modèles permettent de regrouper les couples par catégorie, mais ils n'expriment pas la complexité des arrangements financiers réels des conjoints.
[68] L'Observatoire de la Caisse d'Épargne, enquête précitée, p. 57-58.
[69] Pahl, « Social and economic change and the organization of money within marriage », art. cité, p. 75.

Tableau 22 : Modèles de gestion de l'argent selon le type de territoire

Territoires	Gestion séparée partielle	Gestion séparée totale	Gestion commune	Total général	N
Rural	29,95 %	26,13 %	43,92 %	100 %	551
Urbain	35,46 %	27,97 %	36,56 %	100 %	454

Source : enquête Crédit Agricole, ne concerne que les personnes répondantes. Test de chi-2.

Au regard des deux populations, urbaine et rurale, quelques différences de comportements peuvent être distinguées[70]. Dans le milieu rural, les femmes mettent davantage l'argent en commun que les urbaines, qui ont plutôt choisi une gestion séparée :
- 44 % des rurales mettent l'argent totalement en commun, tandis que 56 % ont une gestion séparée, partielle ou totale.
- 36 % des urbaines seulement mutualisent les ressources, alors que 63 % adoptent une gestion séparée, partielle ou totale.

Le processus des mutations du modèle de gestion de l'argent au sein des couples touche également la société britannique durant la deuxième moitié du XXe siècle[71]. Alors que dans les années 1950, la pratique dominante reposait sur une allocation du mari à l'épouse pour l'entretien du ménage, une minorité de couples apparaît, plus jeunes et à double salaire, qui mettent en commun leur revenu. Progressivement, dans les années 1980, le système de gestion communautaire des finances du couple devient le modèle majoritaire et le système de l'allocation devient minoritaire, tandis qu'à peine 2 % des couples interrogés gèrent leur budget en toute indépendance. À partir des années 1990, cette pratique commence à gagner de jeunes couples aux revenus plus élevés, souvent sans enfant, où la femme travaille à temps plein. La tendance individualiste progresse à mesure que des changements d'ordre économique et culturel se développent, qui favorisent l'autonomie financière des femmes : leur présence sur le marché de l'emploi, leur idéal d'indépendance, la recherche d'égalité et d'autonomie. Dès lors, au sein du couple, la plupart des conjoints possèdent des comptes individuels et des comptes joints pour les dépenses collectives. Cette évolution vers l'individualisation de l'argent est également constatée en Suède, au Québec, en Suisse, en Espagne[72].

Cependant, la « gestion indépendante » dans le couple signe certes un changement, mais ne garantit pas forcément une égalité entre les conjoints[73].

---

[70] Enquête précitée, Crédit Agricole.
[71] Pahl, « Individualisation et modèles de gestion des finances au sein des familles », art. cité. L'auteure entend par « gestion indépendante de l'argent » sa mise en commun partielle ou une gestion séparée.
[72] Ibid.
[73] Caroline Henchoz, « Indépendance financière, égalité et autonomie des femmes : une fausse promesse ? », *Pensée plurielle*, vol. 37, n° 3, 2014, p. 87-94.

Dans ce modèle, les dépenses personnelles sont gérées séparément et les dépenses collectives font l'objet d'un partage égalitaire ou sont proportionnelles au revenu de chacun[74]. Là, l'individualisation peut favoriser une autonomie financière des conjoints dans la mesure où le niveau de leur revenu est proche[75]. À l'inverse, elle peut être préjudiciable lorsque les revenus des femmes sont inférieurs à ceux des hommes – ce qui est le cas dominant dans le monde occidental – et lorsqu'un événement structurel survient dans la vie du couple. Par exemple, l'arrivée d'un enfant induit un congé parental ou un temps de travail réduit. Le salaire des femmes accuse alors une baisse tandis que les dépenses communes augmentent. Elles disposent de moins d'argent personnel et, par conséquent, leur pouvoir de décision dans le couple s'affaiblit.

Une gestion séparée des finances peut donc créer des inégalités. La pratique extrême de l'individualité peut même changer la relation du couple en un rapport de colocataires. Ce risque diminue lorsque l'argent est perçu comme une finalité familiale.

Différenciation de la gestion de l'argent selon le diplôme

Une étude de l'IFOP réalisée en 2004 pour la Fédération bancaire française, portant sur le rapport des femmes à l'argent[76], met en évidence une corrélation entre le capital scolaire et leur situation d'emploi avec le mode de gestion de l'argent au sein du couple. Lorsqu'elles sont actives et diplômées, l'organisation financière des conjoints repose plus fréquemment sur un mode de gestion séparée (totale ou partielle). Au contraire, dans les couples où elles sont plutôt non diplômées, inactives ou occupant un emploi peu qualifié, l'argent est mis totalement en commun[77].

Une éventuelle influence des critères sociodémographiques n'est pas évidente à repérer dans l'enquête pour le Crédit Agricole, mais quelques tendances générales, et convergentes, peuvent être observées. Parmi les répondantes, celles qui communautarisent les dépenses sont plutôt peu diplômées (45 %) – niveau inférieur au bac –, alors que les femmes ayant une gestion individualisée sont davantage diplômées (76 %) – niveau baccalauréat et études supérieures. Cependant, le critère déterminant du

---

[74] *Ibid.* Dans son enquête, la sociologue a observé que toutes les femmes interrogées avaient un revenu inférieur à celui du conjoint, à l'exception d'une Québécoise. Cette recherche a été menée entre 2005 et 2011 auprès d'hommes et de femmes de Suisse et du Québec, âgés de 25 à 45 ans.

[75] Pour les Suédoises, posséder un compte individuel est « un moyen » de conserver son indépendance.

[76] Étude IFOP pour la Fédération bancaire française, « Les femmes et l'argent », mars 2004. Échantillon national représentatif de 603 hommes et femmes âgés de 18 ans et plus, complété d'un sur-échantillon de 203 femmes actives.

[77] Sophie Ponthieux, « La mise en commun des revenus dans les couples », *INSEE Première*, n° 1409, juillet 2012, p. 4.

modèle de gestion de l'argent dans le couple demeure principalement la période d'ouverture du compte des clientes pour cet échantillon.

Des résistances conscientes ou inconscientes de part et d'autre

Un « argent féminin » et un « argent masculin »

Comme déjà indiqué, la SEDES met en évidence que les charges fixes liées au foyer et aux enfants sont réglées par le « chef » de ménage : loyer, quittances, impôts, remboursement du crédit, assurance, frais de scolarité... Les femmes connaissent leur montant, mais ces dépenses ne sont pas à leur charge, y compris pour les actives dont les revenus sont considérés comme un salaire d'appoint[78]. Les autres dépenses à caractère exceptionnel, telles que les loisirs, l'habillement, l'équipement ménager et mobilier, relèvent d'une décision entre les époux en fonction des ressources disponibles du ménage, une fois les charges fixes déduites[79].

Toutefois, l'enquête Crédit Agricole fait apparaître une certaine différenciation selon le sexe dans la répartition des postes budgétaires. Les femmes ont tendance à prendre en charge les dépenses familiales, sociales et quotidiennes, bien que les hommes participent activement aux frais liés à l'aménagement de la maison et à l'équipement technique (ordinateurs).

Il est possible que le schéma financier du ménage varie selon la nature des biens de consommation et le niveau des revenus des conjoints, mais ce champ d'étude supposerait de plus amples investigations. Ce dernier cas de figure a néanmoins été envisagé par la sociologue Gail Wilson en considérant les couples britanniques urbains[80]. Ainsi, dans les ménages à bas revenus, les femmes contrôlent intégralement la dépenses de consommation et l'épargne collectives. Une mission qu'elles remplissent fréquemment avec succès à condition que le mari, principal financeur, évite de puiser dans la bourse familiale pour ses besoins personnels. Concernant les ménages à revenus moyens où les deux conjoints gagnent un salaire, ces derniers se partagent la gestion financière et possèdent généralement un compte joint. Les femmes maîtrisent largement les dépenses courantes (alimentaire, entretien) et familiales et elles délèguent à leur conjoint le paiement des échéances les plus élevées (loyer, remboursement des emprunts). Chez les hauts revenus, les actives partagent à parts égales avec le mari les prises de décision et les engagements financiers (dépenses domestiques et d'entretien, loisirs, échéances, investissements, épargne) et assument leurs dépenses

---

[78] Enquête précitée, SEDES, p. 7.
[79] *Ibid.*, p. 8.
[80] Gail Wilson, « L'argent : formes de responsabilité et d'irresponsabilité dans le couple », *Dialogues,* n° 109, 3ᵉ trimestre 1990, p. 6-23.

personnelles à partir de leur compte bancaire individuel. Pourtant, elles minorent « leur pouvoir financier »[81].

Par conséquent, cette étude montre, selon Gail Wilson, la perception du rôle déterminant de l'homme dans le train de vie familial et confirme que la coordination du ménage en matière financière, surtout chez les moyens et les hauts revenus, nécessite de nombreuses concertations entre les conjoints. C'est aussi ce qu'illustre un de nos témoignages, en ouvrant toutefois une autre perspective plus égalitaire. Dans un couple biactif plutôt aisé, tant que le salaire de l'époux est le plus important, celui-ci couvre toutes les grosses dépenses liées au logement ainsi que les loisirs et les impôts, tandis que celui de l'épouse, à temps partiel, garantit les frais de nourriture, d'habillement et de scolarité des enfants. D'un commun accord, ce schéma a été inversé lorsque le mari a connu une longue période de chômage[82]. Les revenus de la conjointe, qui a repris son travail à temps plein, constituent alors la ressource financière principale de la famille.

Une hiérarchie de valeur entre l'argent féminin et masculin

Viviana Zelizer a observé le « marquage » de la monnaie dans les couples et la représentation sexuée de l'argent[83]. Celui-ci est perçu différemment selon qu'il est gagné par l'un ou par l'autre des conjoints. Ainsi, l'argent de l'épouse est considéré comme une monnaie domestique de moindre valeur par rapport aux gains du mari qui est considéré, au reste, comme propriétaire de l'argent domestique jusqu'aux années 1920-1930[84]. Dans les familles aisées, l'argent des femmes est associé à une « réserve » pour engager des extra. On pourrait voir ici une occasion d'agrémenter le quotidien et de sortir de l'ordinaire, mais c'est une différenciation sexuée qui est pointée dans cette pratique, créant des inégalités dans le couple en assimilant l'argent des femmes à de l'« argent de poche »[85].

Alors que le modèle de gestion séparée dans le couple se veut égalitaire, des différences de genre demeurent[86]. « L'argent masculin », qui sert au règlement des factures et des achats importants, est facilement repérable et ainsi valorisé dans les comptes des conjoints. En revanche, « l'argent féminin », qui assure le paiement des petites dépenses, fréquentes et souvent non budgétées, est invisible, donc méconnu et par conséquent sous-évalué. Cette différenciation participe à créer une hiérarchie de l'argent dans le

---

[81] *Ibid.*, p. 21.
[82] Entretien précité, Odile.
[83] Zelizer, *La signification sociale de l'argent...*, *op. cit.*, p. 84-117.
[84] *Ibid.*, p. 110
[85] *Ibid.*, p. 113
[86] Henchoz, *Le couple, l'amour et l'argent...*, *op. cit.*, p.35.

ménage en faveur de « l'argent masculin » et au détriment de « l'argent féminin »[87].

Les femmes gèrent les « flux », les dépenses périssables, et les hommes les « stocks » et les grosses dépenses (électricité, voiture, loyer...)[88]. La sociologue Delphine Roy insiste sur le caractère sexué de certains postes budgétaires et met en lumière que le gain des femmes sous-tend les dépenses collectives du couple (logement, emprunts), tandis qu'il existe un « pré carré » financier pour les hommes. En effet, alors qu'un euro donné au conjoint sert le plus souvent à des dépenses personnelles, un euro attribué à la femme est utilisé pour les dépenses liées aux enfants.

4. À la fin du millénaire : qui est décisionnaire financier dans le couple ?

Autant de cogestionnaires que de gestionnaires

L'enquête Crédit Agricole montre qu'aujourd'hui, dans le couple, il y a quasiment autant de femmes gestionnaires principales de l'argent du ménage que de cogestionnaires à part égale avec le conjoint (tableau n° 23).

En 1964, Andrée Michel avait identifié que les décisions concernant l'organisation du budget s'effectuaient de façon conjointe, mais lorsqu'un des époux s'en remettait au choix de l'autre, c'était toujours à la décision finale de l'épouse : plus de 57 % des couples établissaient le budget mensuel en commun alors que les femmes étaient seules décisionnaires pour plus de 35 % des couples[89].

Tableau 23 : Gestionnaire principal de l'argent dans le ménage

Modèles de gestion	Part des femmes	N
Les deux à part égale	50,16 %	468
Votre conjoint/compagnon	4,18 %	39
Vous-même	45,66 %	426

Source : enquête Crédit Agricole, ne concerne que les personnes répondantes. Test de chi-2.

Plus d'un demi-siècle plus tard, l'enquête Crédit Agricole vient à l'appui de ces résultats car elle montre le poids incontestable des femmes dans les finances du foyer. Parmi celles qui vivent en couple (mariées, concubines, pacsées), il y a presque autant de gestionnaires principales de l'argent du

---

[87] *Ibid.*, p.133-135.
[88] Delphine Roy, « L'argent du "ménage", qui paie quoi ? », *La Découverte Travail, genre et sociétés*, 2006/1, n° 15, p.101-119. [En ligne].
[89] Andrée Michel et Geneviève Texier, *La condition de la Française d'aujourd'hui*, tome 1, coll. « Femme », Genève, Éditions Gonthier, 1964, p. 105-106.

ménage que de cogestionnaires, dont la proportion est toutefois légèrement supérieure : 45 %, contre 50 % qui déclarent le gérer à parts égales avec leur conjoint. Pour une minorité, le conjoint est gestionnaire principal avec une proportion de 4 %.

Cependant, ce comportement diffère selon le territoire géographique. Lorsqu'on croise le lieu de résidence actuel avec le type de gestionnaire principal, on se rend compte que cette tendance est surtout valable pour les femmes qui vivent aujourd'hui en Franche-Comté. Les Franc-Comtoises ont adopté autant une gestion conjointe à parts égales dans le couple (48 %) qu'une gestion où elles ont le pouvoir final de décision (47 %). En revanche, pour les résidentes hors de ce département, l'argent dans le ménage est très majoritairement géré par les deux conjoints à parts égales pour 64 %, contre 35 % de femmes gestionnaires principales.

Ces observations viennent soutenir le constat d'Antoine Prost selon lequel le partage du pouvoir dans le couple varie en fonction des milieux et des régions, en référence aux travaux de recherche de Suzan Carol Rogers qui montre le pouvoir de décision des femmes dans un village de Lorraine[90]. Elles prennent traditionnellement les décisions en matière financière mais attribuent officiellement ce pouvoir à leur mari. Ainsi, en apparence, les hommes dominent et détiennent l'autorité sur les décisions importantes. Or, un achat essentiel ne peut se faire sans l'accord de madame, responsable aussi de l'argent de poche qu'elle-même attribue à l'époux. D'ailleurs, certains se plaignent auprès de leurs congénères de ne pas en disposer suffisamment. Le domaine des finances relève d'une prérogative féminine, comme l'ensemble de la sphère domestique. Elles consultent toujours leur mari avant d'effectuer un achat, cependant, même sans son accord, elles finissent le plus souvent par obtenir l'objet de leur convoitise et lui en attribuent la décision[91].

Comme dans cet exemple lorrain, en Franche-Comté, la dynamique familiale et culturelle, majoritairement rurale, peut expliquer en partie la position singulière des femmes comme gestionnaires financières principales du ménage. Les témoignages collectés corroborent le pouvoir d'influence de la femme au sein du couple dans ce territoire, officieux et généralement imperceptible, mais déterminant dans la prise de décision des époux. Ainsi, pour trois professionnels de la banque, en relation directe avec la clientèle durant la période de forte bancarisation des ménages dans le Doubs et en Haute-Saône[92], son accord était indispensable pour conclure une affaire

---

[90] Cité par Antoine Prost, « La famille et l'individu », in Philippe Ariès et Georges Duby, *Histoire de la vie privée*, tome 5, *De la Première Guerre mondiale à nos jours*, Paris, Seuil, p. 53-96. Étude de terrain effectuée en 1971 à Grand-Fraud.
[91] Susan Carol Rogers, *Les femmes et le pouvoir*, in Hugues Lamarche, Susan Carol Rogers, Claude Karnoouh (dir.), *Paysans, femmes et citoyens, luttes pour le pouvoir dans un village lorrain*, Paris, Actes Sud, 1980, p. 61-137.
[92] Entretiens précités, Michel, François, Jean-Louis.

commerciale. Ils définissent les femmes comme étant ouvertes à leur environnement et à la modernité. Dès lors, elles pouvaient être des alliées précieuses sur le terrain, face à des hommes qui ne voulaient pas changer leurs habitudes. C'est pourquoi, avec la complicité de l'épouse, le plus souvent en retrait lors de l'entretien, les démarcheurs parvenaient fréquemment à faire changer d'avis leur client, mais sans ternir son statut de chef de famille. D'ailleurs, pour marquer son autorité, c'est le mari qui communiquait la réponse sur l'affaire au nom du ménage, en précisant bien à son interlocuteur : « Je suis d'accord ». Généralement, quelque temps après, le même client reprenait contact pour remercier le commercial, une manière d'asseoir sa position de décideur. Même chez un couple d'agriculteurs, selon eux, il y avait toujours un moment pendant l'entretien où le mari tournait la tête vers sa femme pour recueillir son avis « silencieux ». Un simple hochement de tête suffisait pour comprendre. En cas de désaccord, il était alors inutile pour le démarcheur d'insister, conscient que l'opération commerciale ne pouvait pas aboutir.

Ainsi, l'épouse possède un pouvoir discret mais efficace dans la prise de décision, qu'elle ne revendique pas mais qui est admis, moyennant la valorisation du chef de famille dans la sphère publique. Cette organisation conjugale tacite, non codifiée de manière explicite, est définie comme étant la norme au sein des milieux ruraux et agricoles des années 1970 et 1980 en Franche-Comté[93] : les hommes brillent dans la sphère publique et les femmes tiennent les rênes dans l'ombre du foyer. De même, lors des assemblées de caisses locales où étaient réunis exclusivement des hommes, l'avis des épouses pesait inéluctablement dans les délibérations. Pourtant, seul le mari portait et prenait la parole à l'extérieur en tant qu'administrateur, selon un jeu de faux-semblant. Ainsi, chacun des conjoints, à sa manière, détient une autorité et exerce un pouvoir.

La situation décrite par les agents commerciaux du Crédit Agricole soulève un aspect important du pouvoir de décision : celui-ci est reconnu comme étant masculin. Entre les mains des femmes, il ne bénéficie pas d'une même considération et doit rester discret, car il peut s'avérer honteux pour le mari s'il devient visible. D'où l'expression convenue entre les démarcheurs pour qualifier certains prospects : les ménages où « les femmes portaient la culotte ». Par conséquent, le pouvoir de décision soulève également des différences de valeurs[94] : public (masculin) et privé (féminin), officiel (masculin) et officieux (féminin), visible (masculin) et invisible (féminin).

---

[93] *Ibid.*
[94] Lahire, *La raison des plus faibles...*, op. cit., p. 153-171..

Décideuses à parts égales pour les placements patrimoniaux

Tableau 24 : Décisionnaire final des placements financiers ou patrimoniaux

Modèles de gestion	Part des femmes	N
Les deux à part égale	62,87 %	579
Votre conjoint/compagnon	7,27 %	67
Vous-même	29,86 %	275

Source : enquête Crédit Agricole, ne concerne que les personnes répondantes. Test de Fisher.

L'enquête Crédit Agricole montre que la prise de décision finale dans le couple s'effectue en commun, à part égale entre les conjoints, en matière de placements financiers ou patrimoniaux. La part des femmes codécideuses est de 63 %, contre 30 % de femmes décideuses ; le conjoint seul décideur final ne représente que 7 %. L'étude d'Exton Consulting confirme cette tendance et révèle que les décisions concernant les opérations financières se prennent de manière conjointe dans le couple dans près des trois quarts des cas[95]. Parmi ces 30 % de décideuses, dans l'enquête Crédit Agricole, l'une d'elles précise qu'à mesure de l'augmentation du patrimoine dans le couple, les conjoints ont adopté une gestion séparée de leurs biens qui leur procurait une autonomie financière[96]. L'épouse a par ailleurs continué de gérer le budget familial : « Le plus souvent, les femmes gèrent tout »[97], souligne-t-elle. Au début du mariage, son mari, comptable, gérait la totalité des affaires budgétaires et financières du ménage. Puis, devant les difficultés de gestion rencontrées (retard de paiement, déséquilibre du budget, mauvaise gestion du compte), elle a décidé de prendre la responsabilité totale du portefeuille du foyer, ce qui a impliqué une réévaluation des prêts, l'arrêt de certains prélèvements automatiques jugés inutiles mais aussi d'assurances excessives. Dans cette perspective, une enquête de l'IFOP pour l'Union financière de France (UFF) atteste d'une forte implication des femmes dans le couple pour les placements financiers ou patrimoniaux : 43 % déclarent arbitrer ensemble, avec le conjoint, et 42 % être les décisionnaires finales, alors que 8 % seulement désignent le conjoint[98].

La classification de la clientèle féminine interrogée peut constituer une des explications à ces différences de comportements. Pour l'enquête Crédit Agricole, une large majorité des répondantes appartient aux clients

---

[95] Exton Consulting, « Services financiers, ce que veulent les femmes », septembre 2008, p. 14-15.
[96] Entretien précité, Odile.
[97] *Ibid.*
[98] Étude IFOP pour l'UFF, « Le regard des Françaises patrimoniales sur leurs finances et investissements », 7 mars 2017. Enquête menée auprès de 600 Françaises patrimoniales, vivant au sein d'un foyer dont le revenu annuel brut est supérieur à 45 000 € et/ou détenant un niveau de patrimoine financier, immobilier inclus, supérieur à 450 000 €.

particuliers intermédiaires. Cette typologie propre à cette banque, appelée « segment de potentiel », est établie selon un principe d'épargne et de flux d'argent annuel sur le compte bancaire principal[99], tandis que l'enquête IFOP-UFF a été menée auprès d'une clientèle patrimoniale.

Pour autant, selon le rapport du cabinet de conseil Oliver Wyman, spécialisé dans la gestion de patrimoine, en dépit du rôle montant et du niveau de responsabilités des femmes dans les actions financières, les banques et les assurances ne prennent pas suffisamment en considération les attentes spécifiques à la clientèle féminine. Elles passent ainsi à côté d'une opportunité d'affaires de plus de 700 milliards de dollars de revenus annuels additionnels à l'échelle mondiale[100]. Le fait est qu'elles développent des produits financiers jugés trop généralistes, en référence à « l'homme moyen », alors qu'il existe un marché à fort potentiel de produits individualisés, sur mesure, qui pourraient mieux correspondre au profil des femmes, acheteuses influentes, et répondre à leurs attentes en fonction de leur situation et de leur parcours de vie. Elles contrôlent aujourd'hui les deux tiers des dépenses globales du ménage ; elles détiennent 40 % de la richesse mondiale, et 40 % des entreprises individuelles sont créées par des femmes[101]. Or, ce rapport argue qu'à revenu égal, les clientes sont proportionnellement sous-équipées en produits d'assurance, par exemple, par rapport aux hommes. Pour pallier cet écart, il s'agirait, entre autres, de leur proposer des produits plus souples qui tiennent compte de leur situation personnelle, sachant qu'elles consacrent jusqu'à dix fois plus d'heures par semaine aux tâches ménagères et aux soins des enfants, activités non rémunérées. Leur appréhension à l'égard du risque pourrait aussi être mieux canalisée si elles étaient mieux conseillées, et elles investiraient probablement dans des placements financiers classiques qui ont fait leurs preuves autant que les hommes. L'étude d'Exton Consulting soulignait déjà en 2008 ce paradoxe et une méconnaissance de ce segment de clientèle par les institutions financières, en France, malgré l'existence réelle d'un marché porteur[102].

En Grande-Bretagne, où 90 % de la population détient un compte bancaire, une situation similaire a été observée par la chercheuse Dawn

---

[99] Cette clientèle détient un patrimoine financier compris entre 30 000 € et 150 000 € avec un flux créditeur, salaire inclus, compris entre 30 000 € et 100 000 € annuels.
[100] « Women in financial services 2020 », rapport publié par le cabinet Oliver Wyman, 3e édition. [En ligne]. Et Julie Cohen-Heurton, « Parce qu'ils "oublient" les femmes, les banques et les assureurs perdent des milliards chaque année », BFM Business, 17 novembre 2019. [En ligne].
[101] *Ibid.*, p. 18.
[102] Exton Consulting, « Femmes et services financiers », enquête précitée, p. 11 et 25. « Les conseillers prospectent peu les femmes : 71 % des femmes ne sont jamais sollicitées par la concurrence de leur banque principale. »

Burton[103]. En effet, selon une enquête du Conseil national de la consommation britannique, en 1993, les hommes sont plus nombreux à posséder un compte-chèques, des cartes de crédit ou une assurance-vie que les femmes. Parmi les facteurs qui peuvent expliquer ces différences de comportements, on peut retenir les changements qui touchent l'organisation et la structure des ménages, des évolutions non prises en compte par les banques, et les stratégies publicitaires bancaires qui oublient le segment féminin.

Ainsi, les femmes mariées sont devenues plus actives en matière de planification financière. Jusqu'alors cantonnées à la petite gestion courante de l'argent du ménage, au début des années 1990, près de 50 % des épouses sont responsables uniques du paiement des factures et de l'élaboration du budget, tandis que 30 % partagent ces tâches avec leurs conjoints. Pour les grandes décisions financières, 20 % des femmes se déclarent décisionnaires uniques et près de 70 % codécisionnaires. Dans cette société contemporaine, une femme peut désormais gérer le budget familial, décider de ses dépenses personnelles et/ou influencer son partenaire pour l'achat de la voiture, la planification de la retraite ou des vacances. Elle peut être, simultanément ou pas, une mère de famille active, un parent isolé, un cadre supérieur. En outre, tandis que la proportion de ménages britanniques composés de deux parents avec enfants à charge baisse, passant de 31 % en 1979 à 24 % en 1992, le ménage monoparental progresse, passant de 12 % à 21 % sur la même période, souvent dirigé par des femmes qui utilisent des services financiers pour leur foyer. Toutes ces mutations ne sont pas suffisamment considérées par les institutions financières. De même, les retraitées qui gèrent seules les finances et les investissements constituent un potentiel d'épargne intéressant, surtout depuis l'augmentation des revenus des retraites de 35 % en Grande-Bretagne entre 1981 et 1991. Aussi, ne pas s'enquérir des besoins de cette clientèle féminine implique, pour les organismes financiers, de passer à côté d'affaires potentiellement rentables. Quant aux célibataires, ce sont surtout les besoins des hommes jeunes qui sont évalués par les banques, et le comportement financier des femmes célibataires est donc peu connu. De manière générale, les chercheurs connaissent plus finement les habitudes de consommation de services financiers des femmes à différentes étapes du cycle de vie, ou selon leurs situations sociales et économiques, que les banques elles-mêmes. Quant aux campagnes publicitaires des institutions financières, elles se focalisent sur les hommes actifs âgés de 30 à 50 ans, décideurs financiers du foyer et clientèle potentielle à forte valeur ajoutée. Elles n'étudient donc pas avec précision les attentes des femmes. D'ailleurs, Dawn Burton constate qu'au début des années 1990, alors que la proportion des lectrices de magazines féminins en Grande-Bretagne est plus élevée que

---

[103] Dawun Burton, « Women and financial services: some directions for future research », *International Journal of Bank Marketing*, vol. 13, n° 8, 1995, p. 21-28.

dans la plupart des pays européens, les institutions financières sont quasiment absentes des pages de ces mensuels et hebdomadaires.

Conclusion

Des différences de comportements entre les femmes qui détiennent un compte commun et individuel, les mariées et les célibataires, les actives et les étudiantes, les diplômées et les moins diplômées, le type de compte détenu, ont été observées. Indéniablement, ces variables agissent sur les pratiques et l'implication financière des femmes, mais leur influence est moins marquante que l'année d'ouverture du premier compte. Ces variables ne sont donc pas explicatives mais plutôt expliquées par l'année d'ouverture du premier compte, qui s'est avérée discriminante. Par ailleurs, le lieu d'habitation, urbain ou rural, apparaît aussi, mais dans une moindre mesure, comme une variable plutôt discriminante.

Les comportements financiers des femmes ont évolué au fil des générations de clientes et, finalement, leur rapport à l'argent. L'autonomie des épouses dépend des outils que la banque met peu à peu à leur disposition : d'abord le compte courant, avec le chéquier puis la carte bleue, ensuite le passage progressif de la procuration sur le compte du mari au compte joint, enfin au compte personnel. Jusqu'en 1975, plus d'un tiers des femmes mariées de l'échantillon examiné ouvre un compte individuel. Elles deviennent majoritaires entre 1976 et 1985, puis cette tendance se généralise à partir de 1986. Ce faisant, parallèlement, l'organisation financière du couple s'est modifiée. En effet, les femmes affirment leur capacité à participer à la décision financière. On est bien loin de l'époque, mais pas si ancienne, où leurs aïeules entraient à l'école ménagère et suivaient un enseignement conformiste selon une gestion rationnelle et économe du budget domestique.

Dans un même temps, leur territoire d'intervention s'est agrandi : grosses dépenses, placements, emprunts, investissements. On assiste à une extension de leurs responsabilités dans la gestion bancaire et financière du foyer. Leur intervention s'accroît dès le milieu des années 1970, si bien qu'à partir de 1986, l'écart entre les couples où elles sont codécisionnaires et les couples où elles sont décisionnaires évolue à l'avantage de la deuxième catégorie de clientes ; et ce dès la période 1976-1985 pour les placements (bourse, or...). Mais, plus vulnérables, les femmes sont plus épargnantes et choisissent des placements sécurisés. Quant aux couples où le mari est décideur unique, ils deviennent très nettement minoritaires pour tous les postes budgétaires.

Dans la nouvelle économie familiale qui se met progressivement en place, le rôle des conjoints est désormais basé sur l'égalité et des arrangements quotidiens. Cet idéal progresse peu à peu vers plus d'individualisme financier, qui se manifeste par une gestion séparée (totale ou partielle). Cependant, la contribution financière des femmes aux ressources du ménage reste perçue comme étant mineure par rapport à celle des hommes et une hiérarchie entre l'argent masculin et l'argent féminin qui serait de moindre valeur persiste. Les représentations traditionnelles et historiques ont la peau dure.

Une nouvelle tendance émerge avec une jeune génération de clientes qui ouvrent leur premier compte à partir de 1995. Mariées ou non, elles prennent personnellement des décisions en matière d'emprunt ou de placement et détiennent des comptes individuels.

En dépit de cette conquête de territoires financiers par les femmes, les établissements bancaires peinent à considérer leurs besoins spécifiques, parfois dans le souci de ne pas créer de discrimination avec les hommes. De ce fait, ils passent à côté d'opportunités d'affaires, et leur politique de communication reste le plus souvent tournée vers le modèle masculin. Malgré tout, cela n'est-il pas la marque d'une différenciation ?

Si dans la cellule familiale, le pouvoir de décision des femmes s'affirme et le modèle égalitaire, bien que discutable, est dominant, dans l'entreprise bancaire, l'égalité professionnelle n'est pas atteinte dans les barreaux supérieurs de l'échelle hiérarchique où la décision est amplement masculine : 36 % de femmes cadres en 2017, dont 30 % de cadres dirigeantes à la Caisse régionale du Crédit Agricole de Franche-Comté.

Conclusion générale

Cette recherche a permis de relativiser le rôle que les établissements bancaires ont joué dans le processus de « libération » des femmes et dans leur quête d'autonomie économique et financière pendant la période de bancarisation des ménages et la salarisation massive de la population active. Elle met au jour les inégalités dans le monde professionnel de l'argent où le pouvoir reste associé aux hommes. Pendant longtemps, les femmes occupent des postes subalternes, réalisent des tâches administratives, mécanisées puis informatisées, souvent pénibles, au service des hommes qui sont au pouvoir et tiennent pour la plupart les postes de cadre. L'analyse met en évidence la séparation stricte des activités selon le sexe, qui confirme la distinction genrée entre commerce mobile et commerce sédentaire. Même lorsque les femmes parviennent à franchir la citadelle du réseau commercial, dans les années 1980 pour les caisses régionales du Crédit Agricole de Franche-Comté, elles restent éloignées des postes présentant les plus grandes perspectives de promotions. Les freins socioculturels à l'évolution professionnelle des femmes ont révélé le poids des traditions et des préjugés profondément ancrés. Cette situation s'enracine dans la conception patriarcale de la famille. Aussi leur travail professionnel ne bénéficie-t-il pas de la même reconnaissance que celui des hommes qui sont davantage promus et choisis, à compétences égales, pour un poste à responsabilités, favorisant l'entre-soi masculin.

Si des pionnières parviennent à s'affranchir des *a priori* et à contourner les difficultés structurelles dans l'entreprise, la grande majorité de celles qui exercent des responsabilités ont mené une carrière sur le modèle masculin. Pour réussir, elles ont su mettre en place des stratégies et mobiliser le soutien de leurs proches, de leurs conjoints, de leur environnement professionnel et parfois hiérarchique. Ainsi ont-elles ouvert le champ des possibles et servi de référence pour d'autres femmes dans l'entreprise. Pour autant, la relève de ces pionnières semble difficile à assurer, encore en 2017, étant donné la minorité des cadres féminins et la rareté des cadres dirigeantes. Cela reste vrai malgré le volontarisme de certaines mesures d'ordre managérial engagées pour forcer l'égalité professionnelle femmes-hommes : le chemin parcouru et les évolutions indiscutables demeurent extrêmement fragiles.

Une étude comparative entre de grandes banques de dépôt britanniques et françaises confirme des inégalités de genre[1] : concentration des femmes aux niveaux les plus bas de la hiérarchie, très faible proportion de cadres, postes accaparés par les hommes, grandes difficultés des femmes à organiser

---

[1] Rosemary Crompton, « Trajectoires féminines dans la banque et la pharmacie : comparaison France-Grande-Bretagne », *Cahiers du Mage*, n°1, 1995, p. 63-74.

leur vie professionnelle et familiale considérée par le milieu comme secondaire, carrière « à temps plein, masculine et ininterrompue »[2].

Par certains aspects, la publicité bancaire corrobore cette culture d'entreprise. De la considération du travail rémunéré des femmes et de la moindre valeur qui est accordée à leur travail par rapport à celui des hommes découlent des représentations de l'argent gagné par les femmes et de ses usages. Le discours invisibilise les actives, et rien n'invite explicitement les épouses à mettre en dépôt leurs finances personnelles, laissant supposer que ces clientes viendraient y déposer l'argent du mari. Pourtant, des années 1960 à la fin des années 1970, la croissance soutenue du nombre de femmes dans le monde du travail salarié est indiscutable. Ainsi, un fossé persiste entre les représentations et la vie réelle des femmes. Il faut attendre le tournant des années 1980 pour que la publicité s'adresse aux actives, qui détiennent une autonomie financière croissante, représentées dans l'exercice de leur métier et sans relation avec un homme.

Dans les faits, l'évolution des comportements financiers des femmes est corrélée à la période d'ouverture du premier compte bancaire, un compte-chèques. Posséder leur compte courant, disposer de leur argent leur procure un sentiment de liberté. Cette initiative constitue un progrès fondamental vers leur autonomie financière qui s'accroît selon l'évolution des outils mis à leur portée. Les femmes gèrent le plus souvent l'argent du foyer et le compte bancaire, qu'il soit commun ou individuel. Au fil des générations de clientes, leur territoire d'intervention s'agrandit, au-delà des seuls besoins du ménage – placement, emprunt, investissement – et elles détiennent un pouvoir de décision et d'opposition grandissant sur les questions d'argent. Ainsi, dans les familles rurales en Franche-Comté, dans les années 1970, il n'y a pas d'accord commercial entre le banquier et le client sans l'adhésion de l'épouse. Leur rapport à l'argent se modifie tandis que leur influence s'accroît dans le couple, et cela contribue à instaurer un rapport plus égalitaire entre les conjoints, basé sur des arrangements quotidiens.

Malgré les avancées de ces « amazones de la finance » en France, sur le continent bancaire, les institutions rencontrent des difficultés à prendre en compte leurs besoins intrinsèques. Par conséquent, les banques négligent des opportunités de développement et privent les clientes de services profitables, tandis que leur stratégie de communication demeure souvent centrée sur le modèle masculin.

N'y a-t-il pas une stratégie de développement harmonieuse à construire, qui présenterait une équité de traitement tout en différenciant les besoins propres aux hommes et aux femmes ? Ainsi, ce constat n'impose-t-il pas un choix plus général ? L'évolution de la société doit-elle tendre vers la neutralité de genre, phénomène uniformisant mais non discriminant, ou vers une reconnaissance équitable des différences ?

---

[2] *Ibid.*, p. 67.

Plus largement, les idées préconçues sur la banque et les femmes, clientes ou salariées, sont-elles de même nature dans d'autres pays, comme ceux de la ceinture nord-méditerranéenne et d'Europe occidentale où le modèle du *male breadwinner* a été pendant longtemps dominant[3], tel qu'au Royaume-Uni ou en Allemagne, voire dans les pays d'Europe du Nord, supposés en pointe sur le plan de l'égalité femmes-hommes ? Les réponses ne sont pas toujours convenues. Rappelons qu'en Espagne, la banque de Bilbao s'adresse dès 1969 aux femmes actives, jugeant ces consommatrices trop souvent ignorées et tenues à l'écart du monde bancaire. Dans un souci d'égalité avec les hommes, il s'agit alors de les accompagner dans la gestion de leurs finances personnelles et de leur proposer des solutions afin de faire fructifier leur capital.

---

[3] Dominique Méda, « Pourquoi et comment mettre en œuvre un modèle à deux apporteurs de revenus/Deux pourvoyeurs de soins ? », *Revue française de socio-économie*, vol. 2, n°2, 2008, p. 119-139. L'auteure souligne que la disparition de ce modèle ne s'est pas réalisée au même rythme dans tous les pays.

TABLE DES MATIERES

INTRODUCTION 7
   Historiographie 8
   Structuration de la démarche 16
   Sources et méthodes 16

PARTIE I 19
L'EMPLOI FÉMININ DANS LA CRCA DE FRANCHE-COMTÉ : DES EXÉCUTANTES AUX CONQUÉRANTES (1970-2000)

CHAPITRE I – AU TEMPS DES PIONNIÈRES : LA FÉMINISATION DE LA PROFESSION BANCAIRE 23

1. Des premières recrues précaires à une féminisation progressive et contrôlée 23
2. Le rôle décisif de la Première Guerre mondiale 25
3. Crédit Agricole : des initiatives locales où émergent quelques pionnières, une originalité vite atténuée 31
   Une intégration contrastée des premières femmes selon les caisses régionales 31
   Essor de l'activité bancaire et montée de la féminisation 36
   Les employées privées du contact commercial avec le client 39

CHAPITRE II – LA MAIN-D'ŒUVRE FÉMININE DANS LE SALARIAT BANCAIRE DURANT LA BANCARISATION DE LA CLIENTÈLE 43

1. Quelle place pour les femmes au Crédit Lyonnais de 1971 à 1997 ? 45
   Un effectif féminin en progression continue 45
   La féminisation gagne les métiers les moins qualifiés 47
   Les disparités salariales entre le personnel féminin et masculin ... 49
   Une politique de promotion féminine : intentions affichées et réalité 49
2. Dans les CRCA de Franche-Comté : les hommes aux manettes 54
   Un effectif féminin minoritaire maintenu à des postes subalternes 55
      Caisse régionale du Crédit Agricole du Doubs 55
      Caisse régionale du Crédit Agricole du Jura 58
      La grande CRCA de Franche-Comté : des avancées récentes, mais limitées 59
   D'autres disparités professionnelles de genre : promotion et salaire 62
   Traiter la question de l'égalité : plus par contrainte que par volonté ? 65

Crédit Lyonnais, CRCA de Franche-Comté : des similitudes 67
3. Bancarisation de la clientèle et féminisation du personnel bancaire 69
    Approche statistique globale 69
    Nature des postes de travail les plus féminisés 70

CHAPITRE III – TRAJECTOIRES PROFESSIONNELLES FÉMININES : DES CONQUÉRANTES QUI ONT AMELIORÉ LE DESTIN D'AUTRES FEMMES 75

1. Les modalités d'ascension professionnelle 75
    Mobilité fonctionnelle 75
    Parcours d'habilitation aux fonctions de directeur : comment franchir le plafond de verre ? 79
    Mobilité géographique 80
    Pratiques informelles, hors cadres supérieurs 81
    Éducation et cadre parental des futurs dirigeantes 83
2. La formation continue : un levier pour l'égalité professionnelle ? 83
3. L'évolution professionnelle des femmes :
les freins socioculturels internes 85
    Prouver ses compétences : la surenchère 85
    Entrer dans la confrontation pour s'imposer 86
    Un « surinvestissement » au travail 88
    Absence de modèle 89
    Des mentalités conservatrices très résistantes 90
4. Une articulation facilitée entre la vie professionnelle et familiale 93
    Libération des contraintes familiales et célibat géographique 93
    Affirmation du soutien du conjoint, relais familial et professionnel 94
    Considération et reconnaissance sur leur lieu de travail 95

Conclusion 96

PARTIE II 99
LES FEMMES, NOUVELLES CIBLES PUBLICITAIRES DES BANQUES : DU MÉNAGE À UNE INDIVIDUALISATION DU DISCOURS (1960-1985)

CHAPITRE I – LES FEMMES ET L'EXTENSION DES DROITS BANCAIRES 101

1. Le code civil de 1804 sur la capacité civile des femmes mariées 101
2. Lois de 1881 et de 1895 sur le livret d'épargne 103
3. Loi du 13 juillet 1907 « sur le libre-salaire de la femme mariée » 104
4. Loi du 18 février 1938 : fin de l'incapacité civile de la femme mariée .. 105

5. Loi du 22 septembre 1942 et du 1er février 1943
sur le compte ménager 107
6. Loi du 13 juillet 1965 « portant réforme des régimes matrimoniaux » .. 111

CHAPITRE II – DIVERSIFICATION DE LA COLLECTE ET DÉMARCHE MARKETING DU CRÉDIT AGRICOLE 115

1. La lente bancarisation de la société française au XXe siècle 115
2. Les caractéristiques du Crédit Agricole 119
3. La clientèle féminine de la « banque verte » 121
    L'entrée dans l'ère de la communication publicitaire en 1966 121
    À la conquête d'une clientèle prometteuse 122

CHAPITRE III – UN CARNET DE CHÈQUES POUR LA « MÉNAGÈRE » ? 125

1. La femme au foyer, première clientèle pressentie par les banques dès la fin des années 1950 127
    L'utilité de la « ménagère » 127
    Professionnalisation de la femme moderne 139
        La gestionnaire-technicienne 139
        La collaboratrice du mari, discrète et dévouée 143
        Image prégnante de la femme au foyer 145
    Originalité de la banque de Bilbao 153
2. Une représentation croissante de l'autonomie économique et financière des femmes 155
    Afficher explicitement le monde du travail féminin 155
    Prise en compte d'une clientèle porteuse d'un projet individuel 159

Conclusion 164

PARTIE III 167
LES COMPORTEMENTS FINANCIERS DES FEMMES : VERS UNE CLIENTE À PART ENTIÈRE POUR LA BANQUE

CHAPITRE I – DE LA GESTIONNAIRE DE L'ARGENT DU MÉNAGE À LA RESPONSABLE DU BUDGET FAMILIAL 169

1. Gestion rationnelle et familiale de l'argent 169
2. Le 1er compte bancaire, étape majeure vers l'autonomie financière 171
    Qui accède au premier compte bancaire ? 171
        Des clientes de plus en plus souvent célibataires 173
        Des gestionnaires de moins en moins autodidactes 173

Le salariat et le niveau de diplôme, deux leviers
pour l'émancipation 175
Comment les femmes s'approprient-elles leur premier compte ? 177
Le compte-chèques : premier compte bancaire ouvert
par les clientes.. 178
Un usage privé et non professionnel du compte 179
Le virement, principal moyen d'alimentation du compte 180
Moyens de paiement utilisés : du chèque à la carte bancaire......... 182
Tendance à une individuation des comportements dans le couple :
croissance du compte-chèques individuel 185
3. Des clientes fortement impliquées dans la gestion du budget 191
Des épouses au foyer financièrement dépendantes du mari 191
Production domestique et savoir-faire des femmes : une plus-value non
comptabilisée 195
Les femmes, actrices majeures du quotidien : un premier
palier consolidé... 199
Des administratrices reconnues du budget familial 199
La participation active des femmes au processus décisionnel 206

CHAPITRE II – L'EXTENSION DES RESPONSABILITÉS EN DEHORS DE LA SPHÈRE STRICTEMENT DOMESTIQUE........... 213

1. Une nouvelle perspective vers la gestion financière et patrimoniale...... 213
L'implication croissante des femmes dans l'investissement financier .. 213
Les placements financiers : de la décision commune à la décision
individuelle 213
Les nouvelles clientes décideuses pour les emprunts et les
investissements 215
2. Une singularité féminine parfois reconnue dans le domaine bancaire.... 219
Des épargnantes fiables pour les banques... 219
Des offres bancaires consacrées à la clientèle féminine 221
Création de la First Women's Bank aux États-Unis (1975)........... 222
Attitudes différenciées de la gestion de l'argent selon le sexe 224
Le Crédit Agricole a su gagner et fidéliser la clientèle féminine ... 225
3. Un pouvoir de décision assumé dans le couple
dès la fin du XXe siècle..225
L'évolution du modèle de gestion de l'argent 226
D'une gestion communautaire à une gestion séparée
ou individuelle 226
Différenciation de la gestion de l'argent selon le diplôme 228
Des résistances conscientes ou inconscientes de part et d'autre............ 229
Un « argent féminin » et un « argent masculin » 229
Une hiérarchie de valeur entre l'argent féminin
et l'argent masculin..230

4. À la fin du millénaire : qui est décisionnaire financier dans le couple ? 231
    Autant de cogestionnaires que de gestionnaires 231
    Décideuses à parts égales pour les placements patrimoniaux 234

Conclusion 237

Conclusion générale 239

Table des matières 243

Liste des tableaux 249

Liste des illustrations 251

Bibliographie 253

Annexes 261

LISTE DES TABLEAUX

Tableau 1 : Effectifs du Crédit Lyonnais par sexe et par catégorie, 1971-1997 47
Tableau 2 : Répartition de l'effectif par classe d'emploi dans cinq CRCA, en 2002 61
Tableau 3 : Population féminine nationale et franc-comtoise âgée de 15 à 64 ans, 1962 113
Tableau 4 : Situation familiale des clientes par période d'ouverture du 1er compte bancaire (CB) 173
Tableau 5 : Situation des femmes par période d'ouverture du 1er CB 176
Tableau 6 : Répartition des diplômées par période d'ouverture du 1er CB . 177
Tableau 7 : Moyens d'alimentation du 1er CB par période d'ouverture 180
Tableau 8 : Moyens d'alimentation du 1er CB entre rurales et urbaines..... 180
Tableau 9 : Moyens de paiement du salaire par période d'ouverture du 1er CB 181
Tableau 10 : Moyens de paiement par période d'ouverture du 1er CB 183
Tableau 11 : Type de compte détenu par période de son ouverture, agence de Dole 185
Tableau 12 : Type de compte ouvert par les Francs-Comtoises en couple par période d'ouverture du 1er CB 187
Tableau 13 : Gestionnaires du budget avant l'ouverture du 1er CB 199
Tableau 14 : Gestionnaires du budget après l'ouverture du 1er CB 203
Tableau 15 : Types de décisionnaires dans le couple pour les dépenses courantes par période d'ouverture du 1er CB 206
Tableau 16 : Types de décisionnaires dans le couple pour les grosses dépenses par période d'ouverture du 1er compte 207
Tableau 17 : Gestionnaires du compte bancaire, individuel et commun 208
Tableau 18 : Types de décisionnaires pour les placements financiers (bourse, or…) par période d'ouverture du 1er CB 213
Tableau 19 : Types de décisionnaires dans le couple pour les emprunts par période d'ouverture du 1er CB 217
Tableau 20 : Types de décisionnaires dans le couple pour les investissements par période d'ouverture du 1er CB 218
Tableau 21 : Types de décisionnaires dans le couple en termes d'épargne par période d'ouverture du 1er CB 220
Tableau 22 : Modèles de gestion de l'argent selon le type de territoire 227
Tableau 23 : Gestionnaire principal de l'argent dans le ménage 231
Tableau 24 : Décisionnaire final des placements financiers ou patrimoniaux 234

LISTE DES ILLUSTRATIONS

Illustration 1 : Effectif total par sexe à la CRCA de Franche-Comté, 1992 à 2017.. 59
Illustration 2 : affiches publicitaires du Crédit Lyonnais, 1959. Archives historiques de Crédit Agricole S.A. 128
Illustration 3 : annonce de presse du Crédit Lyonnais, *Elle*, 27 mai et 18 octobre 1960, *Marie Claire*, octobre 1960. Archives historiques de Crédit Agricole S.A. 134
Illustration 4 : annonce de presse du Crédit Lyonnais, *Elle*, 28 avril 1960, *Marie Claire*, juin 1960. Archives historiques de Crédit Agricole S.A...... 136
Illustration 5 : annonce de presse du Crédit Lyonnais, *Paris Match*, juin, septembre 1960, *Jours de France*, octobre 1960. Archives historiques de Crédit Agricole S.A. 138
Illustration 6 : livrets publicitaires du Crédit Lyonnais, année 1960, Archives historiques de Crédit Agricole S.A. 141
Illustration 7 : Brochure publicitaire de la Société Générale, « SG Madame », Paris, Imprimerie Firmin-Didot, 1967 ©Archives historiques Société Générale. 143
Illustration 8 : Campagne publicitaire sur le compte-chèques, Caisse nationale de Crédit Agricole (command.), Havas Conseil (prod.), 1971. Archives historiques de Crédit Agricole S.A.. 147
Illustration 9 : campagne publicitaire sur le compte-chèques, Caisse nationale de Crédit Agricole (command.), Havas Conseil (prod.), 1971. Archives historiques de Crédit Agricole S.A.. 151
Illustration 10 : affiches publicitaires « Solidaire », 1978. Archives FNBP..... 155
Illustration 11 : affiche publicitaire « Banque Solidaire sociétaire », 1980. Archives FNBP 156
Illustration 12 : affiches publicitaires de la Caisse régionale du Crédit Agricole de la Sarthe, 1985-1986. Archives historiques de Crédit Agricole S.A. 159
Illustration 13 : affiche « énergie nouvelle », 1984. Archives FNBP 161
Illustration 14 : affiche « énergie nouvelle », 1985. Archives FNBP 161
Illustration 15 : affiche produite par FCB, 1997. Archives historiques de Crédit Agricole S.A. 163

BIBLIOGRAPHIE

ALBISTUR Maïté, ARMOGATHE Daniel, *Histoire du féminisme français*, Paris, Éditions des femmes, 1978, 731 pages, 2 volumes.

ALONZO Philippe, *Femmes et salariat : l'inégalité dans l'indifférence*, Paris, L'Harmattan, coll. « Logiques sociales », 2000, 125 pages.

ALONZO Philippe, *Femmes employées : la construction sociale sexuée du salariat*, Paris, L'Harmattan, coll. « Logiques sociales », 1996, 237 pages.

ARIÈS Philippe et DUBY Georges (dir.), *Histoire de la vie privée*, tome 4 *De la Révolution à la Grande Guerre*, volume dirigé par PERROT Michelle, Paris, Seuil, 1999, 621 pages.

ARIÈS Philippe et DUBY Georges (dir.), *Histoire de la vie privée*, tomes 5 *De la Première Guerre mondiale à nos jours*, volume dirigé par PROST Antoine et VINCENT Gérard, Paris, Seuil, 1999, 635 pages.

BACHMANN Laurence, De l'argent à soi : les préoccupations sociales des femmes à travers leur rapport à l'argent, Rennes, Presses universitaires de Rennes, 2015, 239 pages.

BAUBEAU Patrice, COSSALTER Chantal, OMNÈS Catherine (eds.), *Le salariat bancaire : enjeux sociaux et pratiques de gestion*, Nanterre, Presses universitaires de Paris-Ouest, 2009, 233 pages.

BARD Christine, *Les femmes dans la société française au XXe siècle*, Paris, Armand Colin, 2003, 285 pages.

BARRE Servanne et GAYRARD-CARRERA Anne-Marie, *La boîte à outils de la publicité*, Paris, Dunod, 2015, p. 97, p. 102-103.

BAUDELOT C. et ESTABLET R., *Allez les filles !*, Paris, Seuil, 1992, 243 pages.

BÉAUR Gérard, BONIN Hubert, NOUGARET Roger, *La banque verte s'affiche au Conservatoire de l'agriculture à Chartres. Un siècle de publicité*, Chartes, COMPA et Crédit Agricole, catalogue d'exposition, 2007.

BEAUVALET-BOUTOUYRIE Scarlett, BERTHIAUD Emmanuelle, *Le rose et le bleu, la fabrique du féminin et du masculin, cinq siècles d'histoire*, Paris, Belin, 2016, 378 pages.

BERNÈGE Paulette, *De la méthode ménagère*, Paris, Mon chez moi et Dunod, 1928, 167 pages.

BLIC (DE) Damien et LAZARUS Jeanne, *Sociologie de l'argent*, Paris, La Découverte, 2007, 128 pages

BLUMSTEIN Philipp et SCHWARTZ Pepper, *American couples*, New-York, William Morrow and Company, 1983, 656 pages.

BLÖSS Thierry, FRICKEY Alain, *La femme dans la société française*, Paris, Presses universitaires de France, collection « Que sais-je ? », 1994, 127 pages.

BONIN Hubert, *Le Crédit Agricole, de la banque des campagnes à la banque universelle (1951-2001)*, Genève, Droz, 2020, 472 pages.

BONIN Hubert (dir.), *Le Crédit Agricole*, Revue française d'histoire économique, numéro spécial, Association des Amis de la Revue française d'Histoire économique, les Presses de la Recherche historique, 2020-1, 217 pages.

BONIN Hubert, *Banque et identité commerciale : la Société générale 1864-2014*, Villeneuve d'Ascq, Presses universitaires du Septentrion, 2014, 290 pages.

BONIN Hubert, *Le monde des banquiers français au XXe siècle*, Bruxelles, Belgique, Complexe, 2000, 310 pages.

BONIN Hubert, *La banque et les banquiers en France*, Paris, Larousse, coll. « Références historiques », 1992, 281 pages.

BOSSENO Christian, GUESLIN André, *Crédit Agricole, un siècle au présent, tome 1 : des origines aux années cinquante*, Paris, Hervas, 1994, 189 pages.

BOURDIEU Pierre, *La domination masculine*, Paris, Seuil, 1998, 134 pages.

BRUNEL Didier, *Les femmes et la banque de France*, Banque de France Eurosystème, 2015.

CAROL ROGERS Susan, « Les femmes et le pouvoir », in Hugues LAMARCHE, Suzan CAROL CHARMASSON Thérèse, DUVIGNEAU Michel, LELORRAIN Anne-Marie, LE NAOU Henri, *L'enseignement agricole 150 ans d'histoire*, Dijon, Educagri éditions, p. 61-82.

CAROL ROGERS Susan, Claude Karnoouh (dir.), *Paysans, femmes et citoyens, luttes pour le pouvoir dans un village Lorrain*, Paris, Acte sud, 1980, 215 pages.

CHESSEL Marie-Emmanuelle, *Histoire de la consommation*, Paris, La Découverte, 2012, 126 pages.

CHRISTEN-LÉCUYER Carole, *Histoire sociale et culturelle des Caisses d'Épargne en France 1818-1881*, préface de André GUESLIN, Paris, Économica, coll. « Économies et sociétés contemporaines »), 2004, 694 pages.

COSSALTER Chantal, « La modernisation des banques : la fin des employés ? », In OMNÈS Catherine, *Le salariat bancaire : représentations et identités du XIXe siècle à 1974*, Paris, Presses universitaires de Paris Ouest, 2009, p. 71-73

COTTARD Maud, « Les femmes employées par la banque de France, des origines aux années vingt, employées ou ouvrières », mémoire de maîtrise d'histoire sous la direction d'Alain PLESSIS et d'Olivier FEIERTAG, Université Paris Nanterre, 1995-1996, 105 pages.

CROS Lucie, « Les ouvrières et le mouvement social : retour sur la portée subversive des luttes de chez Lip à l'épreuve du Genre », thèse de doctorat de sociologie sous la direction de Dominique Jacques-Jouvenot et Sylvie Guigon, Université de Bourgogne Franche-Comté, 2018, 433 pages.

DAUMAS Jean-Claude, *La révolution matérielle. Une histoire de la consommation en France XIXe-XXIe siècle*, Paris, Flammarion, 2018, 593 pages.

DEVALLET-EZANNO Delphine, « Analyse du fonctionnement économique interne du couple et pouvoirs financiers de la femme qui travaille », thèse de doctorat sciences de gestion sous la direction de Joël Jallais, Université de Rennes 1, 2005, 2 volumes, 608 pages.

DHAVERNAS Odile, *Droits des femmes pouvoir des hommes*, Paris, Seuil, 1978, 389 pages.

DE SINGLY François, *Fortune et infortune de la femme mariée : sociologie de la vie conjugale*, Paris, Presses universitaires de France, 1998, 229 pages.

DIETSCHY Paul, *Société Générale de 1864 à nos jours. De la réclame au tweet*, Paris, Nouveau Monde éditions, coll. « Société générale de 1864 à 2014 », 2014, 63 pages.

DUBY Georges, WALLON Armand (Dir.), *Histoire de la France rurale,* tome 4 : la fin de la France paysanne depuis 1914 par GERVAIS Michal, JOLLIVET Marcel et TAVERNIER Yves, Paris, Seuil, 1977, 650 pages.

FARGE Arlette et KLAPISCH-ZUBER Christiane, *Madame ou Mademoiselle ? Itinéraires de la solitude féminine, XVIIIe-XXe siècle*, Paris, Montalba, 1984, 302 pages.

FOURASTIÉ Jean et FOURASTIÉ Jacqueline, *D'une France à une autre : avant et après les Trente Glorieuses*, Paris, Fayard, 1987, 313 pages.

GARDEY Delphine, « Un monde en mutation. Les employés de bureau en France, 1890-1930, Féminisation, mécanisation, rationalisation », thèse de doctorat d'histoire sous la direction de Michelle PERROT, Paris VII Jussieu, 1995, 946 pages.

GARDEY Delphine, *La dactylographe et l'expéditionnaire : histoire des employés de bureau, 1890-1930*, Paris, Belin, 2001, 335 pages.

GARDEY Delphine, *Écrire, calculer, classer. Comment une révolution de papier a transformé les sociétés contemporaines (1800-1940)*, Paris, La Découverte, 2008, 320 pages

GASPARD Françoise, *Les femmes dans la prise de décision en France et en Europe*, Paris, L'Harmattan, 1996, 223 pages.

GUÉRIN Isabelle, « Pratiques monétaires et financières des femmes en situation de précarité. Entre autonomie et dépendance », thèse de doctorat sciences économiques sous la direction de Jean-Michel Servet, Université Lumière Lyon II, 2000.

GUESLIN André, *Le Crédit Agricole,* Paris, La Découverte, 1985, 125 pages.

GUESLIN André, *Histoire des crédits* agricoles, tome II : *Vers la banque universelle (depuis 1960) ?,* Économica, Paris, 1984, 463 pages.

GUESLIN André, *Les origines du Crédit Agricole (1840-1914)*, Nancy, Presses universitaires de Nancy, 1978, 454 pages.

GUILLOU Anne, *Les femmes, la terre, l'argent. Guiclan en Léon*, Les bibliothèques de Bretagne, Beltant-Brasparts, 1990, 218 pages.

GUILPAIN Geneviève, *Les célibataires, des femmes singulières, Le célibat féminin en France XVIIe-XXIe siècle*, Paris, L'Harmattan, 2012, 241 pages.

GRAFMEYER Yves, *Les gens de la banque*, Paris, Presses universitaires de France, 1992, 283 pages.

HENCHOZ Caroline et BELLEAU Hélène (dir.), *L'usage de l'argent dans le couple : pratiques et perceptions des comptes amoureux*, Paris, L'Harmattan, 2008, 323 pages.

HENCHOZ Caroline, *Le couple, l'amour et l'argent. La construction conjugale des dimensions économiques de la relation amoureuse*, Paris, L'Harmattan, 2008, 261 pages.

ICHOU-COUSSEMENT Nicole, « Les employés de banque du C.N.E.P. et de la B.N.C.I. : parcours de travail et temps de vie : 1848-1970 », thèse de doctorat d'histoire sous la direction d'Alain Plessis, Université Paris Nanterre, 2001, 569 pages.

J. PULJU Rebecca, *Women and Mass Consumer Sociéty in Postwar France*, Cambridge, Cambridge University Press, 2011, 259 pages.

LAGRAVE Rose-Marie (dir.), *Celles de la terre, agricultrice l'invention politique d'un métier*, Paris, École des Hautes Études en Sciences Sociales, 1988, 254 pages.

LAGRAVE Rose-Marie, « Une émancipation sous tutelle. Éducation et travail des femmes au XXe siècle » in Georges DUBY et Michelle PERROT (dir.), *Histoire des femmes, le vingtième siècle*, Paris, Plon, 1992, p. 431-462.

LAHIRE Bernard, *La raison des plus faibles. Rapport au travail, écritures domestiques et lectures en milieux populaires*, Lille, Presses universitaires de Lille, 1993, 188 pages.

LAUFER Jacqueline, *La féminité neutralisée. Les femmes cadres dans l'entreprise*, Paris, Flammarion, 1982, 298 pages.

LAZARUS Jeanne, *L'épreuve de l'argent. Banques, banquiers, clients*, Paris, Calmann-Lévy, 2012, 418 pages.

LLAMBRY (DE) Laure, *Les métamorphoses de l'épargne*, Paris, Gallimard, coll. « Découvertes Gallimard », 2004, 130 pages.

LEBEAUME Joël, *L'enseignement ménager en France, Sciences et techniques au féminin 1880-1980*, Rennes, Presses universitaires de Rennes, coll. « Histoire », 2014, 263 pages.

LE PLAY Frédéric, *Les ouvriers des deux mondes : étude sur les travaux, la vie domestique et la condition morale des populations ouvrières des diverses contrées*, tome 1, Paris, Société internationale des Études pratiques d'économie sociale, 1897. (Consultable sur Galica)

LUCOT Yves-Marie, *Le Crédit Agricole du Nord-Est a cent ans*, Chassigny, Castor et Pollux, 2001, 208 pages.

MARDUEL Fleury, *Éducation ménagère agricole,* Paris et Lyon, Emmanuel VITTE, 1950 [5e édition], 648 pages.

MARTIN Marc, *Trois siècles de publicité en France*, Paris, Odile Jacob, 1992, 430 pages.

MARTIN Martine, « Femme et société : le travail ménager 1919-1939 », thèse de doctorant d'Histoire sous la direction de Michelle PERROT, Université Paris VII, 1984, 348 pages.

MARTINEAU Gaston, *La publicité arme de l'assurance*, Paris, Cadrat, 1978, 437 pages.

MARUANI Margaret, *Travail et genre dans le monde : l'état des savoirs*, Paris, La

Découverte, coll. « L'État des savoirs », 2013, 463 pages.

MARUANI Margaret, *Les nouvelles frontières de l'inégalité : hommes et femmes sur le marché du travail*, Paris, La Découverte MAGE, coll. « Recherches », 1998, 283 pages.

MARUANI Margaret, *Mais qui a peur du travail des femmes*, Paris, Syros, 1985, 175 pages.

MARUANI Margaret et MERON Monique, *Un siècle de travail des femmes en France : 1901-2011*, Paris, La Découverte, 201, 232 pages.

MARUANI Margaret et MERON Monique, *Travail et emploi des femmes*, Paris, La Découverte, coll. « Repères 287 », 2003, 121 pages.

MARTIN Agnès, « Stratégie et structure du Crédit Lyonnais de la fin des années 1960 au milieu des années 1970 », thèse de doctorat d'histoire sous la direction de Michel Lescure, Université Paris Nanterre, 2008, 430 pages.

MICHEL Andrée et TEXIER Geneviève, *La condition de la française d'aujourd'hui*, Tome 1, Genève, Gonthier, coll. « Femmes », 1964, 246 pages.

MICHEL Andrée (dir.), *Les femmes dans la société marchande*, Paris, Presses universitaires de France, 1978, 255 pages.

MICHEL Andrée, *Activité professionnelle de la femme et vie conjugale*, Paris, CNRS, 1974, 190 pages.

MOLL-WEISS Augusta, *Le livre du foyer*, Paris, Colon, 1924 [5e édition], 358 pages.

OMNÈS Cécile, *La gestion du personnel au Crédit Lyonnais de 1863 à 1939*, Bruxelles, Pie Peter Lang, 2007, 451 pages.

PAILLUSSEAU Jean, DELHAY Francis, RUBELLIN-DEVICHI Jacqueline, *Quelques aspects de la nouvelle situation de la femme mariée*, Paris, Presses universitaires de France, 1968, 152 pages.

PÉGOT Elodie, « Les femmes employés de banque à la Société Générale (1914-1939) », Mémoire de Master 2 sous la direction de Catherine Omnès, Université de Versailles Saint-Quentin, 2008, 240 pages.

PERROT Michelle, *Les femmes ou Les silences de l'histoire*, Paris, Flammarion, 2001, 498 pages.

PERROT Michelle et DUBY Georges (dir.), *Histoire des femmes en Occident*, tome V, le XXe siècle, Paris, Plon, 1992, 896 pages.

PERROT Michelle et DUBY Georges (dir.), *Histoire des femmes en Occident*, tome IV, le XIXe siècle, Paris, Plon, 1991, 627 pages.

PERROT Michelle, « Métiers de femmes » *Le Mouvement social*, n°140, juillet-septembre 1987, 160 pages.

PROST Antoine, *Histoire de l'Enseignement en France, 1800-1967*, Paris, Armand Colin, coll. « U », 1968, 524 pages.

RIPA Yannick, *Les femmes, actrices de l'histoire, France, de 1789 à nos jours*, Paris, Armand Colin, 2010, 240 pages.

ROLL Sandrine, « De la ménagère parfaite à la consommatrice engagée : histoire culturelle de la ménagère nouvelle en France au tournant des XIXe-XXe siècles »,

thèse de doctorat d'Histoire, sous la direction de Rebecca Rogers, Université Marc-Bloch Strasbourg 2, 2008, 732 pages.
SEGALEN Martine, *Mari et femme dans la société paysanne*, Paris, Flammarion, 1980, 211 pages.
SCHWEITZER Sylvie, *Femmes de pouvoir : une histoire de l'égalité professionnelle en Europe (XIXe-XXIe siècle)*, Paris, Payot, 2010, 252 pages.
SCHWEITZER Sylvie, *Les femmes ont toujours travaillé : une histoire de leurs métiers, XIXe-XXe siècle*, Paris, Odile Jacob, 2002, 329 pages.
SCHWARTZ Olivier, *Le monde privé des ouvriers Hommes et Femmes du Nord*, Paris, Presses universitaires de France, 1990, 544 pages.
SILVERA Rachel, *Un quart en moins. Des femmes se battent pour en finir avec les inégalités de salaires*, Paris, La Découverte, 2014, 238 pages
THÉBAUD Françoise, *Les femmes au temps de la guerre de 14*, Paris, Payot & Rivages, 2013, 478 pages.
ZANCARINI-FOURNEL Michelle, *Histoire des femmes en France, XIXe-XXe siècle*, Rennes, Presses universitaires de Rennes, coll. « Didact Histoire », 2005, 254 pages.
ZELIZER Viviana, *La signification sociale de l'argent*, Paris, Seuil, coll. « Liber », 2005, 350 pages.
ZOLLINGER Monique et LAMARQUE Éric, *Marketing et stratégie de la banque*, Paris, Dunod, coll. « Gestion Sup », 2008, 330 pages.

ARTICLES

AGUADO Ana, « Citoyenneté féminine sous la Seconde République : entre le réformisme social et la démocratisation », *Cahiers de civilisation espagnole contemporaine*, n°12, 2014.
AMARDEEP Assar et S. BOBINSKI junior Georges, « Decision marketing of baby boomer couples », *Advances in Consumer Research*, vol. 18, 1991, p. 657-665.
BLUMBERG R.L., COLEMAN M.T, "A theoretical look at the gender balance of power in the American couple", *Journal of Family Issues*, vol. 10, n°2, June, p. 225-250.
BODÉ Gérard et THIVEND Marianne (dir.), « Les formations commerciales pour les filles et les garçons, XIXe- XXe siècles », *Histoire de l'Éducation*, n°136, oct.-déc. 2012, Lyon, ENS Éditions.
BURTON Dawun, « Women and financial services : some directions for future research», *International Journal of Bank Marketing*, vol. 13, n°8, 1995, p. 21-28.
CHAVAN Pallavi, « Gender Inequality in Banking Services», *Economic and Political weekkly*, vol. 43, n°47, 22 november 2008, p. 18-21.
CHEAL David, « Changing household financial strategies :canadian couples today", *Human Ecology*, vol. 21, n°2, 1993, p. 197-213.
CROMPTON Rosemary, « Trajectoires féminines dans la banque et la pharmacie : comparaison France – Grande Bretagne », *Cahiers du Mage* n°1, 1995, p. 63-74.
EFFOSSE Sabine, « Financial Empowerment for Married Women in France. The Matrimonial Regime Reform of 13th July 1965 », EFFOSSE Sabine et DE ROSA

Maria-Rosaria (dir.), *Quaderni Storici*, n° 166, "Gendered Finance. Women and Banks in the 20th century", avril 2021, p. 135.

ERVING Goffman, « La ritualisation de la féminité », *Actes de la recherche en sciences sociales* n° 14, avril 1977, p. 34-50.

FERRARY Michel, « CAC40 : les entreprises féminisées résiste-t-elle mieux à la crise boursière ? », Observatoire de la féminisation des entreprises françaises, 2008.

GARDEY Delphine et LAUFER Jacqueline (ed.), « Égalité, parité, discrimination : l'histoire continue », *Travail, genre, sociétés*, n°7, Février 2002, p. 39-121.

GLAUDE Michel et DE SINGLY François, « L'organisation domestique : pouvoir et négociation », *Économie et statistique*, n°187, Avril 1986, p. 3-30

GLOUKOVIEZOFF Georges et LAZARUS Jeanne, « La relation bancaire avec la clientèle des particuliers : revue de la littérature », volet 1 : la relation de service dans la banque, Mission de la Recherche, coll.« des rapports », octobre 2005.

HENCHOZ Caroline et POGLIA MILETI Francesca, « Les larmes de ma mère. Comprendre le processus de démocratisation de l'économie familiale par les contributions des femmes et leur perception par les hommes », *Revue suisse de sociologie* 38 (3), janvier 2012, p. 401-419.

HENCHOZ Caroline, « Indépendance financière, égalité et autonomie des femmes : une fausse promesse ? », *Pensée plurielle*, vol. 37, n° 3, 2014, p. 87-94.

J. PULJU Rebecca, « « L'art de faire son marché ». Responsabilisation et éducation des consommatrice dans les années d'après-guerre (1944-1968) », *Le Mouvement Social*, vol. 250, n°1, 2015, p. 29-40.

LAUFER Jacqueline, « La construction du plafond de verre : le cas des femmes cadres à potentiel », *Travail et Emploi*, n°102, Avril-juin 2005, p. 31-42.

LAUFER Jacqueline. « Entre égalité et inégalités : les droits des femmes dans la sphère professionnelle », *L'Année sociologique*, vol. 53, n°1, 2003, p. 143-173.

LAZARUS Jeanne, « L'argent des femmes. Quelques pistes de recherche », Sensibilités, vol. 9, n°1, 2021, p. 60-71.

LAZARUS Jeanne, « Le crédit à la consommation dans la bancarisation », *Entreprises et histoire*, vol. 59, n°2, 2010, p. 28-40.

MICHELLE PERROT, « La ménagère dans l'espace parisien au XIXe siècle », *Les Annales de la recherche urbaine*, n°9, 1980, p. 3-22.

NOUGARET Roger, « Nouvelles des archives. Les archives historiques du groupe Crédit Agricole SA », *Entreprises et histoire*, vol. 37, n°3, 2004, p. 178-181

OMNES Catherine, « Les trois temps de l'emploi féminin : réalités et représentations », *L'Année sociologique*, vol. 53, n°2, 2003, p. 373-398.

PAHL Jan, « Individualisation et modèles de gestion des finances au sein des famille », *Enfances, Familles, Générations*, n°2, printemps 2005.

PERRET Jean-Baptiste, « L'approche française du genre en publicité. Bilan critique et pistes de renouvellement », *Réseaux*, vol. n° 120, n°4, 2003, p. 147-173.

RAMSEYER Mickaël et Guétat-Bernard Hélène, « Égalité de genre en agriculture et logiques familiales », *Pour*, vol. 222, n°2, 2014, p. 101-106.

Rochefort Florence, « À propos de la libre-disposition du salaire de la femme mariée, les ambiguïtés d'une loi (1907) », *Clio. Histoire, femmes et sociétés*, n°7, 1998, « Femmes, dots et patrimoine ».

Roy Delphine. « L'argent du « ménage », qui paie quoi ? », *Travail, genre et sociétés*, vol. 15, n°1, 2006, p. 101-119.

Sacriste Valérie, « Communication publicitaire et consommation d'objet dans la société moderne », *Cahiers internationaux de sociologie*, vol. 112, n°1, 2002, p. 123-150.

Saint Pol (de) Thibaut, Deney Aurélie, Monso Olivier, « Ménage et chef de ménage : deux notions bien ancrées », *Travail, genre et sociétés*, vol. 11, n°1, 2004, p. 63-78.

Tissier-Desbordes Elizabeth et J. Kimmel Allan, « Sexe, genre et marketing, définition des concepts et analyse de littérature », *Décisions Marketing*, n°26, avril-juin 2002, p. 55-69.

Thivend Marianne (dir.), « Apprentissage et formations techniques et professionnelles de filles et de garçons. Le cas lyonnais aux XIXe- XXe siècles », Lyon, *Cahiers Pierre Léon,* n°6, 2005, p. 25-42.

Wilson Gail, « L'argent : forme de responsabilité et d'irresponsabilité dans le couple », *Dialogue,* n°109, 3e trimestre 1990, p. 6-24.

Zouary Viviane, « Les femmes dans les banques au tournant du siècle », *Pénélope, pour l'histoire des femmes*, n°10, 1984.

ANNEXES

- **Entretiens biographiques**

Ce corpus comprend treize salarié.e.s de la CRCA de Franche-Comté et une ancienne cadre du Crédit Lyonnais ayant travaillé en agence en région parisienne et en province. Leur anonymat a été préservé en faisant référence à leur témoignage ou par un prénom.
Angèle, recrutée en 1947 comme dactylographe à la CRCA de Haute-Saône.
Marion, recrutée en 1959 comme mécanographe à la CRCA du Doubs.
Louise, recrutée en 1961 comme employée administrative à la CRCA du Doubs.
Martine, recrutée en 1969 comme employée au service des Titres à la CRCA du Doubs.
Laure, recrutée en 1969 comme employée à la communication à la CRCA de Haute-Saône.
Paul, recrutée en 1969 comme employée au service des Titres à la CRCA du Loiret.
Mylène, recrutée en 1975 comme employée à la comptabilité à la CRCA de Haute-Saône.
Émilie, recrutée en 1975 comme employée administrative au service comptabilité du Crédit Lyonnais.
Samantha, recrutée en 1976 comme employée administrative à la CRCA du Doubs.
Béatrice, recrutée en 1976 comme « programmeur » à la CRCA de Haute-Saône.
Isabelle, recrutée en 1979 comme analyste de crédit au Crédit Lyonnais.
Lucie, recrutée en 1981 comme employée administrative temporaire à la CRCA du Jura.
Marie, recrutée en 1996 comme conseiller financier agricole à la CRCA Centre Loire.
Ces entretiens ont été complétés par des entretiens thématiques de cadres supérieurs et démarcheurs dans une CRCA :
Marc, sous-directeur de la Caisse régionale de la Côte d'Or en 1961 puis Directeur adjoint en 1971 jusqu'en 1981.
Damien, directeur d'agence en Haute-Saône de 1981 à 1989.
Stéphane, directeur de l'agence centrale de Belfort en 1987, Directeur de secteur de 1991 à 2002.

- **Nature du corpus publicitaire**

CRITÈRES	AFFICHE	PRESSE	BROCHURE	AUDIOVISUEL
Noir et blanc	2	8	0	1
Monochrome	2	6	1	0
Quadrichromie`	25	17	3	1
Avec photos	24	19	1	-
Avec illustrations	5	12	3	-
Texte dense	4	5	1	-
Moyen/peu de texte	25	26	3	-
Avec slogan	15	5	0	-
Sans slogan	14	26	4	-
Gros plan	3	4	1	-
Plan rapproché	20	10	1	
En pied	6	5	1	
Avec décor	22	17	1	-
Contre-plongée	0	3	0	-
Format	inconnu	inconnu	2xA5 1xA4	1 film 16 mm, 1 vidéo VHS
Avec accroche	24	25	-	-
Sans accroche	5	6	-	-
Sonore	-	-	-	2
Déclinaison	Supports presse	-	-	-
Durée	-	-	-	20 à 21 mn
Utilisation	fidéliser, conquérir	fidéliser, conquérir	fidéliser, informer	conquérir, valoriser l'image
Diffusion plausible	Agence, mobilier urbain, lieux publics.	magazines féminins	en agence	localement lors de réunion d'information

- **Entretiens thématiques oraux sur les comportements financiers des femmes**

Prénom	Année Naissance	Type compte	Année ouverture	Situation familiale	Banque	Situation profession.
Madeleine	1934	Joint	1958	Mariée	Crédit Agricole	Agricultrice
		Personnel	1972	Veuve	Crédit Agricole	
Lucie	1932	Joint	1960	Mariée	Crédit Agricole	Agricultrice
Jeanne	1936	Personnel	1959	Mariée	CCP	Salariée
Danielle	1939	Personnel	1959	Célibataire	Crédit Lyonnais	Salariée
Hélène	1939	Procuration	1964	Mariée	Crédit Lyonnais	Sans
		Personnel	1971	Mariée	Crédit Lyonnais	Salariée
Émilie	1939	Joint	1969	Mariée	Crédit Lyonnais	Sans
Maryse	1939	Personnel	1968	Divorcée	Crédit Lyonnais	Salariée
Michelle	1940	Procu/Com.	1965	Mariée	Crédit Mutuel	Salariée
		Personnel	1972	Mariée	Crédit Mutuel	Salariée
Marie Louise	1940	Personnel	1959	Célibataire	CCP	Salariée
Colette	1940	Joint	1960	Mariée	Crédit Agricole	Sans
Simone	1940	Joint	1963	Mariée	CCP	Commerçante
Marie-France	1941	Personnel	1961	Mariée	CCP	Salariée
Gabrielle	1945	Personnel	1965	Mariée	CCF	Salariée
Odile*	1958	Personnel	1975	Célibataire	Crédit Agricole	Salariée
Arlette	1927	Procuration	1950	Mariée	Crédit Agricole	Sans, ex salariée
Janine	1950	Joint	1970	Mariée	Crédit Agricole	Étudiante

- **Enquête pour le Crédit Agricole**

Années d'ouverture du 1er compte bancaire : compte tenu de la faible représentation des femmes ayant ouvert leur compte avant 1965, l'année 1975 a été prise comme référence. Les périodes proposées dans le questionnaire ont été scindées en quatre groupes pour obtenir des effectifs équilibrés et comparables. Chaque groupe correspond à une « génération » de clientes.

---

* Témoignage recueilli car Odile faisait partie des répondantes à l'enquête Crédit Agricole

Groupes	Années d'ouverture	Nombre d'ouvertures
1	1951-1975	380
2	1976-1985	430
2	1976-1985	423
4	1996-2019	443

Lieu d'habitation : deux groupes ont été réalisés selon le milieu, rural ou urbain. À des fins de compréhension commune, la nomenclature territoriale de l'INSEE proposée en 2002 a été utilisée pour établir le nombre d'habitants par unité d'habitation. Entre les femmes vivant dans un milieu urbain (petite ville, ville moyenne, grande ville) et celles demeurant dans un territoire rural (village, Bourg), la proportion est plutôt équilibrée.

Lieu Habitation	Nombre d'ouvertures
Bourg	380
Village	430
Petite ville	423
Ville moyenne	443
Grande ville	251

• **Des informations complémentaires d'ordre méthodologique sont précisées dans ma thèse, en ligne sur HAL (scanner le QR code) :**

- Parcours de carrière des femmes cadres, chap 3, partie 1, p. 140.
- Caractéristiques sociodémographiques générales des répondantes à l'enquête Crédit Agricole et contexte bancaire actuel de l'échantillon, p. 494-496.
- Présentation détaillée des sources et archives, p. 407.
- Bibliographie exhaustive, p. 433.

Structures éditoriales du groupe L'Harmattan

L'Harmattan Italie
Via degli Artisti, 15
10124 Torino
harmattan.italia@gmail.com

L'Harmattan Hongrie
Kossuth l. u. 14-16.
1053 Budapest
harmattan@harmattan.hu

L'Harmattan Sénégal
10 VDN en face Mermoz
BP 45034 Dakar-Fann
senharmattan@gmail.com

L'Harmattan Congo
219, avenue Nelson Mandela
BP 2874 Brazzaville
harmattan.congo@yahoo.fr

L'Harmattan Cameroun
TSINGA/FECAFOOT
BP 11486 Yaoundé
inkoukam@gmail.com

L'Harmattan Mali
ACI 2000 - Immeuble Mgr Jean Marie Cisse
Bureau 10
BP 145 Bamako-Mali
mali@harmattan.fr

L'Harmattan Burkina Faso
Achille Somé – tengnule@hotmail.fr

L'Harmattan Togo
Djidjole – Lomé
Maison Amela
face EPP BATOME
ddamela@aol.com

L'Harmattan Guinée
Almamya, rue KA 028 OKB Agency
BP 3470 Conakry
harmattanguinee@yahoo.fr

L'Harmattan Côte d'Ivoire
Résidence Karl – Cité des Arts
Abidjan-Cocody
03 BP 1588 Abidjan
espace_harmattan.ci@hotmail.fr

L'Harmattan RDC
185, avenue Nyangwe
Commune de Lingwala – Kinshasa
matangilamusadila@yahoo.fr

Nos librairies en France

Librairie internationale
16, rue des Écoles
75005 Paris
librairie.internationale@harmattan.fr
01 40 46 79 11
www.librairieharmattan.com

Librairie des savoirs
21, rue des Écoles
75005 Paris
librairie.sh@harmattan.fr
01 46 34 13 71
www.librairieharmattansh.com

Librairie Le Lucernaire
53, rue Notre-Dame-des-Champs
75006 Paris
librairie@lucernaire.fr
01 42 22 67 13